本书受安徽财经大学著作出版基金资助

南京国民政府时期安徽地方财政研究

(1927～1937年)

刘巍 著

中国财经出版传媒集团
中国财政经济出版社

图书在版编目（CIP）数据

南京国民政府时期安徽地方财政研究：1927～1937 / 刘巍著．—北京：中国财政经济出版社，2018. 7

ISBN 978-7-5095-8346-3

Ⅰ. ①南… Ⅱ. ①刘… Ⅲ. ①地方财政-研究-南京-1927-1937 Ⅳ. ①F812. 753. 1

中国版本图书馆 CIP 数据核字（2018）第 138506 号

责任编辑：杨合申　　　　责任印制：刘春年

封面设计：孙俪铭　　　　责任校对：胡永立

中国财政经济出版社 出版

URL：http：//www. cfeph. cn

E-mail：cfeph @ cfeph. cn

社址：北京市海淀区阜成路甲 28 号　邮政编码：100142

营销中心电话：010-88191537　北京财经书店电话：64033436　84041336

北京财经印刷厂印装　各地新华书店经销

710×1000 毫米　16 开　16 印张　300 000 字

2018 年 7 月第 1 版　2018 年 7 月北京第 1 次印刷

定价：68. 00 元

ISBN 978-7-5095-8346-3

（图书出现印装问题，本社负责调换）

本社质量投诉电话：010-88190744

序　言

作为安徽地方历史的研究工作者，我一直感觉有一个遗憾，那就是：自从清初安徽建省以来，以安徽省域作为独立政区的财政史研究还没有真正地深入展开。财政史属于交叉学科，研究者需要精通财政学理论，又需要具备历史学训练功底。也许正是基于这个原因，本省的史学界和经济学界研究学人，对财政史研究往往退避三舍。巧合的是，我指导的博士研究生刘巍恰恰是这项研究工作的合适人选：他本科阶段就读于安徽财经大学财政学专业，硕士期间转攻史学。因此，入学伊始，我就把安徽财政史研究作为他的毕业论文选题方向。本书正是他的阶段性研究成果。

财政史是经济史的重要组成部分，也是财政学的重要分支。广义地说，客观地分析历史财政现象，掌握财政分配规律，有效汲取历史上有价值的财政思想和财政管理经验，指导时下财政管理工作，往往是财政史学术研究的主要价值和现实意义。中国是有着悠久历史和丰富的财政实践及其史料积累的国家，19 世纪以来，我们引入近代民族国家观念和财政史研究概念，更加深入地研究中国近代财政和地方财政的形成及其演变规律，就其研究维度而论，我认为起码两个层面考量不可缺少：一是以国家为主体的分配关系在近代中国历史中的重要作用。这是由近代中国社会性质及其演变形态决定的，在此不作多论。二是社会与公共性。简单地说，国家财政来之于社会，作为国家代表的政府也要用之于并服务于社会。近代中国由王朝国家形态被迫向近代社会转型，尤其是民国之后，财政分配必须满足社会公共需要而对剩余产品进行社会分配，建立新型的近代国家财政分配关系，这样才能与共和政体相符。财政分配关系，既是一个政治性很强的政治选择，也是近代社会带来的一个关系全体国民的社会性问题。中国宋代官员苏辙（1039 ~ 1112 年）曾说过："财者，为国之命，而万事之本。国之所以存亡，事之所以成败，常必由之。"西方经济学家J. 熊彼特（1883～1950年）也指出："一个民族的精神、它的文化水平、它的社会结构、它的政策所部署的行动，所有这些以及更多的东西都被写进它的财政史之中……谁懂得如何倾听它的信使的声音，谁就能在这里比在其他任何地方更加明了地识别世界历史的雷鸣。"目前，我们正在推进的社会改革事业，是要满足人民群众不断增长的物质和文化生活的需要，满足人民群众对美好生活的追求；而财政在社会再分配领域中应该发挥极其重要的作用。反顾历史，近代中国社会结构的变动带来的社会分层和利益分割，不同层级社会利益的争取和满足，必然成为社会关注性很高的公共性问题，由社会性透视政府财政演变规律，必然成为近代财政史必须研究的重要维度。

对近代中国财政史及关系安徽地方财政史的研究，清末即开始。1897年，英国驻上海领事哲美森所作《中国度支考》（上海广学会出版）即有"安徽省岁计度支"内容。梁启超1910年所撰《论直隶湖北安徽之地方公债》（日本东邦协会1903年广智书局铅印本），亦是直接关系安徽财政内容的文稿。晚清以来积累的财政史料，以及《中国财政纪略》（日本东邦协会编纂，吴铭译1902年版）、《清财政考略》（吴廷燮著1914年铅印本），《民国财政史》（贾士毅著商务印书馆1917年版）等近代财政史料，可谓浩若烟海。20世纪90年代，安徽省财政厅曾经编纂有《安徽财政史料选编（21）册》以及《安徽省志·财政志》，为较为全面了解安徽财政史概况，提供了基本史料。相较于通史性研究，专题性研究重要的是能回答财政史研究中的重大问题，或针对某个问题有深入的挖掘。当然，博士学习时间有限，作为博士论文基础上的精简本，本书仅仅研究了南京国民政府前期，即1927～1937年的安徽财政历史，对于清代、民国北洋政府和抗战时期的安徽财政史，还没有能够进行考察。因此，我也希望他能够在接下来的时间里，把这项工作深入地坚持做下去，有朝一日能够完成安徽建省以来的整部财政史，填补这个领域的研究空白。

就本书看来，有一些或能称为研究亮点之处：

一是对地方财政等概念，立足史料，提出了较为准确的界定和看法。例如，作者认为：“清代前期，中央对各省有着较强的掌控力度，地方上的收支运转均听命于中央。在这种高度中央集权的体制下，地方上并无法定财权，也就没有真正意义上的‘地方财政’概念。”因此，作者进一步分析指出：“1927～1937年之间所谓的‘地方财政’实际上指的是‘省级财政’，‘地方财政’的收支就是‘省库’的收支，‘县级财政’依附于省，没有独立的地位可言；这一时期省与县之间的财政关系，就类似于古代中央与地方之间的财政关系。尽管安徽省县级预算于1935年开始成立，但收入基本上是各种省税的附加；可见，县级财政并不具备真正的独立性，严格意义上的‘县级地方财政’其实并不存在。”

二是作者对于学术界的流行观点，用财政史观进行辩证反思。例如，近些年来我国出现了“民国热”，不少人对于北洋政府时期的不少现代化尝试评价颇高。本书作者对此能保持着清晰的头脑。其中，对于民国初年实行的所谓“分税制”改革，作者指出：“中央政府通过实行分税制、调整分税制乃至取消分税制的举动，不断变动着自身的财权边界，以配合与适应自身权力的消长。而对于地方上的许多军阀来说，包含财权划分在内的所谓‘地方分权’乃至‘联省自治’，只不过是他们在拥兵自重的状态下图谋自保的手段，与现代民主国家的地方治理完全不同。……在这种状态下运行的地方财政，不是以建设社会、服务民生为要务，而是主要服务于军阀供养军队，以图维护自身地位甚至角逐天下，因此并不具备积极的现代意义。以上这种局面就导致了如下结果，即：地方强则难免觊觎中央，而中央也会想尽一切办法消灭卧榻之侧的潜在威胁，或是地方击败中央，实现改朝换代，或是中央击败地方，‘削藩’成功；中央与地方很难在和平的氛围中，取得宪政制度框架下的权力平衡。于是，历史不得不一而再、再而三地进入暴力战争的阶段，各派势力在这一过程中不断演化，有的壮大，有的消亡；最终，胜利者消除异己，整个国家集中于一面旗帜之下，达成‘中央强，地方弱’的态势，并在整体上获得的国家和社会的相对和平与稳定。由此可见，清末民初的中国一直处于群雄逐鹿、战火不乱的时代，并没有为分税制的真正落实提供条件。”

本书的出版，也有着良好的学术价值。

一是安徽财政史一直是学术界疏于关注的领域，不仅是系统性的研究较为缺乏，甚至基本的史料整理和辨识工作也没有充分展开。该书在上述方面进行了初步探索。

二是作者从“财政现代化”的视角，对民国地方财政史的研究进行了更深入的研判。传统的财政史研究往往聚焦于收支问题，未能有效关注到近代财政的演进逻辑。本书尝试由“公共财政”的视角，重新审视民国时期中国的财政问题。近代以来分税制财政管理体制才登上历史的舞台。清末和北洋政府时期曾有过分税制改革的设想和尝试，但直到南京国民政府成立之后，分税制财政管理体制才得以落实。但是落实到地方财政，关系省、县二级具体情况，则区别较大。而这正是需要有人作出良好的科学研究之处。

在第34个教师节来临之际，闻听刘巍的博士论文即将付梓，喜悦之余，欣然命笔。是为序。

安徽大学历史系教授 博士生导师

陆发春

前　言

法定意义上的“地方财政”是分税制财政管理体制实行的结果。分税制财政管理体制是指在合理划分各级政府事权范围的基础上，主要按税收来划分各级政府的预算收入，各级预算相对独立，负有明确的平衡责任，各级次间和地区间的差别通过转移支付制度进行调节。

公共财政是指国家（政府）集中一部分社会资源，用于提供公共物品和服务，以满足社会公共需要的分配活动或经济行为。根据公共财政理论，公共产品的受益范围具有层次性，并且不同层次的公共产品由相应层次的政府进行提供会更有效率。因此，为了保障各级政府对公共产品和服务的提供，必须赋予其相应的财权。在这种情况下，分税制财政管理体制就成为建设公共财政的制度保证。

在中国古代中央集权的体制下，地方上并无法定财权，也就没有真正意义上的“地方财政”概念。19世纪中期以后，清朝地方督抚在镇压太平天国的过程中逐步壮大，渐渐突破了中央的掌控，“地方财政”的萌芽随之出现。关于分税制财政管理体制的设想和尝试也出现在这一时期，但是，在民国初年中央权势衰微以及各地军阀武装割据的状况下，只能流于形式。直到南京国民政府成立之后，分税制财政管理体制才得到落实。

然而，南京国民政府实行分税制财政管理体制并非真正着眼于公共财政建设的需要，而是作为中央集权的手段；为了政治安全，中央始终不肯下放过多的财权。此外，在实行分税时，只是简单地划分了“中央”与“地方”，并没有具体划清“省”与“县”之间的收支关系。在这种情况下，省政府依靠政治上的优势地位，掌握了地方财权，而县政府尽管事务繁杂，却没有明确的收入来源，只能依靠附加税度日。这也就导致了“财权上移，事权下降”，由此造成了县级财政困难，并导致附加税的不断升高和苛捐杂税的进一步泛滥。

安徽省位于长江中下游，临近国民政府首都南京，在全面抗战爆发之前，基本上处于中央政府的有效管辖之内。在分税制财政管理体制之下，田赋正式成为地方上的法定收入来源，这项收入约占安徽地方财政收入的30%；进入20世纪30年代，饱受诟病的厘金制度遭到裁撤，牙税、牲屠税等传统税目也得到整顿和归并，以营业税为主体的工商税收体系逐步建立起来，并成为仅次于农业税之外的第二大收入来源。债务收入、非税收入和中央补助款也在安徽地方财政中扮演着各自的角色。与此同时，地方上的预算、会计和金库制度也相继得到建设和完善，财务行政方面取得的成绩有力配合了财政现代化的进程。

然而，这一时期，财政制度上的进步并不能掩盖实际执行中出现的种种问题：

在财政收入方面，表现为“变相厘金”复活，各种附加和苛捐杂税严重泛滥，特别是中国历史上曾经反复出现的“黄宗羲定律”更是不断重演，给广大人民带来了沉重的负担。在征收过程中，各级官员和税吏假公济私，浮收勒索；地方上的土豪劣绅和保甲长也乘机为非作歹，鱼肉乡里，进一步加剧了农村地区的经济凋敝和贫富分化，并破坏了乡村社会传统的认同体系，在一定程度上为1950年前后的土地改革的顺利开展埋下了伏笔。

在财政支出方面，表现为行政费用规模庞大，政府在公共事务上的投资严重不足。这一时期，为了消灭反抗势力，中央财政在军费方面投入了巨额开支；地方各省也在行政、司法、治安、教育乃至公路建设方面等进行相应地配合。在这种情况下，财政支出不仅没有在社会公共服务方面取得明显进步，反而压制了公共诉求，强化了专制统治。

因此，笔者认为，在南京国民政府时期，安徽省地方财政尽管在财务行政等配套制度上有所完善，在收支规模上有所扩大，并在教育文化、经济建设等个别领域实现了一定程度的发展。但是，就整体性质而言，这一时期的安徽地方财政，与北洋时期相似度极大：

不仅是财政长期处于困境，而且财政损失和人民负担严重，财政的非公共性色彩浓厚。

财政是政治的“晴雨表”；这一时期中国的财政问题，归根结底还是由于政治不良。南京国民政府时期，地方当局在很大程度上仍然延续了古代政府那种“权力大，责任小”的状态；在这种权责严重不对应的状态下，不仅公共财政得不到发育，而且整个社会呈现出“既无福利，又不自由”的景象。因此，在当今建设公共财政的过程中，需要政治等层面的配套发展。在这个意义上，只有坚持政治上的权责统一与公平正义，才能为公共财政的建设提供保证，也才能让经济发展的红利真正惠及人民。

作者

2018 年 3 月

目　录

导　论

一、研究目的及意义

（一）财政史研究的意义

在人类历史上，国家的出现意味着一个崭新时代的来临。与此同时，财政作为国家的重要职能，也登上了历史舞台，[①] 并长期处于核心地位。古往今来，财政一直都是关乎国计民生的重大议题，这一点中外皆然。德国阿道夫·瓦格纳（Adolf Wagner）被誉为社会政策学派财政学的集大成者和资产阶级近代财政学的创造者，在他看来，“‘社会’是一个广义的社会体系，由经济系统、政治系统和社会系统等三个子系统组成，它们之间相互相辅成，不可偏废，而财政则处于这三大子系统的‘节点’上，是联结各子系统的媒介。”[②] 可见，财政集中体现了一个国家的政治、经济乃至社会等多个层面的形态。因此，对于财政问题的考察，就成为研究人类社会发展的一个重要切入点。毫不夸张地说，一个国家的财政就是其政治、经济和社会状况的“晴雨表”。

由于一项财政政策的实施会给政治、经济和社会带来多方面的影响，而且无论在专制国家还是民主国家，执政者在通常情况下都不会不计后果地将国计民生付之于玩笑。因此，一项财政政策的出台常常需要仔细而谨慎地研究和讨论。然而，与自然科学不同，实验的方法在财政学的研究中往往较难展开；在这种情况下，对于研究者而言，由历史提供的客观事例和真实数据就显得十分重要。回眸历史，我们可以观察到许多财政政策的实际效果以及随之产生的各种影响，也能分析和总结其中的经验与教训，并为现实生活提供借鉴，这就是

---

① 关于“财政”的起源问题，也有学者提出了不同看法。有人认为：“不是国家创立财政关系，而是财政关系为国家的产生和发展创立了经济条件。”详见王绍飞．关于财政学的几个问题［J］．财贸经济，1983（3）．

② 李炜光，任晓兰．财政社会学源流与我国当代财政学的发展［J］．财政研究，2013（07）：36.

财政史研究的价值和意义。

无论是在政界还是学界，人们长期以来都对财政史给予了高度重视。温家宝曾经指出：

“一个国家的财政史是惊心动魄的。如果你读它，会从中看到不仅是经济的发展，而且是社会的结构和公平正义。”①

20世纪著名经济学家约瑟夫·熊彼特（J. A. Schumpeter）也认为：

“一个民族的精神风貌、文明程度、社会结构，以及政策可能酿成的行为方式，所有这些甚至更多，都记录在它的财政史上。那些明白怎样读懂这个历史所蕴涵的信息的人们，比从其他任何地方都能更清楚地预感到震撼世界的惊雷。”②

按照上述思路，我们不难明白，读懂了中国财政史，实际上也就读懂了中国历史。如前所述，财政与国计民生息息相关，财政史也因此成为研究政治史、经济史和社会史的绝佳窗口。在近代中国纷繁复杂的政治时局中，作为政府的重要职能，财政政策的制定有时是危机之下的艰难抉择，有时却是政府意志的强力表现。而在具体实施中，中央政府与地方政府、政府官员与普通民众之间的互动和博弈，则为后来的政治变局作了巧妙的注脚。因此，从财政史研究出发，我们完全可以发现一片崭新而广阔的天地；在这里，历史进程以一种别样的姿态呈现在我们眼前。

“以古为镜，可以见兴替。”③ 众所周知，鸦片战争以来，随着西方文明的强力侵入，中国也在政治、经济和教育等多方面逐步开启了现代化④进程。在这一过程中，财政领域的变化尤其值得关注。西方自17世纪以来，现代意义上的市场经济、民主制度和公共财政相继产生，三者相互促进，相互影响，这也是西方国家得以傲视全球的重要资本；而在中国，上述尝试直到20世纪才开始起步。今天我们耳熟能详的一些财政政策，诸如分税制改革、发行国债、政府预算等，都发端于一百年前的中华大地上，并在当代社会主义经济建设中

---

① 赵艳红，邓琳，丁蕊．控制物价是政府今年首要任务［N］．北京商报，2008-3-19（5）．

② （美）保罗·萨缪尔森，（美）威廉·诺德豪斯．经济学（第18版）［M］．北京：人民邮电出版社，2008：276．

③ 资治通鉴·卷一九六．

④ 在本书中，笔者对近代中国一些富有积极进步意义的概念，一律使用“现代”或“现代化”来修饰，这些概念往往与政治民主化、社会法治化、经济市场化等趋势相联系。“近代中国的历史变迁理应纳入中国现代化的总进程。”详见周积明．现代化概念构架三论［J］．湖北大学学报（哲学社会科学版），1995（3）：1-8．

发挥了重要作用。同样，诸如农民负担过重、基层乱收费、地方财政困难等现象，不仅曾是民国往事，而且也是我们当前所面临的问题。因此，中国近代财政史就成为我们研究当代财税问题的一个实验室，历史上的成败兴衰便是珍贵的实验结果。

今天，我们正在坚定不移沿着中国特色社会主义道路前进，为全面建成小康社会而奋斗。“中国特色社会主义理论”的形成，离不开中国的历史传统和实践历程，只有充分了解历史，感知过去，才能正确把握时代的发展脉搏。其中，对于中国近现代财政史的研究，正是我们总结经验，服务现在，乃至展望未来的一把钥匙。

上述所论是本书写作的最根本目的。此外，还有一个顺带目的也不能不提，那就是对于当代民间“民国热”的回应。众所周知，近年来，随着科技的发展，各种类型的网络交流平台先后进入了人们的生活，人与人之间的沟通渠道因此而得到拓展，各种各样的讯息和观念也获得了传播的途径。在这种情况下，许多评价民国的作品（特别是博客文章和随笔等）便利用网络平台而涌现出来，对于社会大众（特别是年轻学生）来说，这些“不拘俗套”的作品带来的思想冲击远远大过于严谨的学术论文。客观地说，其中一些作品开拓了新的研究视角，有利于打破思维上的僵化，特别是对于跳出长期以来对于民国全盘否定的价值取向具有积极意义。然而，正是因为网络平台的门槛远远低于纸质媒体，因此这些发表在网络上的文章不仅数量庞大，而且鱼目混珠，质量各异。例如，许多评价民国的作品，不仅把“思想史”当作“历史”，甚至还有误用甚至伪造史料之嫌。① 值得一提的是，往往越是观点离奇的作品，越能吸引眼球；一旦读者缺乏辨识能力，往往可能“误入歧途”。

因此，笔者选择以民国财政史为研究对象，不仅研究地方政府的财政收支管理，还包括这些政府行为给老百姓（特别是底层人民）带来的影响。笔者不愿意“为了肯定而肯定”，也不会“为了否定而否定”，坚持用史料说话，力争在有限的范围内，还原民国时期弱势群体的真实处境。

（二）本书选题的基本思考维度

财政分权（fiscal decentralization），是指中央政府给予地方政府一定的税收权和支出责任范围，允许地方政府自主决定其预算支出规模和结构，其预

① 笔者认为，相比清代而言，民国时期中国在社会、经济、制度、文化、外交等许多方面取得不可磨灭的进步；全面抗战的爆发，的确给中国当时的发展进程带来了不可估量的阻碍。然而，即使就抗战之前的中国而言，上述进步并不意味着这一时期就是“人间天堂”。所谓“黄金十年”的光彩，掩盖不了底层人民的苦难。

期结果是地方政府能更有效率地提供当地居民所需要的地方性公共物品与服务。

分税制财政管理体制是建设公共财政的制度保证，也是当今世界各国财政体制的主流模式，我国也不例外。1994年的分税制改革是改革开放以来财政领域乃至经济领域中的一件大事，对于我国建立公共财政体系和推进市场经济体制建设具有里程碑意义。但随着经济社会的发展和产业结构的调整，其中暴露出来的问题也日渐突出，包括财权（财力）与事权不匹配、财政收入预算级次的划分不够规范、转移支付制度不完善等，进而导致县乡财政困难、隐性负债、土地财政、“跑部钱进”等问题。2014年6月30日，中共中央政治局召开会议，审议通过了《深化财税体制改革总体方案》，会议认为，应当重点推进3个方面的改革，其中就包括，“调整中央和地方政府间财政关系，在保持中央和地方收入格局大体稳定的前提下，进一步理顺中央和地方收入划分，合理划分政府间事权和支出责任，促进权力和责任、办事和花钱相统一，建立事权和支出责任相适应的制度。新一轮财税体制改革2016年基本完成重点工作和任务，2020年基本建立现代财政制度。”①

针对我国当前分税制财政体制运作中存在的问题，全社会给予了极大关注，学者们也纷纷思考总结、建言献策。笔者认为，在横向上，欧美发达国家的实践经验固然值得借鉴；从纵向上来看，我国近代的财政历程中也需要我们认真考察。如前所述，我们当代遇到的这些问题都可以从历史中寻觅到踪迹：一百年前，前人就对中央与地方的财政分权体制有过设想和尝试，并在南京国民政府成立以后得以落实。1928～1949年，这套体制历经多次调整，忠实地记录了南京国民政府的成败兴衰，为后人留下的宝贵的经验和教训。因此，考察南京国民政府时期的财政问题，对我们今天全面深化财政体制改革有着有益的启示作用。

在财政分权的大背景下，存在着中央与地方两个主体；相对于中央而言，地方政府更为直接地与当地民众打交道，地方上出现的问题也远远超过中央。因此，以地方财政的运行作为研究的切入点，可以更好地观察地方政府的施政行为以及社会影响，并探讨财政分权的利弊得失。

基于以上认识，笔者拟选取1927～1937年的安徽地方财政为考察对象。主要是出于以下几个方面的考虑：

第一，在秦汉以来的集权制政治体制中，中央独揽财权，因此并不存在真

---

① 中共中央政治局召开会议，审议《深化财税体制改革总体方案》《关于进一步推进户籍制度改革的意见》《党的纪律检查体制改革实施方案》[N]. 人民日报，2014－07－01（001）.

正意义上的地方财政；直到近代，分税制财政管理体制才登上历史的舞台。清末和北洋政府时期曾有过分税制改革的设想和尝试，但直到南京国民政府成立之后，分税制财政管理体制才得以落实；当代的分税制财政管理体制，与民国时期有着极大的相似性。此外，包括营业税、所得税在内的许多税种，就正是在这一时期登上历史舞台，并一直延续至今。

第二，在全面抗战爆发前，南京国民政府处于相对安定的阶段，在经济建设方面也取得了一些成就；与抗战时期疆土沦陷、税源丧失的局面以及变更财政体制、实行战时财政政策相比，这一时期地方财政的收支运行相对平稳，这种状态与我国目前的形势相类似。因此，可以作为“以史为镜”的研究标本。

第三，安徽地跨南北分界线，承东启西，地扼江淮，毗连宁沪，地理位置十分重要。从全国范围来看，1927～1937 年，安徽是南京国民政府控制较紧的几个省份之一；只有在中央的有效控制之下，地方财政才能按照既定规则正常地运行，否则便会出现截留国税等非常态行为，并呈现出“独立王国”的色彩。

第四，这一时期，安徽大部分地区地处南京国民政府治下，但皖西地区则存在着中国共产党领导下的革命根据地。这种军事对抗态势的存在，使安徽成为土地革命时期中国政治格局的一个缩影，也在一定程度上影响了安徽财政支出的方向，真实地反映了国民政府地方财政的本质。

基于上述原因，笔者拟选取 1927～1937 年的安徽地方财政作为研究对象。

二、相关概念的界定

（一）“财政”的含义

“财政”一词在清末被引入中国，是来自日本的舶来品，翻译自英文词组“public finance”一词。[①] 1924 年，商务印书馆出版了《财政学总论》，“它是中国第一部财政学教科书，也是我国目前所见到的最早的财政学专著之一。”[②] 在该书中，陈氏给“财政”作出了如下定义：“财政者公共团体之经济或经济地理也；易词言之，即国家及其他强制团体当其欲满足其共同需要时关于所需经济的财货之取得管理及使用等各种行为之总称也。”[③]

---

① 陈共编著．财政学（6 版）［M］．北京：中国人民大学出版社，2009：24．

② 邹进文．民国财政思想史研究［M］．武汉：武汉大学出版社，2008：166．

③ 陈启修．财政学总论［M］．上海：商务印书馆，1924：1．

中国古代[①]虽无“财政”这一名词，但却一直存在着实质意义上的“财政”；因为，“从起源上考察，财政是伴随国家的产生而产生的。”[②] 历史上，“度支”“国计”“国用”等词汇，均与“财政”有关，不过这些概念所涉及的范围，只是“财政”的一个部分而已。

在中国古代，君主高高在上，“视天下为莫大之产业，传之子孙，受享无穷”[③]；官府长期处于权力过大，但责任过小的状态。换言之，这种“财政”在收入上表现为：官府征收钱粮赋税方面往往不遗余力，导致人民负担沉重，甚至造成“开视化为血，哀今征敛无”[④]的惨状；在支出上则表现为大量的金钱被用于维护“家天下”，在提供公共物品方面十分薄弱。尽管官府也曾有过兴修水利和赈济灾荒之举，但是，在专制体制中，这些为了所谓的“公共需要”而进行的财政支出，其目的仍然维护“家天下”；换言之，“主导性的职能仍在于维护阶级的统治和满足统治阶级的特定需要”[⑤]。因此，这种为“家天下”服务的“财政”，也可以被称作是“家计财政”。

上述情况可以从古今税收特征的对比中探知一二：现代税收具有“强制性”“无偿性”“固定性”三个特点；但是，在我国古代，这三种特征常常被扭曲。

（1）现代税收制度尽管具有“强制性”，但以纳税人及其代表参与和决策为前提，税收的制定可以看作是纳税人个体理性的表达，体现了纳税人个人的同意；而在我国古代，并没有这样的民主决策过程，广大人民只能听任官府摆布，“皇粮国税”被认为是天经地义，一旦不从，便会遭到暴力机器的惩罚。

（2）现代税收制度在征纳环节固然是“无偿性”，但是，这仅仅体现了税收形式的无偿，即税收不直接返还给纳税人，在实质上却是有偿的；换言之，尽管税收“取之于民”，但最终依然“用之于民”（虽然每个纳税人的受益并

① 20世纪以来，学术界以及民间都习惯于使用“封建时代”来指代中国秦汉至明清时代，但这是由于对“封建”一词的泛化和滥用而导致的，“中国秦汉至明清社会主流离封建渐远”（关于“封建”一词的考释和东西方关于“封建”的定义及演化，详见冯天瑜．“封建”考论［M］．武汉：武汉大学出版社，2006.）。据此，有学者提出用新的名目来指代所谓的“封建时代”，如“皇权时代”（冯天瑜）、“官家主义时代”（吴思）、“前近代”（秦晖）等；以上观点均着眼于古代社会的某个方面，因此各有道理。笔者拟跳出这些争议，实行泛化处理，仅以“中国古代”一词，来泛指晚清以前的中国历史。

② 陈共编著．财政学（6版）［M］．北京：中国人民大学出版社，2009：24.

③ （明）黄宗羲．明夷待访录·原君．

④ （唐）杜甫．客从．

⑤ 贾康，叶青．否定之否定：人类社会公共财政发展的历史轨迹［J］．财政研究，2002（8）：7.

不与付出完全对等)。但在我国古代，税收主要用于皇室、军事等，极少用于为全社会提供公共物品，现代社会中常见的义务教育、医疗保险等纯公共物品或准公共物品都几乎不存在。特别需要指出的是，在现代社会中，“国防”属于最为典型的纯公共物品；我国历代官府也都在军事建设方面投入了极大的人力和物力。然而，除了个别时候（如抵御匈奴、突厥等游牧民族）之外，军队主要被用于国内争端，如镇压人民的反抗（秦军镇压陈胜吴广农民起义、唐军镇压黄巢起义等），或者是争夺天下（西晋八王之乱、明初靖难之役等）。在这种情况下，军事建设并没有为人民提供服务和保障，反而侵害了人民利益，给人民带来了无穷的灾难。

(3) 现代税收制度在征税对象、税目、税率、计税依据和方法等课税要素方面具有“固定性”，非经法定程序，不得随意更改；对于税收预先规定的标准，征税和纳税双方都必须共同遵守。但是，在我国古代，税收的“固定性”常常得不到遵守，主要表现为：其一，战乱、灾害、交易等原因常常导致田亩信息的改变，由于历史上科技手段、信息水平相对落后，政府难以掌握土地的真实数据。此外，地方权贵往往串通官府、伪造册籍，利用政治和经济特权兼并土地，这些都会导致课税对象失去“固定性”，加重税负的不公平，甚至造成“富者田连阡陌，贫者无立锥之地”[①] 的局面。其二，在只有“法制”(rule by law)，而无“法治”(rule of law) 的时代，皇权（官权）过大，不受制约，所谓的“律法”并没有经过现代意义上的立法程序，只是乾纲独断的产物。因此，掌权者往往为了一己之私，朝令夕改，随意增税（如隋炀帝滥用民力、明末“三饷加派”等）；具体执行征税的吏役，还常常浮收勒索，提高了民众承担的实际税率。我国历史上的天下大乱乃至朝代更迭，大多是因为官府加大资源汲取力度，引发“官逼民反”所致。

如今，“财政”一词仍然广泛使用于我国政治、经济、文化等各个层面，并成为社会生活中的高频词汇。然而，今天“财政”的含义，却与中国古代的“家计理财”存在差异。在现代市场经济国家，由于存在外部性、规模报酬递增等“市场失灵”现象，而这些问题又很难由私人经济或私人部门有效解决。因此，政府就有必要进行干预，主要通过集中一部分社会资源，为市场提供公共物品和服务，以满足社会公共需要，提高经济效益。此外，随着民主与法治的发展，政府职能也逐步从管理型向服务型转变；在这种情况下，“财政”也更多地向社会服务和民生方面倾斜，带有公共性质的政府支出项目增多，公共性色彩逐渐增强，这种“财政”可以理解为“公共财政”

① （汉）荀悦．汉纪·武帝纪四。

(public finance)。

公共财政是指国家（政府）集中一部分社会资源，用于提供公共物品和服务，以满足社会公共需要的分配活动或经济行为。贾康先生曾经对“公共财政”的基本特征总结如下：

“一、要以满足社会公共需要作为主要的目标和工作的重心。

二、以提供公共产品和服务作为满足公共需要的基本方式。

三、以公民权利平等、政治权力制衡前提下的规范的公共选择作为决策机制。

四、在管理运行上必然是以现代意义的具有公开性、透明度、完整性、事前确定、严格执行、追求绩效和可问责的预算作为基本管理制度的。”①

可见，公共财政的实际要义不在于“市场失灵”这一经济逻辑起因，而在于其“预算法治”和“民主财政”的政治实质内涵。因此，在现代社会中，公共财政与民主政治、法治社会是内在统一的。

尽管学术界对于“财政”概念的理解尚存分歧②，对于“public finance”的翻译也有不同看法③，甚至对于“公共财政”的内涵也存在各种各样的解释④。然而，如果避开这些争议，仅从人类社会发展的整体脉络上看，现代“财政”显然是在公共服务方面远远超过了传统“财政”；换言之，传统“财政”主要着眼于“家天下”的行政管理和政治安全，而现代“财政”则在公共产品和社会服务等方面获得了巨大发展。

笔者认为，民国时期的“财政”，在很大程度上继承了中国古代“财政”的特征，大量的财政收入被用于军队、行政等方面。不过，近代以来，随着贸易经济的发展和中外交流的深入，西方政治、经济思想对我国产生了重大影响；特别民国成立之后，西方民主政治模式被移植，西式预算、会计制度以及分税制财政体制也先后被引入和采用，这些都为“财政”公共性的发展提供了一定的条件。北洋时期，地方上呈现出军阀割据的状态，一批地位较为稳固的军阀，在其辖境内投资并提供了一些的准公共物品；南京国民政府成立以后，以“三民主义”为宗的国民党也在长江中下游地区进行了教育、卫生、交通等方面的投资（主要是城市地区），尽管这些行为目的各异，成绩也很难

---

① 贾康，李全．财政理论发展识踪——结合“公共财政”的点评［J］．财政研究，2005（8）：5.

② 张馨．论中西方关于财政概念的分歧［J］．财经研究，1992（4）：52－55.

③ 陈共编著．财政学（6版）［M］．北京：中国人民大学出版社，2009：30－31.

④ 高培勇．公共财政：概念界说与演变脉络——兼论中国财政改革30年的基本轨迹［J］．经济研究，2008（12）：4－16.

令人满意，但毕竟在某种程度上体现了“财政”现代化的趋势。

本书所讨论的“财政”，其色调是以传统“财政”为主，现代“财政”为辅。具体地说，民国时期的“财政”，已经在军事、行政等传统支出方向之外，逐步增加了城市公共设施方面的投资。因此，用现代“公共财政”的眼光，去发掘民国“财政”的利弊得失，就有了以史为镜、鉴往知来的意义。因为，民国时期“财政”的现代化，就是整个国家和民族现代化的一部分；而全面实现现代化，正是我们今天的任务。

（二）“地方财政”的含义

法定意义上的“地方财政”是分税制财政管理体制实行的结果。分税制财政管理体制是指在合理划分各级政府事权范围的基础上，主要按税收来划分各级政府的预算收入，各级预算相对独立，负有明确的平衡责任，各级次间和地区间的差别通过转移支付制度进行调节。

根据公共财政理论，公共产品的受益范围具有层次性，并且不同层次的公共产品由相应层次的政府进行提供会更有效率；因此，为了保障各级政府对公共产品和服务的提供，必须赋予其相应的财权。在这种情况下，分税制财政管理体制就成为建设公共财政的制度保证；因此，它也成为当代市场经济国家普遍推行的一种财政管理体制模式。

秦汉以降，中国实行的是中央集权的政治体制，郡县、州府，均为中央直接掌控，地方行政部门是作为中央的派出机构而存在，州县官员也只是“代天子牧民”。因此，除了中央势衰的个别时期之外，中央都能掌握地方上的财政收支，地方上也并无独立财权可言；这样的制度设计主要是着眼于政治安全，以免地方上尾大不掉，生出“问鼎之心”①。以清代为例，中央实行严格的解协款制度和奏销制度，对地方收支运行的进行控制；在省一级，“布政使及其他地方官仅是中央政府的征税代办人。地方政府的预算和支出，包括薪水和办公费，都由户部来规定”②。因此，所谓的“州县财政”，其实质不过是“州县负责办理的财政事务”，州县并无财政收支的自主权。宣统三年（1911年），度支部在奏折中言道：

“中国向来入款因为民财，同归国用，历代从未区分，即汉之上计，唐之上供、留州，但于支出时区别用途，未尝于收入时划分税项。近今东西各国财

---

① 晋书·王敦传.

② 瞿同祖著；范忠信，晏锋译.清代地方政府［M］.北京：法律出版社，2003：14.

政始有中央、地方之分。”①

可见，法定意义上的“地方财政”在当时的确不存在，民国时期曾经长期在财政部担任重要职务的贾士毅曾经对“地方财政”这一概念的源流有过如下论述：

“我国向无地方财政之名，而地方财政之观念，随近代政治思潮而生。在昔政尚简易，地方事务仅有尚学、慈善两种，而其基金大率由捐募而成，或系士绅举办，然无划一之组织，地方自治之雏形未成，遑论地方财政。有清之季，国民远慕欧美地方政绩，渴望民治之念甚切。清廷筹备立宪，于省会设咨议局，并颁布府厅州县地方自治章程及城镇乡地方自治章程，始具地方自治之雏形。迨武昌起义，民治之说益盛。二年春，财政部始颁划分国家税、地方税法草案及国家费目、地方费目标准案。虽其范围甚狭，而地方财政之权舆实基于此。”②

如果仅从“地方财政”的法定意义来看，贾氏对于“地方财政”概念的评述基本合理；然而，如果从“地方财政”所蕴含的实质而言，贾氏之言则有待商榷。实际上，19世纪中叶太平天国运动爆发以后，地方督抚在镇压过程中逐步做大势力，中央失去了统驭全局的能力，财权逐渐下移，地方上相继出现了独立于中央的财权（如厘金、地方公债等）。在这种情况下，实质意义上的“地方财政”已经露出了萌芽；换言之，这一时期的各省当局，在一定程度上有“地方财政”之实，而无“地方财政”之名。

进入20世纪以后，清政府正式开始了关于“国地财政划分”的筹议；不过，由于清王朝在武昌起义后很快灭亡，因此这一制度在民国初年才得以正式实行。北洋政府实行“国地财政划分”之后，在一定程度上确立了各省的法定财权，明确了中央与地方在收入和支出方面的权力与责任。据此，在中国历史上，真正意义上的“地方财政”概念，正式始于这一时期。

需要指出的是，“分税制财政管理体制”是一个当代概念，这套体制不仅仅包括中央和地方之间财权与事权的划分，而且需要现代性的预算、会计等财务行政以及优良税种相配套，在执行上也需要以中央与地方之间稳定的政治关系作为支持；更为重要的是，需要以公共财政理念作为理论指导。可见，民国初年的“国地财政划分”与当代成熟的分税制财政管理体制相比，尚有着不

---

① 度支部奏试办全国预算拟定暂行章程并主管预算各衙门事项折（并单三件）[J]. 政治官报，1911（1184），折奏类：6.

② 贾士毅. 民国续财政史（七）[M]. 上海：商务印书馆，1934：1－2.

小的差异：前者与后者之间固然存在着外表上的共性，但前者缺乏后者所具备的制度条件、政治环境和精神价值。因此，民国初年的“国地财政划分”可以看作是当代“分税制财政管理体制”的雏形。①

综上所述，本书所讨论的“地方财政”，是以“国地财政划分”为前提，或曰建立在分税制财政管理体制之下，其概念与“中央财政”相对应；是指地方政府在拥有法定财权的前提下，为实现其各项职能所进行的财政收支活动。换言之，只有在中央与地方分别构成相对应的、不同级次的财政主体时，也才有所谓的“中央财政”与“地方财政”之分。

（三）“南京国民政府时期安徽地方财政”的所指对象

根据民国时期的行政区划，1927～1937 年的“安徽省”并没有完全被纳入南京国民政府的控制范围之中；皖西部分地区，就处在中国共产党领导的鄂豫皖苏区境内。因此，本书所讨论的“安徽”，不仅是一个区域地理概念，更是一个政治概念，是指 1927～1937 年，在南京国民政府治下的、作为一个省级行政单位的“安徽省”及其所辖县区，不包括中国共产党控制的地区。

根据 1928 年南京国民政府分税制财政体制的设计，所有地方税均划归于省，县一级则没有明确的收入来源；“县公署、县政府就仍然同清代一样，在财政方面只是国家财政（这一时期是省财政）的收支机关，代省财政经理属于省税的田赋、契税、牙税、当税、牲畜税和其他各种杂税”②。1934 年，全国第二次财政会议召开，国民政府于次年 7 月颁布《财政收支系统法》③，制订了中央、省、县三级财政体制；因此，具有法定意义的“县级地方财政”这一概念才正式出现。然而，国民政府直到 1937 年 3 月才公布《财政收支系统法施行条例》④，并定于次年 1 月 1 日施行⑤。由于全面抗战很快爆发，这一计划未能如期实现；1940 年 1 月，国民政府又决定将此计划延期到 1941 年。⑥

---

① 在正文部分，笔者除了使用“国地财政划分”这一术语之外，也将会使用“分税制财政管理体制”或“分税制”这一术语。其主要目的包括两个方面：一是避免用词的重复；二是用“分税制”这一具有进步色彩的概念，以此来体现民国时期财政现代化的趋势。

② 魏光奇．官治与自治——20 世纪上半期的中国县治［M］．北京：商务印书馆，2004：261.

③ 财政收支系统法（民国二十四年七月二十四日公布）［J］．湖南财政季刊，1937（1），法规：19－39.

④ 财政收支系统法施行条例（二十六年三月二十五日公布）［J］．审计部公报，1937（73），法规：3－4.

⑤ 刘振东．立法院通过财政收支系统法施行条例［J］．时事月报，1937，16（4），国内时事：145－146.

⑥ 钱大章．论一再展期实施之财政收支系统法［J］．银行通讯，1940，1（26），专载：1－4.

因此，严格地说，1927～1937年所谓的“地方财政”实际上指的是“省级财政”，“地方财政”的收支就是“省库”的收支，“县级财政”依附于省，没有独立的地位可言；这一时期省与县之间的财政关系，就类似于古代中央与地方之间的财政关系。尽管安徽省县级预算于1935年开始成立[①]，但收入基本上是各种省税的附加[②]；可见，县级财政并不具备真正的独立性，严格意义上的“县级地方财政”其实并不存在。

正是基于上述原因，笔者在本书中尽量避免使用“县级地方财政”这一模糊概念，也未将这一时期的“县级财政”单独拿出来作为一章进行讨论；但在各章节中，都对这一时期的“县级财政”有所论及，这种以“省地方财政为主，县级财政为辅”的表述结构也与当时省、县财政的实际地位相符。

三、学术史回顾

（一）民国时期的安徽地方财政研究

20世纪30年代前后，国民党南京中央政治学校学生在安徽、江苏、浙江、上海等地开展了一系列国情调查，涉及当时中国社会生活的各个角落，并汇集成为《中央政治学校调查报告》。这套资料的土地问题部分由中国台湾成文出版社于1977年印行，名为《民国二十年代中国大陆土地问题资料》；剩余的部分由南京凤凰出版社于2012年出版，名为《二十世纪三十年代国情调查报告》，“两者相配即‘中央政治学校调查报告’全璧。”[③] 在这套共计490余册的资料中，与安徽财政有关的调查研究成果主要有：王之苹《安徽怀宁县田赋之研究》，傅广泽《安徽省田赋研究》，陈宝忠《安徽田赋上亩法研究》，蓝之章《芜湖田赋之研究》，金延泽《安徽土地整理之研究》，许振鸾《皖西匪区土地整理问题》，张光业《安徽垦殖问题》，赵世昌《合肥租佃调查》，赵世昌《安徽合肥实习调查日记》，傅广泽《安徽实习调查日记》，陈少书《镇江当涂和县实习调查日记》，陈宝忠《蒙城实习调查日记》，张光业《安徽财厅实习调查日记》，王之苹《安徽省财政厅、土地整理处实习报告》，金延泽、许振鸾《安徽省土地整理处实习总报告》，吴墉祥《安徽财政之财政机关与经费》，姜启炎《安徽财政之收入》，许饯侬《安徽财政之省债》，杨书

① 丁国桢．三年来安徽县预算之检讨［J］．安徽政治，1944，7（6）：18.

② 朱兴良．安徽的县地方财政［J］．安徽政治，1941，4（2）：25.

③《二十世纪三十年代国情调查报告》：全景呈现20世纪30年代中国国情［J］．全国新书目，2012（9）：10.

家《安徽之财务行政秩序安徽财政总检讨与拟议中之整理计划》，李超英《安徽高等教育留学生情况考察》，刘镜洲《安徽省教育经费教育法规推行状况与学潮问题》，舒嗣芬《合肥县财政之岁出岁入篇与田赋篇》，朱兴良《合肥县财政之收入支出及财务行政论》，冯有辰《合肥县地方概况及财务状况》，董成器《安徽省无为县之社会金融行政概况支出概况实习总报告》，汪茂庆《安徽省无为县之田赋与杂税收入实习总报告》，沈光琨《安徽省无为县之财务行政秩序与簿记组织系统实习总报告》，刘炳炎《安徽宣城县财政支出与收入实习总报告》，高成书《安徽广德县之国税省税地方收入支出预算会计制度公债考察报告》，黄友群《安徽广德县之财政机关田赋杂税公债考察报告》，王丕经《安徽广德县民国二十二年之岁出岁入及杂税杂捐述略》，吕广恩《安徽宣城县概况与财政收入支出》，高景枢《安徽宣城县之支出收入与财务行政秩序》。上述这些调查报告，主要涉及安徽省的土地整理、田赋征收、财务行政、教育经费等方面，都是调查者亲历一线写成，数据较为翔实，内容真实可信。不过，很多都以日记和实习报告的形式完成，客观地看，其史料意义大于学术意义。

（二）1949 年以后的安徽地方财政研究

中华人民共和国成立以来，关于近代安徽财政的相关研究成果，直到 20 世纪 80 年代以后才真正出现。这些成果主要分为以下几类。

一是资料汇编。这些成果来自编者对于近代安徽财政史料的搜集和整理，主要包括：安徽省财政厅编《安徽财政史料选编》（皖非正式出版字（92）第 065 号，1992），安徽省地方志编纂委员会编《安徽省志・财政志》（北京：方志出版社，1998），安徽省人民政府税务局编《安徽省工商税收史料选编（上辑）》（1987）。此外，还有一些相关的回忆文章，主要收录在安徽省政协文史资料委员会编著的《安徽文史资料选辑》当中。

二是安徽通史类专著。这些著作对于近代安徽财政状况均有涉及，主要包括：王鹤鸣著《安徽近代经济探讨（1840～1949）》（北京：中国展望出版社，1987），程必定主编《安徽近代经济史》（合肥：黄山书社，1989），翁飞等著《安徽近代史》（合肥：安徽人民出版社，1990），王鹤鸣、施立业著《安徽近代经济轨迹》（合肥：安徽人民出版社，1991），中国台湾学者谢国兴著《中国现代化的区域研究——安徽省》（台北："中央"研究院近代史研究所，1991），戴惠珍等著《安徽现代史》（合肥：安徽人民出版社，1997），宋霖、房列曙主编《安徽通史（民国卷）》（合肥：安徽人民出版社，2011）。这些著作大多认为，南京国民政府时期的安徽财政在制度化和法制化方面取得了一些进步，但由于国际、国内多重因素的影响，安徽省的财政状况并没有得到根本性的好转。

三是关于近代安徽财政的某一方面的具体研究成果。这些成果大多数是安徽大学历史系学生的硕士学位论文，主要包括：李俊《南京国民政府初期的安徽财政整顿》（合肥：安徽大学硕士论文，2007），该文着眼于南京国民政府初期，从当时安徽省的社会经济背景、财政体制的演变过程，特别是财政整顿的详细经过、财政政策的实施内容和实施效果等方面进行初步分析，揭示出财政整顿对当时的安徽经济、政治及社会各方面所产生的影响。刘杰《安徽近代地方公债研究（1910～1941）》（合肥：安徽大学硕士论文，2012），该文回顾了民国时期安徽省地方公债的发行历史，认为近代安徽地方公债不仅发行次数位居全国前列，而且数量不断扩大，用途集中以弥补军政费用为主；公债发行后，屡次延期，导致债信丧尽、管理混乱。陈晰《民国时期合肥县教育财政研究（1912～1937）》（合肥：安徽大学硕士论文，2014），该文就民国时期合肥县的教育经费筹集管理制度、教育经费来源、教育经费配置及教育状况进行了论述，探寻了合肥县教育财政发展的趋势、意义与局限，进而揭示了民国时期合肥县教育财政的近代化历程。李标《晚清安徽财政变革研究》（合肥：安徽大学硕士论文，2014），该文以厘金、海关、铸币为对象，展现了晚清时期安徽在财政改革领域所做的一些尝试，并总结了其中的经验与教训。任琴琴《安徽教育经费研究（1927～1937）》（武汉：华中师范大学硕士论文，2015），该文以南京国民政府初期安徽教育经费独立运动为起始，研究了这一时期安徽教育经费的数量、来源以及教育经费的具体配置情况，并以此分析了安徽教育经费在这一时期呈现匮乏之态的原因。

四、研究方法及思路

（一）研究思路

“财政这种经济行为或经济现象的一个重要特点，是它与政治的关系更为紧密，其主要原因就在于财政是一种国家（或政府）的经济行为，财政学则是一门名副其实的政治经济学。”① 因此，从宏观上讲，关于“地方财政”的研究不仅仅在于地方财政体系的运作以及所带来的社会效应，而且还涉及中央与地方的财政关系和政治关系；换言之，地方财政不是孤立运行，而是建立在国地财政关系与政治关系的基础之上。制度的变迁、规则的调整、税目的划分

① 陈共编著．财政学（6版）[M]．北京：中国人民大学出版社，2009：25.

等都体现了中央与地方之间的真实关系，这些条件也构成了地方财政存在和运转的前提。因此，尽管本书的研究对象是南京国民政府时期的安徽地方财政，但却不能孤立地看待之，必须要从晚清时代入手，特别是对近代以来中央与地方的财政与政治关系进行探讨。日本学者岩井茂树也认为："民国财政的许多性质特点与清朝财政具有连续性。"①

根据上述思路，本书拟按照以下框架展开讨论：

第一章主要涉及清末民初安徽省的财政状况。19 世纪中期以后，清朝地方督抚在镇压太平天国的过程中逐步壮大，渐渐突破了中央的掌控；厘金的创办意味着财权的下移，"地方财政"的萌芽随之出现。同时，关于"国地财政划分"的设想和尝试也出现在这一时期，尽管由于北洋时期的军阀割据而未能真正落实，但却成为后来南京国民政府实行分税制财政管理体制的先声。

第二章主要研究 1927～1937 年的分税制财政管理体制。首先是 1928 年制订的中央与地方两级财政管理体制，由于没有在省以下分税，从而导致"财权上移，事权下降"，由此造成了县级财政困难，并加剧了苛捐杂税的泛滥。1934 年，南京国民政府对原先的分税制财政管理体制进行调整，重新设计了中央、省、县三级财政管理体制；但是，在全面抗战爆发之前，这套新体制却未能付诸实施。

第三章主要研究 1927～1937 年安徽地方财政体系的整理与建设。包括设立财政机关、清理交代案件、考核官员政绩、划分各县等级、清理地方捐税、厉行预算制度、建设会计制度、推行金库制度、举办土地整理、土地陈报和垦荒升科等。这些措施的效果或大或小，但是在全面抗战爆发前，安徽地方财政体系的整理与建设还是取得了一些成果，省财政规模也有所扩大。

第四章主要研究 1927～1937 年安徽地方财政的主要收入项目以及由此带来的社会负担。这一时期，财政收入主要包括田赋、工商税收（含普通营业税、契税、牲屠税、牙税、船捐、房捐等）、债款和非税收入等四大类。在上述这些收入的征收过程中，民间付出了极大成本，也造成了巨大的财政的损失以及税源的破坏。

第五章主要研究 1927～1937 年安徽地方财政的主要支出项目以及相应的支出效果。这一时期，财政支出主要包括政务费（含党务费、行政费、司法费、公安费、财务费）、事业费（含教育文化费、经济建设费等）和债务费等三大类。财政支出的最大类来自政务开支，即使是在规模相对较小的事业费

① （日）岩井茂树．中国近代财政史研究［M］．北京：社会科学文献出版社，2011：144.

中，还有一部分具有非公共性，这种财政支出结构是当时政治状况的真实体现。

结语部分主要着眼于“现代化”的命题，从公共财政的视角评价和反思南京国民政府时期的安徽地方财政。

（二）研究方法

本书以历史唯物主义为理论基础。财政史属于跨学科研究领域，需要运用多种研究方法。

（1）历史学的方法。占有史料是历史学研究的基本前提；本书的写作需要建立在大量史料的基础上，其中包括原始档案、政府公报、报刊新闻以及地方志等。同时，对史料进行整理鉴别，并进行实证性分析，以提供写作所需要的基本材料。

（2）经济学、政治学的方法。财政史写作离不开经济学方法的运用，其中主要涉及财政学、统计学、新制度经济学、信息经济学等知识。例如，税收数据的整理需要统计学方法，财政体制改革与新制度经济学中制度变迁理论相对应，信息经济学中委托—代理理论可以用来考察地方官吏在征税中的寻租行为，产权理论和“匪帮理论”可以用来解释为什么统治不稳固的军阀容易采取短期行为，而统治稳固的军阀愿意提供一定的公共物品。

（3）比较研究的方法。一方面，通过纵向比较，考察安徽地方财政各个时间段（如北洋时期与南京国民政府时期）的运行特点；另一方面，进行横向比较，在某些具体问题上将安徽与邻近省份（如江浙二省）予以对比，力求对南京国民政府时期安徽地方财政有一个相对客观的评价。

五、本书的创新点

（1）安徽地方财政史研究的新探究。迄今为止，学界关于南京国民政府时期安徽地方财政的研究成果并不丰硕，相关学术成果大多只涉及地方财政的某一个具体方面，分量略显单薄，且缺乏较为全面和系统的考察；因此，本书的写作在一定程度上丰富了该领域的研究成果。

（2）多学科交叉研究方法的运用。以往一些财政史著作以及地方财政志的写作，主要精力在于史料的搜集和整理，尤其缺乏经济学研究方法的使用。本书在写作时注意运用西方经济学等相关理论，对这一时期的安徽地方财政运作进行分析评价，扩展了研究工作的广度和深度。

（3）从新的视角进行财政史研究。以往的财政史研究，大多是从“政府”

的角度去考察财政收支活动，因此，评价的落脚点主要集中在财政状况的好与坏。笔者在此基础上，另外尝试着从“公共财政”的视角来评价地方政府的财政活动。

（4）对南京国民政府的财政现代化事业进行再评价。以往由于众所周知的原因，学界对南京国民政府的整体评价普遍较低；近年来，随着部分史料的公开和研究的深入，整体评价逐渐趋向客观，但是，某些来自民间的评价似乎又有拔高的趋势。本书将从地方财政的视角出发，力求南京国民政府的财政现代化事业做出客观评价。

第一章

清末民初安徽省的财政状况

中国的行省制度开创于元代，并为后世沿用。顺治二年（1645 年），清政府设置江南省，所辖区域基本上包括今天的安徽省、江苏省和上海市。此后，江南省分治，安徽建省①；其辖境与今日相比，略有差异，但从总体上来看，并未发生重大变动。在区位上，“皖据长江之中，左苏右赣，首鄂尾宁，雄富虽亚于汉、沪，而游历之客轮舰之往来，上至赣、鄂以上，下至宁、苏以下，道必径于是”②。从政治意义的角度来看，“由直隶江南到安徽建省，即是中央政府在特定历史条件下对一个区域分治的实现。”③

清代前期，中央对各省有着较强的掌控力度，地方上的收支运转均听命于中央。在这种高度中央集权的体制下，地方上并无法定财权，也就没有真正意义上的“地方财政”概念。在中央，“户部掌天下户口土田之籍，一切经费出入悉统理焉。”④ 在省一级，清政府设置藩司，其长官为布政使；“布政使掌一省之政，司钱谷之出纳，十年会户版，均赋役，登民数、田数以达于户部”⑤。户部设有清吏司，对各省财政进行管理；其中，安徽隶属于江南司。

在这种统收统支的财政体制中，各省征收上来的钱粮无论是“起运”到中央或协拨他省，还是“存留”在地方上使用，都须由中央决策；而且，从所占比例来看，“起运”部分远超“存留”部分。这种“强干弱枝”的行为，正是中央控制地方的重要手段之一。以康熙二十四年（1685 年）为例，安徽钱粮征收总额为 1689859 两，其中，“起运”1153291 两，占到总额的 68.25%，“存留”只有 536568 两，仅占总额的 31.75%；至于山西、河南、

---

① 关于安徽建省的具体时间，学界尚存争议，主流观点是康熙六年（1667）；此外还有顺治十八年（1661 年）、康熙四年（1665 年）、乾隆二十五年（1760 年）等多种看法；也有人认为：“江南省之分治，安徽、江苏两省之最后形成，是一始于顺治、终于乾隆的漫长动态过程。”（详见姜涛．清代江南省分治问题——立足于《清实录》的考察［J］．清史研究，2009（2）：14－22.

② 冯煦，陈师礼．皖省辑要［M］．合肥：黄山书社，2005：1.

③ 陆发春．从直隶江南到安徽建省［J］．学术月刊，2012（10）：138－145.

④ 皇朝文献通考·卷八十一．

⑤ 皇朝文献通考·卷八十五．

广东等省份，“存留”部分竟还不及总额的二成。①

而在一些特殊时期，诸如朝廷用兵之际，由于对经费的需求增大，因此中央往往会进一步加强对地方的汲取力度；这种情况在历朝历代都不鲜见。亲身经历过明末大乱的黄宗羲就指出：“郡县之赋，郡县食之不能十之一，其解运至于京师者十有九。”② 在这种情况下，地方上必然用度不足，为了维持正常开销，横征与加派也就不可避免。清代历史学家蒋良骐就对此有过一针见血地批评：“存留钱粮原留为地方之用，裁一分则少一分，地方官事不容已，不得不又派之民间，且不肖有司因以为利，是又重增无限之苦累矣。”③

然而，地方官府的这些举措毕竟不属于合法行为；仅就法定收入而言，依旧是由中央控制。因此，以财政体制为着眼点，我们不难看出清代前期浓厚的中央集权制色彩，这种局面是中央强大控制力的体现。

第一节

分税制财政体制的设想与尝试

从19世纪中叶开始，上述情况发生了变化。1851年，太平天国运动在广西爆发，并迅速席卷了当时中国东南的半壁江山。早已日暮西山的清朝为了将这场反抗镇压下去，不仅向西方列强“借师助剿”，还不得不允许汉族士大夫开办团练。在与太平天国作战的十多年中，以曾国藩为代表的湘系和以李鸿章为代表的淮系势力先后登上了历史舞台，成为近代中国地方军阀势力的肇始。

也正是从这一时期开始，高度中央集权的财政体制被打破，清政府的财权发生下移：中央无法再像以前那样对各省收支进行完全调度，地方上开始出现新的财源，双方也在这类问题上进行了一系列博弈。尽管19世纪后半叶中国尚未出现有如唐末那样的藩镇割据，但中央对地方控制力的减弱则是不争的事实。此后，对外赔款和筹办新政也使各省当局在收支方面的自主权力进一步增大，隐含着财权独立于中央的倾向；为此后的国地财政划分埋下了伏笔。正如彭雨新先生所言：“民国改元以后之国省财政错综关系，正与此段历史为一贯之延续。”④

---

① 梁方仲．中国历代户口、田地、田赋统计［M］．北京：中华书局，2008：586－587.

② （明）黄宗羲．明夷待访录·田制．

③ （清）蒋良骐撰．林树惠，傅贵九校点．东华录［M］．北京：中华书局，1980：153.

④ 彭雨新．清末中央与各省财政关系［J］．社会科学杂志，1937，9（1）：83.

一、厘金制度的创办与财权的下移

据《安徽通志稿·财政考》记载："及自咸、同军兴，皖省实居要冲，供亿频繁，财政始为之敝。"① 作为太平天国运动的主战场之一，安徽省的财政状况在战争中出现严重恶化：芜湖与凤阳的常关税停废，盐税、茶税和许多地区的田赋停征。战争期间，社会遭到极大破坏；然而，官府在财政收入锐减的同时，以军饷为主的开支却急剧膨胀。在这种情况下，地方督抚不得不截留上缴中央的钱粮或者就地筹集军饷。咸丰二年（1852年），安徽巡抚蒋文庆"将续收地丁契杂及芜、凤两关税入截留备用"②；湘军也被允准在安徽、湖北等省份"随处劝捐"③。曾国藩曾对这种情况做过如下描述："我朝之制，一省所入之款，报明听候部拨，疆吏亦不得专擅。自军兴以来，各省丁漕等款，纷纷奏留，供本省军需，于是户部之权日轻，疆臣之权日重。"④

（一）厘金制度的运行与危害

在筹款的诸项措施中，最为重要、也是对后世影响最深的当属厘金制度。厘金也被称为厘金税或厘捐，是一种征收于流通环节的流转税；咸丰三年（1853年），正在江南大营帮办军务的刑部侍郎雷以諴为了筹措军费，便采纳了幕僚钱江的建议，在扬州仙女庙、邵伯和宜陵等处开征。试行成功之后，很快便在各地推广开来。

学界一般认为，咸丰七年（1857年），钦差大臣胜保在安徽创办厘金，以助军饷⑤；咸丰十一年（1861年）十月，曾国藩在安庆设立总局，征收百货厘金，专派司、道大员管理；此后，还在芜湖和寿州分设总局，均派道员驻局。到了同治四年（1865年），太平天国运动已然结束，此时全省共设有征收关卡143处；嗣后经过裁并，设置如下：

---

① 清代安徽财政概略［A］．安徽省财政厅编．安徽财政史料选编（第一卷）［C］．皖非正式出版字（92）第065号，1992：26.

② 清史稿·卷三百九十五·列传一百八十二．

③ （清）曾国藩著．李翰章编纂．李鸿章校勘．足本曾文正公全集［M］．长春：吉林人民出版社，1995：394.

④ （清）曾国藩．江西牙厘请照旧经收疏［A］．（清）盛康．皇朝经世文续编·卷七十八·兵政四饷需［C］．

⑤ 现在有学者对这种传统观点提出质疑，认为"安徽开始抽厘的时间至晚应上溯到咸丰四年七月杨以增在盱眙县蒋坝'遵旨赶办捐厘'。"详见徐毅，刘歆立．有关晚清厘金制度的探讨［J］．理论探索．2008（3）：94－97.

安庆（省城）局：下辖四正卡（盐河、华阳、运漕、大通），八分卡（枞阳、罗昌河、荻港、石牌、中梅河、和州、凤凰颈、巢县）；

芜湖（皖南）局：下辖三正卡（屯溪、湾址、定埠），六分卡（街口、太白、倒湖、东门渡、马头、乌溪）；

寿州（淮北）局：下辖三正卡（六安、三河尖、五河），八分卡（迎河集、霍山、两河口、颍上、三里湾、界首集、合肥、定远）。[①]

安徽开办厘金之后，只有淮北局的征收所得归本省收用充饷；省城和皖南两局的收入则拨充江南军饷。自同治八年（1869 年）起，除了皖南茶厘仍归江南充饷，大通卡专充长江水师额饷之外，其余全部划由安徽充饷。[②] 同时，安徽征厘也由金陵粮台总核改归本省专案奏办。[③]

从征收形态来看，厘金分为行厘和坐厘：前者又称活厘，主要向行商征收，在安徽省推行地区最广，推行时间也最长；后者又称板厘，是向坐商征收的交易税，安徽征收的落地税和坐贾捐，均属此类。[④] 在征收种类方面，安徽的厘金分为货厘、盐厘、茶厘等三类；其中，货厘收入最多，茶厘次之，盐厘最少。在税率方面，安徽省规定货厘“值百抽二”（2%）[⑤]；但是，在“遇卡完厘”的情况下，货物在经过多道关卡之后，最终的实际税率已然翻了数倍。

尽管厘金制度在一定意义上被认为“是一种适应 18 世纪以来扩大了的商品流通形势的税收制度”[⑥]，并使各省当局获得了大量的财政收入；但是，它在实际运行中却给社会带来的极大危害：厘金征收范围甚广，名目繁多，“各省厘局，但有厘局之名，实则抽分抽钱，有加无已。凡水陆通衢以及乡村小径，皆奉宪抽厘旗号，所有行商坐贾，于发货之地抽之，卖货之地又抽之，以货易钱之时，以钱换银之时又抽之。资本微末之店铺，肩挑步担之生涯，或行人之携带盘川，女眷之随身包裹，无不留难搜括。”[⑦] 在征收过程中，“叼光”（随便拿货）、“加水”（无故挑钱），“强名偷漏而议罚，妄指用物而充公”等

---

① 百货厘金的沿革［A］. 安徽省财政厅编. 安徽财政史料选编（第一卷）［C］. 皖非正式出版字（92）第 065 号，1992：310 - 311.

② 罗玉东. 中国厘金史［M］. 上海：商务印书馆，1936：274.

③ 安徽省财政厅编. 安徽财政大事记［C］. 皖非正式出版字（92）第 065 号，1992：15.

④ 安徽省地方志编纂委员会编. 安徽省志·财政志［M］. 北京：方志出版社，1998：47.

⑤ 罗玉东. 中国厘金史［M］. 上海：商务印书馆，1936：274 - 275.

⑥（日）岩井茂树. 中国近代财政史研究［M］. 北京：社会科学文献出版社，2011：369.

⑦ 户部. 遵议整理厘捐章程疏［A］. 王树敏，王延熙辑. 皇清道咸同光奏议［C］. 沈云龙主编. 近代中国史料丛刊（第三十四辑），台北：文海出版社，1969：1992.

勒索行为更是屡见不鲜。[①] 征收环节的繁缛加上监管机制的缺失，使借机贪墨、中饱私囊的行为层出不穷；“大抵有厘捐之省，殆无不舞弊之委员，无不染指之大吏”[②]。

厘金制度对于社会的危害，还可以从经济学的视角进行考察：

其一，从税种性质来看，坐厘在产地或销地征收，抽之于坐商，性质与营业税类似[③]；行厘则具有常关税性质，一般是货物在起运地征收一次厘金后，在转运途中又重复征课。然而，尽管厘金与营业税、关税之类的现代税种具有本质属性的相似；不过，由于课征苛重、重复设卡、征收腐败等原因，导致厘金成为官府（吏役）搜刮民众的手段。

其二，在税收归宿[④]方面，被征收厘金的许多生活必需品由于需求弹性[⑤]较低，因而这项负担会更多地落在消费者头上，特别是政府在层层设卡抽厘的情况下，商品价格逐渐抬高，这对于生计艰难的平民百姓来说无疑是一个沉重的包袱。皖南《南陵县志》就有如下记述：

> “厘金之设，名虽病商，实则病民。病富民犹少，病穷民独多。商贾计本求息，如行船然，水涨则船自高，故厘金病商犹浅也。富民乘风居积，一切不难预筹；穷民日计不足，何暇远谋？故物价腾贵，穷民受害独酷。……数文钱足致穷民死命。”[⑥]

其三，厘金具有税收性质，因此成为打入买者支付价格和卖者得到价格之间的楔子，它抬高了售价，却减少了卖者的实际收入，会导致市场规模的缩小和效率[⑦]的降低，造成无谓损失[⑧]。厘金的征收规模庞大，征收过程积弊重重，因此相比合法税收而言，厘金制度造成的无谓损失也就更为严重。

（二）厘金制度对晚清财政体系的冲击

厘金制度的推行为清政府镇压太平天国提供了物质基础，成为湘军、淮军的重要军饷来源。亲历此事的郭嵩焘就指出：“厘捐为军兴以来一时权宜之

---

① 聂宝璋，朱荫贵编．中国近代航运史资料（第 2 辑·下）［C］．北京：中国社会科学出版社，2002：1299.

② 皇朝续文献通考·卷六十．

③ 朱炳南，严仁赓．中国之营业税［J］．社会科学杂志，1935，6（3）：344.

④ 税收归宿（tax incidence）是指税收负担在市场参与者之间进行分配的方式。

⑤ 弹性（elasticity）是指衡量需求量或供给量对其某种决定因素的反应程度的指标。

⑥ 南陵县志［C］．南京：江苏古籍出版社，1998：635.

⑦ 效率（efficiency）是指资源配置使社会所有成员得到的总剩余最大化的性质。

⑧ 无谓损失（deadweight loss）是指市场扭曲引起的总剩余减少。

计，不领于经费，又皆亲见其倚办军需，收荡平克服之功，裨益国家甚厚。”①

作为一种临时性的捐税，厘金开征的直接目的也只是筹集军饷，以解燃眉之急；户部起初的态度十分明确：“为此万不得已之计，暂济目前，亦属补苴之一法。”② 然而，这项制度却并没有因为战争的结束而终结。一个很重要的原因是由于这项收入巨大，难以找到可供替代的财源，朝廷开支用度也有赖于此。据周育民先生研究：“光绪五年以后，清代厘金岁入已常年在 2000 万两以上，光绪二十九年以后突破 3000 万两。”③ 在这种情况下，厘金已经和田赋、关税、盐税一样，成为朝廷财政收入的主要来源。就安徽省而言，从同治八年（1869 年）到光绪三十四年（1908 年）期间，每年从厘金中获得的收入平均约为 50 万两，用途甚广：包括解户部款、国家行政费、铁路经费、归还外债、皇室费用、协款、解藩库款、水师军费、本省军费、本省行政费，共计十项。④ 也正是因为厘金用途广泛，所以愈加难以裁撤；正如《皖省财政沿革利弊说明书》中所言：

厘金与关税并行，本非正法。咸丰军兴，以将月饷浩繁，各大府疏请设卡筹饷，为一时权宜之计，并声明撤兵之日一律停止。嗣缘大难初定，各省办理善后事宜，不得不资为挹注，因仍至今，但日亟而用益繁，故知其非义，而仍不能遽已也。⑤

安徽省在同治和光绪年间厘金收入和使用情况如表 1－1 和表 1－2 所示。

表 1－1　　安徽省历年厘金收入情况表（同治 8 年至光绪 34 年）　单位：两（白银）

年　份	货厘	盐厘	茶厘	总计
同治 8 年（1869）	514985	40046		555031
同治 9 年（1870）	602720	20179		622899
同治 10 年（1871）	511993	15728		527721
同治 11 年（1872）	575938	17539		593477
同治 12 年（1873）	583428	10000		593428
同治 13 年（1874）	575070	10000		585070

① 郭嵩焘．郭嵩焘诗文集［M］．长沙：岳麓书社，1981：245.

② 遵议胜保奏请各省普律抽厘疏［A］．盛康．皇朝经世文续编·卷五十六·户政二十八厘捐［C］.

③ 周育民．晚清厘金历年全国总收入的再估计［J］．清史研究，2011（3）：1－24.

④ 罗玉东．中国厘金史［M］．上海：商务印书馆，1936：279.

⑤ 厘金的开办与利弊［A］．安徽省财政厅编．安徽财政史料选编（第一卷）［C］．皖非正式出版字（92）第 065 号，1992：305.

续表

年　份	货厘	盐厘	茶厘	总计
光绪元年（1875）	557057	10000		567657
光绪2年（1876）	433507	10000		443507
光绪3年（1877）	357044	10000		367044
光绪4年（1878）	335006	7500		342506
光绪5年（1879）	455405	12500		467905
光绪6年（1880）	270198	5000		528701
光绪7年（1881）	579497	10000		589497
光绪8年（1882）	507957	10000		517957
光绪9年（1883）	494701	10000		504701
光绪10年（1884）	438759	10000		448759
光绪11年（1885）	398071	10000		408071
光绪12年（1886）	434090	10000		444090
光绪13年（1887）	285664	5000		472237
光绪14年（1888）	490383	10000		500383
光绪15年（1889）	388270	10000		398207
光绪16年（1890）	381872	10000	57461	449333
光绪17年（1891）	347857	10000	54105	411932
光绪18年（1892）	351017	10000	43260	404277
光绪19年（1893）	368683	10000	48216	426899
光绪20年（1894）	385911	10000	51675	447586
光绪21年（1895）	416023	10000	52201	478224
光绪22年（1896）	216105	5000	31553	484092
光绪23年（1897）	415099	10000	64861	489960
光绪24年（1898）	419737	10000	53380	483117
光绪25年（1899）	415175	10000	63406	488581
光绪26年（1900）	263332	5000	34504	510189
光绪27年（1901）	457866	10000	63930	531796
光绪28年（1902）	441262	10000	61478	512740
光绪29年（1903）	483928	10000	63561	557489
光绪30年（1904）	452667	10000	57774	520441
光绪31年（1905）	461438	10000	59548	530986

续表

年　份	货厘	盐厘	茶厘	总计
光绪 32 年（1906）	493111	10000	79934	583045
光绪 33 年（1907）	535290	10000	72606	617896
光绪 34 年（1908）	453452	10000	57339	520791

注：光绪 6 年、13 年、26 年分别缺少上半年收数，光绪 22 年缺少下半年收数；这些年份的总收入采用相邻两年收入的平均数。

表 1－2　　安徽省历年厘金支出使用情况表

（同治 8 年至光绪 34 年）

单位：两（白银）

年份	解户部款	国家行政费	皇室用费	铁路经费	归还外债	协款	水师军费	本省军费	本省行政费	解藩库款	总计
1869						27464	70338	444060	13169		555031
1870							64662	558237			622899
1871							65000	462721			527721
1872							65000	528477			593477
1873		10000					65000	518428			593428
1874							65000	520070			585070
1875		41018					65000	396705	2807	62127	567657
1876		14460	71422				65000	290410	2215		443507
1877			61942				65000	237302	2800		367044
1878							60000	270706	2800	9000	342506
1879	50630					39305	65000	312339	631		467905
1880	96175					15114	32868	107948	18251	4842	528701
1881	180279	40068				10582	65000	247209	46359		589497
1882	140520	35145				8000	65000	216655	50637	2000	517957
1883	142695	30000	10000			18000	65000	181073	47534	10399	504701
1884	144400					34000	58944	147213	63602	600	448759
1885	171200					11500	48314	143408	31846	1803	408071
1886	172700						70000	164663	34727	2000	444090
1887	96939						36000	115558	39167	3000	472236
1888	170000					21000	65000	196068	42915	5400	500383
1889	167180						65000	134973	31054		398207
1890	172820	6500		25000		10000	65000	134867	35146		449333

续表

年份	解户部款	国家行政费	皇室用费	铁路经费	归还外债	协款	水师军费	本省军费	本省行政费	解藩库款	总计
1891	168175			42498			65000	104131	32158		411962
1892	166884			20000			65000	104851	47542		404277
1893	165115			27500			65000	119932	49352		426899
1894	165115	3600	15110	25000			65000	121755	52006		447586
1895	181972	5700	11110	25000			65000	145584	43858		478224
1896	98854	4800	8333	12500	12000		33000	60639	22532		484092
1897	170711	3600		25000	65000		65000	122252	38397		489960
1898	154328	6900		25000	40000		65000	132516	43120	16253	483117
1899	172611	3600		25000	40000		65000	128664	46317	6389	488581
1900	71500	3900		12500	26000	10000	32000	114134	25339	7463	510156
1901	162882	6600		24400	56000	18000	65000	140106	46065	12743	531796
1902	155220	3600		25600	44000	20800	65000	141203	44537	12780	512740
1903	185757			19000	60000	10000	65000	153271	45671	13790	552489
1904	178010	3900		31000	56000	8000	65000	138376	45155		525441
1905	186000	10000		19000	56000	8000	65000	140987	45999		530986
1906	184000	2000		25000	72000	16000	65000	170392	48653		583045
1907	188000	9100		37000	56000	32000	65000	179572	51224		614896
1908	179000	3600		25000	56000	16000	67574	130162	43455		520791

资料来源：罗玉东．中国厘金史［M］．上海：商务印书馆，1936：523－525.

厘金制度更为深远的影响在于，它对晚清时期的财政体系造成了重大冲击，成为中央财权下移，地方督抚权力扩张的起点乃至决定性因素。“各路统兵大臣肆意专擅，非不知事后报销，无凭核算，必成不了之局”①；因此，中央无法对厘金的课征进行有效监管。数目庞大的厘金自然可以看成是预算外资金，并成为地方当局的重要财源。在这种情况下，清代前期严格遵守的奏销制度就开始弱化，解款协款制度也随之废弛，中央只能进行摊派；还产生了“户部历次筹款，终有一二策或数策不能通行于各省，甚或有一案请行数次，历时数年而各省终未遵办”② 的情形。同时，原先听命于中央，代户部掌握一

① 同治三年变通军需报销．吴庆坻．蕉廊脞录·卷二．

② 转引自彭雨新．清末中央与各省财政关系［A］．吴相湘，李定一，包遵彭编纂．中国近代史论丛（第2辑·第5册）政治［C］．台北：正中书局，1979：8.

省之钱粮的布政使，更是在实际上成为督抚的属员；于是，中央集权的财政体制逐步开始瓦解，各地督抚掌握了财权，地方上反而成为财政收支的重心。由此可见，在财权发生下移的情况下，“地方财政”已经露出了萌芽。

面对这种趋势，中央也曾经试图进行遏制，但却未能成功，地方势力开始膨胀，并成为武昌起义之后各省相继独立的前提；同时，也为民国初年的军阀割据埋下了隐患。海外学者认为：“如果没有‘督抚专权’作为前提，便不会出现民国期间的‘被地方架空的中央’，也不会有军阀割据局面的形成。”①

但是，如果仅从财政管理体制②的角度来看，财权下移在一定意义上是进步的表现，是符合历史发展的趋势。客观地说，中国古代那种高度集权的财政管理体制，已经落伍于时代的潮流，也不适应现代国家治理和社会发展的需要。

二、晚清时期的财政危机与制度诉求

如前所述，清代前中期，中央支配和调控地方收支的方法是解款协款制度、奏销制度、考成制度等，这一切手段实施的前提是中央对地方的有效掌控；换言之，中央对于财权的控制并不是单纯的财政问题，而是政治问题。从更深层次来看，政权、财权与军权之间是三位一体，互相促进，互为因果的关系；中央集权制包括政权、财权与军权三者的集中。

太平天国运动爆发以后，由于八旗和绿营长期腐败，丧失了战斗力，因此朝廷被迫允许各省当局举办团练，这意味着原本牢牢掌握在中央手中的军权开始滑落；同时，由于军费开支的增长和因战争导致的税收减少等原因，又使朝廷不得不默许地方设法筹款，也就导致了地方财权的增长。对于中央集权制的专制统治者而言，地方上出现相对独立的财权和军权，意味着中央制衡地方的能力正在逐渐减弱，很有可能诱发地方上的离心倾向，导致天下大乱甚至是政权的分崩离析；正如康有为所言：“若夫大权不集，皆分于外，欲运动而不能，欲振发而不可，犹夫废疾之人，其国殆可危矣。”③ 在中国历史上，这样的例子并不难找到：西汉初年的“七国之乱”、唐朝末年的“藩镇割据”和康熙年间的“三藩之乱”都是明证。然而，面对着声势浩大的反抗势力，清政

① （日）岩井茂树．中国近代财政史研究［M］．北京：社会科学文献出版社，2011：133.

② 财政管理体制（financial control system）是确定中央和地方以及地方各级政府之间分配关系的根本制度。它规定财政分级管理的原则，划定各级政权在财政管理方面的权限、财力和收支范围，处理财政分配中各方面的责、权、利关系，实现财政管理和财政监督。

③ 汤志钧编．康有为政论集（上册）［J］．北京：中华书局，1981：552.

府在无奈之下只能做出“两害相权取其轻”之举。

这一时期，清政府开支巨大，尤以军费和赔款为甚，这些支出数额庞大，打破了以日常行政开支为主的原有格局，因此造成了入不敷出的财政困局。两次鸦片战争、镇压太平天国和捻军运动等一系列军事行为使清政府的刚性支出大幅度增加；同时，由于一次次对外战争的失利而导致的战争赔款更使朝廷的财政状况雪上加霜。以鸦片战争为始，高达2500万两的军费开支占到当时岁入的2/3①；此外，还有2100万元（折合约为1400万两）的战争赔款。② 更为严重的是，鸦片战争之后，社会经济状况进一步恶化，税源遭到破坏，随之影响到清政府的财政收入；据统计，“鸦片战争爆发以后的十年中，常年经费收支中，盈余年份只有两个，盈余额合计不过100万两，其余八年均为入不敷出，亏空额近1200万两。综计十年亏空额将近1100万两。”③ 到了19世纪后半叶，清政府军费开支更为庞大，据彭泽益先生研究，清政府镇压太平天国、捻军、西北回民起义、西南和两粤闽台各族人民起义的军费，竟达8.5亿两之巨④。在赔款方面，甲午和庚子赔款分别为2.3亿两和4.5亿两，后者的本息和更是高达9.8亿两，相当于清政府当时十年的财政收入之和。

面对着一系列数额庞大的财政开支，清政府一时之间无法通过常规渠道筹措，不得不举借外债、开铸大钱、抽厘捐纳，由此也导致了主权丧失、通货膨胀等一系列问题，加剧了社会经济状况的恶化，形成恶性循环。庚子之后，清政府财政危机进一步加剧，岁入的增加赶不上支出的扩大，财政问题严重。从鸦片战争爆发到清朝灭亡的70年间，清政府的岁入增长了6.69倍，而岁出则增长了8.08倍⑤；赤字呈不断扩大之势：光绪二十九年（1903年），清政府的财政收入为1.05余亿两，支出为1.35余亿两，赤字高达3000万两；到了宣统二年（1910年）试办预算时，收入为2.9696余亿两，支出则为3.3865余亿两，赤字更是扩大到4169余万两。⑥

---

① 关于鸦片战争中清朝军费开支的数额，历来说法不一，差异极大。时人魏源曾在《道光洋艘征抚记》中声称“糜帑七千万”；而《清史稿》则言“一千数百万两”。但根据茅海建先生的最新研究，“鸦片战争中清政府支出军费约为2500万两，若包括来自民间的捐输银钱，当超过3000万两。”详见茅海建．天朝的崩溃：鸦片战争再研究［M］．北京：生活·读书·新知三联书店，2005：421.

② 江宁条约［A］．王铁崖．中外旧约章汇编（第一册）［M］．北京：生活·读书·新知三联书店，1957：31.

③ 周育民．晚清财政与社会变迁［M］．上海：上海人民出版社，2000：67.

④ 彭泽益．清代咸同年间军需奏销统计［A］．中国社会科学院经济研究所学术委员会编．中国社会科学院经济研究所集刊（第3集）［C］．北京：中国社会科学出版社，1981：135.

⑤ 项怀诚主编，陈光焱著．中国财政通史·清代卷［M］．北京：中国财政经济出版社，2006：286.

⑥ 孙文学主编．中国财政史［M］．大连：东北财经大学出版社，1997：194.

巨额的财政赤字固然说明了开支的庞大，但是这也从一定程度上反映了在内忧外患和天灾人祸的冲击下，当时社会经济的衰落以及民众税收负担能力①和政府征税能力的不足。有学者研究表明，乾隆三十一年（1766 年）和五十五年（1790 年）政府收入占生产总值的比重分别为 4.89% 和 3.8%；晚清时期则为 4.5% 左右。② 因此，仅从财政收入规模③来看，晚清时期不仅不高于号称盛世的康乾之际，更与当今世界主要国家无法相比。1989 年部分国家财政收入占 GDP 比重的情况详见表 1－3。

表 1－3　　1989 年部分国家财政收入占 GDP 比重情况

国家类型	国别	财政收入占 GDP 比重	国别	财政收入占 GDP 比重
发达国家	美国	34.59%	瑞典	59.40%
	英国	41.38%	挪威	55.23%
	法国	46.06%	德国	45.94%
发展中国家	中国	18.40%	泰国	19.49%
	巴西	51.19%	扎伊尔	34.13%
	马来西亚	29.93%	埃及	34.94%

资料来源：中国人民大学财政金融学院课题组．财政收入占 GDP 比重问题研究［J］．经济研究参考，2001（19）：22－23.

从表 1－3 可知，在发达国家中，诸如瑞典、挪威等北欧国家，其财政收入占 GDP 比重较高，这是因为在这些国家，政府奉行“民主社会主义”的政治哲学，属于高福利国家；由于政府需要在二次分配方面花费较大力度，因此财政收入规模也相对较大。而美国政府则以“自由主义”著称，没有为全社会提供“从摇篮到坟墓”的高福利政策，因此财政收入规模相对较小。从整体上看，该年份发达国家财政收入占 GDP 比重为 48.70%，发展中国家则为 35.31%。④ 可见，发展中国家的财政收入规模要小于发达国家——尽管这其中存在着执政理念的不同，以及分配政策和分配体制的差异等原因，但却再次

① 税收负担能力（tax－bearing capacity）是指负税人所具有的承受国家税收负担的潜在力量．

② 周志初．晚清财政经济研究［M］．济南：齐鲁书社，2002：261.

③ 财政收入规模（Financial Revenue Scale）是指一定时期内（通常为一年）财政收入来源的总量。财政收入规模的大小，可以采用绝对量和相对量两类指标加以反映。其中，绝对量指标是指财政总收入；相对量指标则反映了政府对一定时期内新创造的社会产品价值总量（GDP）的集中程度，又称为财政集中率，可以用财政收入占 GDP 的比重来表示。

④ 中国人民大学财政金融学院课题组．财政收入占 GDP 比重问题研究［J］．经济研究参考，2001（19）：22－23.

证明了经济水平与财政收入之间存在着正相关的关系，“经济决定财政，没有经济不发达而财源可以丰裕的。”①

与当今世界主要国家相比，晚清时期的中国，不仅尚处在经济相对落后的农业国阶段，也几乎没有向人民提供任何社会福利；因此，其财政收入规模较小似乎也在情理之中。然而，这种情况并不意味着“无为而治”与“轻徭薄赋”，当时清政府的财政收入规模并不能与人民承担的实际税负画等号，民众的真实负担十分沉重。清末监察御史胡思敬曾对当时苛捐杂税的状况有过如下描述：

“各省私自筹画，款目繁多，不可缕数。极而业之至秽且贱者，灰粪有捐；物之至纤且微者，柴炭酱醋有捐；下至一鸡一鸭一鱼一虾，凡肩挑背负，日用寻常饮食之物，莫不有捐。居者有房捐，行者有车捐。其显然干犯名义者，有赌捐、有娼捐、有彩票捐。驯至百物踊贵，土货不流。佣人日获百钱，不抵昔时二三十钱之用。一农民也，漕粮地丁耗羡之外，有粮捐，有亩捐，有串票捐；田亩所出之物，谷米上市有捐，豆蔬瓜果入城有捐。一身任七八捐，力不能胜，则弃田而潜逃者，比比也。一商民也，有关税，有厘金，有统捐，有铺捐，有落地税，有销场税。一物经六七税，本息俱折，则闭门而倒骗者，累累也。”②

在苛捐杂税的压迫下，全国各地的抗税抗捐斗争此起彼伏；20世纪初，安徽境内的商人不堪忍受重税的盘剥，多次举行罢市，仅举数例：

1902年2月，芜湖80多家肉店罢市，抗议清政府征收肉税；

1906年7月，因抽收路、矿、米捐，芜湖各商家相继举行罢市；③

1908年7月，滁县各乡镇全行罢市，抵制设卡收税。④

一方面是国家收入不高，另一方面是民众却叫苦不堪；造成这种局面的一个重要的原因就是各级官吏的贪墨行为。吏治腐败是国家治理中的重大问题，也是长期以来难以有效根除的严重弊病，中国古代就有“三年清知府，十万雪花银”的民谚。官员常常利用手中权力，巧立名目，搜刮民财，以绩溪县和涡阳县的情况为例：

---

① 陈共编著．财政学（6版）［M］．北京：中国人民大学出版社，2009：190.

② 胡思敬．极陈民情困苦请撙节财用禁止私捐折［A］．退庐全集·退庐疏稿［C］．沈云龙主编．近代中国史料丛刊（第四十五辑），台北：文海出版社，1970：722－723.

③ 中共芜湖市委党史研究室．风雨历程铸辉煌——纪念中共芜湖特别支部成立85周年［N］．芜湖日报，2011－4－26（A03）.

④ 翁飞等著．安徽近代史［M］．合肥：安徽人民出版社，1990：359.

绩溪县："该县刘令以信纵容幕丁书役，浮收钱粮，每银一两较之往年既加收钱二百文，每洋一元又抑作钱八百七十六文，核计民间完纳正银一两，该令取盈至九百余文之多。"

涡阳县："丁漕科征，原以银为本位。自折钱便民之说行，始以每钱二千作银一两，核收正耗平余一两三钱五分，须交钱两千七百文，以市通用九七四制钱，每千补串底钱二十六文。后虽以生银银币完纳者，亦必以市面银洋之兑换时价折扣二千七百七十有奇。清光绪中叶，制钱缺乏，银价锐落，部令铸当十铜元以济钱荒。每铜元百枚，作制钱一千，七四扣补，当然无效。乃仍沿用旧习，补收二六串底，以为征收陋规。（是项岁收钱二千串之谱，民国提充教育经费。）清壬寅癸卯（光绪二十八—二十九年）之间，钱一千二三百文，即可易银一两。每两既收钱两千七百，合二六串底，每正银一两，共耗银平余计值银二两二钱有奇，而解款正耗仅止一两一钱。漕米正杂，每石解银二两零，折收钱六千五百，共合银五两有奇。官缺之肥，无过斯时。"①

晚清时期，地方各级衙门任用私人的现象十分普遍，特别是在基层，因为捐税名目繁多，致使大量品质不良的税吏充任其间，在缺乏有效监管的情况下，追逐私利的敲诈勒索行为更是层出不穷；甚至连那些读圣贤书的"刁衿劣监"也组成"漕口"（白颈）参与利益的瓜分②。以桐城县和贵池县的情况为例：

桐城县："该县设有里书名目，计共二百数十名。每里书赴花户家收取钱粮，每亩正项，按投柜完纳者须多费数十文。花户杀鸡置酒，款待殷勤，按亩户之多寡，三户则供一餐，五户合供一日。若三五日不完，照亩又须加三五十文，名为息资，若清完则挑夫亦有酒资，此历来弊端也。"

贵池县："贵邑钱漕，向归保书包收包缴，每额米一担，不论有无灾荒，岁收花户洋拾余元不等，而实征不过乙贰升至四五斗而止。故贵池原额一万六千四百余担，岁征只五六千六七千担。又复指串不与，致花户无从查悉。而丁地一项，则又留串抵官，捏为民欠。向来征信册载欠户多系此类，其实民间按担总完，何尝抗欠耶？"③

---

① 李文治编．中国近代农业史资料（第一辑）1840－1911［C］．北京：生活·读书·新知三联书店，1957：328.

② 吴思．血酬定律——中国历史中的生存游戏［M］．北京：中国工人出版社，2003：190－198.

③ 李文治编．中国近代农业史资料（第一辑）1840－1911［C］．北京：生活·读书·新知三联书店，1957：334－335.

由此可见，经过层层盘剥贪墨，国家收到的钱粮远远小于民众的缴纳，其中的差额大多被各级官员胥吏所侵吞。梁启超就对这种税收流失现象痛心疾首："现在收入额约一万三千余万两，其实督抚外销不报部之数，官吏胥役奸商层层婪索中饱之数，当三四倍于此。"①

此外，造成国家财政收入规模较小，而民众负担沉重的另一个原因就是清政府税收制度的不合理。在现代国家，税收的职能不仅包括提供公共物品，还包括调节贫富（如以超额累进税率征收所得税）。然而，在专制时代，官方的权力很大，但承担的责任却很小，税收"取之于民"，但却没有相应地"用之于民"，大量的财政经费被用于行政和军事；同时，在征税过程中，缙绅权贵经常要弄各种手段转嫁负担，而无权无势的平民阶层往往成为牺牲品，税收公平原则没有得到贯彻和落实，以至于贫富差距越来越大，甚至造成"富者田连阡陌，贫者无立锥之地"② 的状况。贫民经济生活水平低下，纳税能力有限，无法为国家提供更多的税收，反而被日益沉重的苛捐杂税压垮，这会造成税基的缩小，进而影响税收。以盐税为例，作为晚清时期政府财政重要来源之一，其本质上与人头税无异，因为食盐对于任何人来说都是生活必需品，这与自身财富水平无关，纳税能力较弱的穷人也因此背上了沉重的包袱；以至于"膏血尽竭于盐，贫乏小户往往有兼旬弥月坚忍淡食，不知盐味者。"③ 相反，真正有能力向国家提供税收的权贵，所承担的税负却并不高。据张仲礼先生研究，19世纪晚期，中国的绅士群体（含直系亲属）只占人口总数的2%，但他们却获得了国民生产总值的24%，其人均收入是普通百姓的16倍，而普通的土地所有者所承担的税率反而是他们的2～5倍。④ 在民间，导致富者愈富、贫者愈贫的负担不公平现象比比皆是，以贵池县的情况为例：

"咸丰初，发匪踞城，官册散失殆尽，仅凭各保书推收混乱册稿为征粮账本，由保书包缴包收。始则试征一两千担，历岁递加至四五千六七千担而止。尚复揹串抵官，吞灾捏欠。而取之花户，则无论田之荒熟，岁之丰歉，一以一万六千四百余担之原额为衡。每额米一担，又视花户之强弱邪正定价八九千至十四五千不等，强者轻而弱者畸重，邪者少而正者加多。"⑤

① 梁启超．中国改革财政私案［A］．梁启超全集［C］．北京：北京出版社，1999：638.

② （汉）荀悦．汉纪·武帝纪四．

③ 陶澍．敬陈两淮盐务积弊附片［A］．葛士浚．皇朝经世文续编·卷四十二·户政十九盐课一［C］．

④ 张仲礼．中国绅士研究［M］．上海：上海人民出版社，2008：476－477.

⑤ 李文治编．中国近代农业史资料（第一辑）1840－1911［C］．北京：生活·读书·新知三联书店，1957：334.

在乡村社会中，权贵地主不仅是经济意义上的富户，而且是社会和政治意义上的强者；他们可以采用种种方法进行逃避税负，并借机兼并土地。当时的来安县令张奎光就指出其中奥秘：

“本省作宦文武大臣并邻省殷实有势力之户，因来邑圩田膏腴，争相购买，且必择初垦未经入册升科或田多粮少者并庄价买。多有田种四五百石，至少百余石不等，其入册不过七、八十石，报熟完粮又须七折八折。”①

太平天国运动之后，“鳞册既失，版籍不清，绅族豪宗交相侵占，以多报少，以熟报荒，地方官明知之不敢过问。”② 特别是在战争中崛起的淮军将领，更是大规模侵占土地：周盛传、刘铭传、唐定奎、张树声等家各有租稻 2 万至 5 万担，这些“显宦地主权势盛大，政府每放任不敢整理，粮柜吏相与狼狈为奸，因此大户多匿粮或短报，田亩多少遂无从稽查。”③ 而李鸿章、李翰章等兄弟六人仅在当地就占田 50 万亩以上，占全乡的 2/3，而在外县的产业更是无算；时人容闳就说：“文忠（李鸿章）绝命时，有私产四千万以遗子孙”④；以至于民间曾有“宰相合肥天下瘦”⑤ 之语。

需要指出的是，权贵与富民尽管同为富裕阶层，但并不是同一概念，他们之间的区别主要在于有无政治背景和优免特权。前面这些坐拥千顷良田却匿粮短报的地主，主要都是权贵；而富裕的平民不仅难以逃避赋税，还往往要承受官府的劝捐、勒捐等行为。正如秦晖先生所言：“历来我国的土地就不是（或主要不是）‘按资分配’，而是‘按权分配’的，最有资格当地主的并不是商人，而是权贵。”⑥ 没有特权的土地所有者，往往经受不起苛捐杂税的重负，以南陵县的情况为例：

“洪杨劫后，土著死亡殆尽，地广人稀，劳工缺乏，少数遗民，皆不愿多占地土，以负纳税义务，因致土地几等无价值。”⑦

因此，晚清时期，权贵们兼并土地的行为，不仅使自身的实力急剧膨胀，

① 转引自林齐模．旧制度的危机——太平天国战争对安徽田赋征收的影响［J］．安徽史学，2002（3）：27.

② 福润．奏陈变通清赋办法疏［A］．王树敏，王延熙辑．皇清道咸同光奏议［C］．沈云龙主编．近代中国史料丛刊（第三十四辑），台北：文海出版社，1969：1397.

③ 郭汉鸣，洪瑞坚．安徽省之土地分配与租佃制度［M］．南京：正中书局，1936：48.

④ 容闳著；徐凤石，恽铁憔译．西学东渐记［M］．长沙：湖南人民出版社，1981：71.

⑤ 转引自叶林生，刘建新．李鸿章［M］．合肥：黄山书社，1988：264.

⑥ 秦晖，金雁．田园诗与狂想曲：关中模式与前近代社会的再认识［M］．北京：语文出版社，2010：99.

⑦ 刘家铭．南陵农民状况调查［J］．东方杂志，1927，24（16）：91.

还造成了政府税收的短缺。这种情况也导致了“两头穷，中间富”的格局，官吏和权贵成为受益者，而国家与普通百姓则双双成为输家。财政的困窘往往成为战争失败的深层次原因，而战争失败又会导致赔款与外债，继而再次加剧财政困难。清朝就是在这种恶性循环之下，一步步走向了末路。

与中央相比，此时地方上的困难更是严重。朝廷的税收主要通过地方当局来征收，而一系列的战争不仅破坏了税源，还使地方上承担了大量军费和赔款。仅就安徽而言，先是在鸦片战争中提供了449334两军费（包含捐输307445两、摊廉114667两和其他费用27222两）①，接着又承担了4%的战争赔款②；《辛丑条约》签订之后，每年上百万两的庚子赔款更是成为沉重的负担，赔款支出主要来自捐税和加成，包括官捐、房捐、铺捐、酒捐、丁漕加捐、典捐、牙捐、芜湖出口米捐、盐斤加价、茶厘加成、泗州湖滩价等等。③表1－4为部分年份安徽省庚子赔款的款目明细。

表1－4　　安徽省庚子赔款的款目明细表（1905～1907年）　　单位：库平两

款目	三十一年	三十二年	三十三年
合计	1485860	1256522	929047
官捐	79218	127169	82428
房捐	81193	67475	61971
铺捐	105636	88841	78650
酒捐	21085	19618	12189
丁漕加捐	340161	283050	239117
典捐	48101	57313	52643
牙捐	70510	43400	39621
芜湖出口米捐	318394	221390	62142
盐斤加价	382613	306627	253164
茶厘加成	23949	38474	45822
泗州湖滩价	15000	3165	1300

资料来源：清代安徽财政概略［A］. 安徽省财政厅编. 安徽财政史料选编（第一卷）［C］. 皖非正式出版字（92）第065号，1992：28.

① 茅海建. 鸦片战争清朝军费考［J］. 近代史研究，1996（6）：61.

② 项怀诚主编，陈光焱著. 中国财政通史·清代卷［M］. 北京：中国财政经济出版社，2006：269.

③ 清代安徽财政概略［A］. 安徽省财政厅编. 安徽财政史料选编（第一卷）［C］. 皖非正式出版字（92）第065号，1992：28.

在这种情况下，各项捐税和加派都压在了人民的肩上，以至于“搜罗殆尽，万难再事苛求”[①]。此后，为举办新政，开支进一步增大，地方州县便以此为借口，想尽办法从百姓身上敲骨吸髓，以桐城县的情况为例：

“办理警察，抽收田捐以充经费，议定官督绅办，合邑田亩计三千二百余顷，按亩抽捐一分五厘，岁可得银四千八百余两，限于上下完忙之际，由各业户投柜征收。”[②]

名目繁多的苛捐杂税弊病甚多，尤其是负担不公平，不仅影响到财政收入，也严重侵害了普通百姓的利益；以房捐征收情况而言：

“通都大邑之间，往往为势豪之所窟宅，所谓检阅租约、对比租薄者，均不能照常办理。而遴派之绅董，非其雅故，即其戚党，情之所在，弊即丛生，于是有以多报少者，有以赁报歇者，有以加报减者，查之则不胜查，不查则相率效尤，短收愈甚。舍大户捐款，而惟零星小户之是求，欲符原额，焉可得耶！”[③]

光绪二十八年（1902年）八月，安徽巡抚聂缉规在奏折中表示，因为筹办房捐、铺捐缓不济急，只能向日本正金银行和华俄道胜银行分别借款20万两，订明八厘行息[④]；因此，为支付赔款，又产生了外债。光绪三十四年（1908年），安徽省岁入600.7万两，而岁出则为674.2万两，两者相差73.5万两。值得一提的是，这时的岁入几乎比乾隆十八年（1753年）的岁入多一倍；[⑤]但是，由于支出庞大，依旧入不敷出。

这一时期，为了应对财政困境，安徽省不得不于宣统二年（1910年）仿效直隶和湖北二省的经验，发行地方公债。然而，一年之内，仅售出10万两，还不及发行额的1/10，剩余的110万两最终被英国怡大洋行认购。这笔内债也由此转化为外债，偿还本息的拉锯战持续了20年，到20世纪30年代以后，南京国民政府清理历史遗留的各项内外债，将这笔欠款交由整理内外债委员会整理，与其他债款合并偿还，才将此债最终了结。[⑥] 此外，安徽省还效仿他省

①⑤　清代安徽财政概略［A］．安徽省财政厅编．安徽财政史料选编（第一卷）［C］．皖非正式出版字（92）第065号，1992：29.

②　各省内务汇志［J］．东方杂志，1906，3（8）：185.

③　房捐［A］．安徽省财政厅编．安徽财政史料选编（第一卷）［C］．皖非正式出版字（92）第065号，1992：404.

④　安徽奉摊庚子赔款数目及办法表［A］．安徽省财政厅编．安徽财政史料选编（第一卷）［C］．皖非正式出版字（92）第065号，1992：401.

⑥　马陵合．晚清外债史研究［M］．上海：复旦大学出版社，2005：333－337.

开铸铜元：从光绪二十八年（1902年）四月始铸到光绪三十二年（1906年）四月停铸，五年之间“共铸当二十、当十、当五三种铜币，折合当十铜币五万一千九百三十六万一千三百三十四枚。”① 但是，由于各省竞相滥铸，以致铜元价格猛跌，对各地财政造成了严重影响，正如巡抚朱家宝所言：“在昔银贱钱贵，州县多有盈余，今则情势渐更，未免俱形苦累，推原其弊，皆铜元充斥，银价翔贵。”② 而官府鉴于铜元贬值的现状，往往要求人民以银元完税，以潜山县的情况为例：“春初新令孙颐年到任，浮收如故，复益以刁难，凡以铜元完粮者概不纳，必本洋而后可，而洋价又复抑勒焉。”③ 在这种情况下，百姓不得不将手中的铜元兑成银元，结果越来越多的银元从民间转移到官府，而大量铜元则沉积在民间，价值越来越低，给人民造成了巨大灾难。梁启超在《各省滥铸铜元小史》一文中气愤地写道：

“受害最剧者，则内地之小农小工也。夫小农小工，国之石民也。而其胼手胝足终岁勤动之所得，仅数月间，而为政府之恶政，取去其泰半。其祸烈于洪水猛兽，而其惨过于凶荒兵燹矣。……彼各省督抚之初有事于此也，亦岂尝自料其流毒之一至此极。而不知当其奏折之初上、章程之初颁、局所之初开，而数千万人之财产生命与国家数百年所培养之元气，已断送于一刹那顷矣。”④

上述一系列情况是当时大多数省份所面临的共同难题。在晚清长达半个多世纪的岁月里，清政府备受内忧外患的双重打击，同时也被严重的财政危机所困扰。由于支出的不断增大，导致了对财政收入的迫切渴求，无论是中央还是地方，在基于生存需要的前提下，都不得不在一定程度上突破原有的财政运行框架；同时，双方还需要不断作出制度方面的修正以适应外部出现的新变化，并调整和维持双方的关系。

第二节

北洋时期安徽省的财政困局

武昌起义之后，安徽各地纷纷响应。同年11月8日，安徽巡抚朱家宝在各方压力之下，宣告安徽独立，并被推举为都督。然而，与清朝转瞬间就土崩

---

① 中国第一历史档案馆．晚清各省铸造铜元史料［J］．历史档案，2010（1）：30.

② 转引自周育民．晚清财政与社会变迁［M］．上海：上海人民出版社，2000：409.

③ 中国人民银行总行参事室金融史料组编．中国近代货币史资料（第一辑）［M］．北京：中华书局，1964：984.

④ 梁启超．各省滥铸铜元小史［A］．梁启超全集［C］．北京：北京出版社，1999：1918.

瓦解相比，走向共和的历程却异常艰难和漫长。北洋政府时期，安徽是二次革命的策源地之一，但此后却长期处于专制军阀的统治之下。

具体到财政方面，北洋政府时期安徽的财政长期处于困境，问题多多。20世纪20年代前后，《申报》关于安徽财政方面的报道计有数百条之多，几乎清一色地属于负面新闻。导致财政出现困难的原因主要包括两项：一是由于军费庞大导致入不敷出，同时也就影响了教育、司法、实业等公共支出；二是各级官吏在征税和经费使用的过程中出现了严重的贪墨舞弊情节，进一步加剧了财政困难。

一、入不敷出的收支状况

安徽省的财政困境从新政权建立伊始就出现了，军政府都督孙毓筠曾抱怨道："我在安徽实在没有办法，各处的军官都是拥兵自大，不买我的账，各县行政官不交钱粮，财政官不缴税收。我是一文莫名，人家向我要钱，我到哪里去生财呢？[①]"

（一）庞大的军费开支

与晚清时期相比，民国初年安徽省财政的收支规模均有扩大。以1916年度为例：

1916年度安徽省岁入预算为：田赋4035619元，货物税1635157元，正杂各税1036694元，正杂各捐1036694元，杂收入304148元，共计7592467元；支出预算为：外交费6000元，内务费1943603元，财政费461774元，陆军费3835566元，司法费136836元，教育费264096元，农商费77690元，共计6725565元。[②]

与之相比较的是编制于宣统三年的1912年度预算：

安徽省岁入预算为：田赋2895071元，关税1706908元，货物税1385512元，正杂各税503625元，正杂各捐731329元，官业收入91065元，杂收入498438元，合计7811948元；岁出预算为：外交费7056元，内务费77084元，财政费916648元，教育费128723元，陆军费1591342元，海军费23950元，

① 安徽省政协文史资料委员会，安庆市政协文史资料委员会编．辛亥革命在安徽［M］．北京：中国文史出版社，1991：173.

② 阮湘，吴秉钧，余祥森等编．中国年鉴（第一回）［M］．上海：商务印书馆，1924：468－470.

司法费233394元，农商费34194元，交通费83275元，共计3185666元。[①]

两相对照之下不难发现，这两个年份的收入大体相当，不过由于关税被中央拿走，因此1916年安徽省实际收入还是要高于清末不少；而支出方面的差异更大，1916年的支出预算的已经超出了1912年省预算的一倍以上；其中，尤为明显的就是军费开支的扩大，前者是后者的2.4倍。

在北洋政府时期，安徽省的预算“向系收不抵支，十七（1928年）以前卷宗散失，收支确数，迄无可考”[②]。而根据省财政厅开具的1921年概算来看，岁入仅为650万元，岁出为1120万元，两者相差竟达470万元。经时任省长许世英与财政厅以及各主管长官会商，厉行整顿，增收减支150万元，仍有320万元赤字，包括从清末到1920年的旧欠200万元和1921年新亏120万元，这些亏欠主要是由于军费开支造成。是年二月，根据国务院命令，安徽省在每年380万元的军费开支外，又新增140万元，部、省各筹70万元。[③]

军费开支的扩大，是民国初年省财政困难的重要原因之一。如前所述，在1913年的国地财政划分中，海陆军费属于国家费，从理论上看应当与各种地方费无涉；但是，在群雄割据、各自为政的情况下，军费在实际上反而成为各省一切开支的首选。北洋政府时期，安徽省的年财政实际收入约为600万元，在倪嗣冲督皖期间，每月军饷开支为31.5万元；每年的军费已经占据了岁入的一半以上。[④] 进入20世纪20年代以后，国内相继爆发了两次直奉战争、浙奉战争、北伐战争等，安徽军阀多涉其中；1925年前后，每月军费支出已达45.8万元。[⑤] 次年，月军费开支更是高达65万，与民国十年以前陆军部定案相比，增加了一倍以上。[⑥] 面对着广州国民政府出师北伐的军事压力，皖系军阀孙传芳更是将中央税款一律截留，随时交存中、交两行；“置省长于肘腋之下，庶政不堪问闻，而财政厅亦成变相之军部经理处矣。”[⑦]

尽管军费开支甚巨，但依旧无法满足需求，更何况实际支出多在预算之

---

① 阮湘，吴秉钧，余祥森等编．中国年鉴（第一回）[M]．上海：商务印书馆，1924：422－425.

② 安徽地方预算编制概况 [A]．安徽省财政厅编．安徽财政史料选编（第四卷）[C]．皖非正式出版字（92）第065号，1992：309.

③ 皖省财政之竭蹶 [J]．银行月刊，1926，2（1），国内财政经济：6－7.

④ 皖财政实行整顿后之支绌 [N]．申报，1925－9－6（11）.

⑤ 每月军费需三十二万余元 [J]．银行月刊，1926，6（3），各省财政近讯：13.

⑥ 军费浩繁中之安徽财政 [J]．银行月刊，1927，4（6），经济新闻类纂：1.

⑦ 吴墉祥．安徽财政之财政机关与经费 [A]．中国国民党中央政治学校，南京图书馆编．二十世纪三十年代国情调查报告（第206册）[C]．南京：凤凰出版社，2012：31.

下；如 1921 年，预算 380 万元，实际仅支 280 万元。[①] 因此，欠饷情况频仍，加之营中各级军官层层克扣，最后士兵往往被拖欠或拿不到足额军饷，以至于多次酿成兵变。据统计，1912～1927 年，安徽省共发生大小兵变 20 余起，其中约有一半是因为欠饷导致。[②]

为此，军阀们想尽一切办法筹集军费。需要指出的是，这些军队实质上是军阀的私家军，几乎等同于军阀的私人财产，而军事实力的强弱，又决定了军阀的生存和发展。基于自身利益考虑，军阀们自然对军费的筹集尤为重视；因此，筹集军饷的举动，与其说是为公，不如说是为私。倪嗣冲的武卫右军（后改编为新安武军）军饷，本来是由中央按月协济，但是 1914 年，陆军部以库款奇绌为由，改为本省自筹。[③] 倪氏遂开办安庆造币厂，鼓铸铜元，并设立益丰钱号为承销机关。[④] 尽管这一举措筹集了部分军饷，但却因为质地低劣导致价格暴跌；芜湖商会就以“铜元价贱，百物昂贵，贫民固不堪其苦，劳工更啧有烦言。地方治安，岌岌可虑”[⑤] 为由，呈请省长饬令停铸铜元。同时，他还挪用教育经费、增设厘金关卡、经营盐务、加开捐税，对人民进行疯狂剥削。[⑥]

倪氏野蛮搜刮，名声不佳，其继任者的行为也如出一辙；除了截留中央税款之外，便是对百姓进行横征暴敛。当时，“每一知事到任，即速将督理省长和自己告示，遍贴乡间小市上。其告示的内容不过是：‘谕尔众庶，速纳各税’而已。”[⑦] 烟酒税捐、烟酒牌照税、印花税、牲畜税、屠宰税、矿税纷纷开征，并不断提高：以契税为例，作为省库收入大宗，安徽省的契税收入在北洋政府前期为 50 万元；1922 年之后，增加为 70 万元；到了 1926 年，又增加 14 万元。[⑧] 此外，各种附加、预征，也是名目相异，层出不穷。例如，马联甲督皖时，先是加征盐税，每担五角，[⑨] 随后又在芜湖轮运出口米捐项下附加一钱，专作安徽结束军事善后之用；[⑩] 陈调元督皖时，除了自行印制新印花税票

---

① 安徽十二年度预算之概［J］. 银行月刊，1923，3（8），国内财政经济：6－7.

② 宋霖，房列曙主编 . 安徽通史 · 民国卷（上）［M］. 合肥：安徽人民出版社，2011：134－135.

③ 部令自筹军饷［N］. 申报，1914－6－4（7）.

④ 皖省铜元充斥之影响［J］. 银行月刊，1922，2（3），国内财政经济：17.

⑤ 芜湖商会呈请停铸铜元［J］. 银行月刊，1922，2（5），国内财政经济：18.

⑥ 朱星伯 . 倪嗣冲在蚌埠的所作所为［A］. 中国人民政治协商会议安徽省委员会文史资料研究委员会编 . 军阀祸皖［C］. 合肥：安徽人民出版社，1987：82－84.

⑦ 安徽实况见闻随录［J］. 清华周刊，1923（292）：33.

⑧ 芜湖快信［N］. 申报，1926－8－17（9）.

⑨ 国内专电［N］. 申报，1924－8－3（7）.

⑩ 芜湖近信［N］. 申报，1924－10－24（6）.

以外，[①] 还电令全省六十县知事，商借1927年丁漕，各借五个月，总计200万元。[②] 特别需要指出的是，军阀还将鸦片视为绝大利源，公开收取鸦片税，罗云炎先生在《中国鸦片问题》中这样写道：

“查合肥原来只有十万元，现忽增至百万，烟苗并不加多，所以每亩烟田，已加税十倍了。其收税方法，则不外威吓各乡区保董事先报若干亩，后再按照所报亩数加增一倍二倍，烟苗实数，则不过问，人民因此不堪其扰，并且检查员及地方绅士多方勒索，农民因此而流离失所者，不计其数。”[③]

各种捐税取之于民，但却未能为民所用，反而给人民带来了沉重的负担，也成为军阀扩充军队、维持统治的资本。对于接踵而至的征收加派行为，民间愤懑不已并设法抵制：皖垣酒商就因为抗议增税而宣布停业；[④] 芜湖烟商也曾要求废除苛征并撤换局长，否则即行罢市。[⑤] 1926年，当局竟以军饷支绌和省政各项费用难以筹措为由，命令皖岸榷运局将运商商本扣留，以资接济，这种行径遂导致了停运停税的风潮。[⑥]

（二）拮据的事业经费

北洋政府时期，尽管按照有关规定，地方上实行军民分治；但实际上，民政长官往往受制于手握重兵的军事长官。在安徽，倪嗣冲、马联甲、王揖唐等军阀头目在督办安徽军务时，还先后兼任过省长。北洋时期安徽军政和行政长官任职情况如表1－5和表1－6所示。

表1－5　北洋时期安徽省军政长官一览表

职务	姓名	籍贯	任职时间	任期（月）
都督	孙毓筠	安徽寿县	1911.12.21～1912.7.1	4
都督	柏文蔚	安徽寿县	1912.7.1～1913.6.30	14
都督	孙多森	安徽寿县	1913.6.30～1913.7.27	1
都督	倪嗣冲	安徽阜阳	1913.7.27～1916.4.10	33

① 皖省阴历年关之财政状况［J］. 银行月刊，1927，7（1），各省财政近讯：12.

② 派借十六年分丁漕［J］. 银行月刊，1927，7（2），各省财政近讯：8.

③ 章有义编. 中国近代农业史资料（第二辑）1912－1927［C］. 北京：生活·读书·新知三联书店，1957：626.

④ 皖垣酒业反对增税风潮续志［N］. 申报，1926－5－12（7）.

⑤ 芜湖快信［N］. 申报，1926－8－17（9）.

⑥ 停运停税之风潮［N］. 申报，1926－9－4（10）.

续表

职务	姓名	籍贯	任职时间	任期（月）
将军	张勋	江西奉新	1916. 4. 10 ~ 1917. 7. 8	15
督军	倪嗣冲	安徽阜阳	1917. 7. 8 ~ 1920. 9. 16	38
督军	张文生	江苏沛县	1920. 9. 16 ~ 1922. 10. 7	25
督理	马联甲	江苏东海	1922. 10. 7 ~ 1924. 11. 28	25
督办	王揖唐	安徽合肥	1924. 11. 28 ~ 1925. 4. 24	5
督办	郑士琦	安徽定远	1925. 4. 24 ~ 1925. 8. 29	4
督办	姜登选	河北冀县	1925. 8. 29 ~ 1925. 11. 25	1
督办	邓如琢	安徽阜阳	1925. 11. 25 ~ 1926. 3. 24	4
总司令	陈调元	河北安新	1925. 12. 1 ~ 1927. 3. 4	15

表 1－6　　北洋时期安徽省行政长官一览表

职务	姓名	籍贯	任职时间	任期（月）
民政长	柏文蔚	安徽寿县	1912. 4. 27 ~ 1913. 6. 30	14
民政长	孙多森	安徽寿县	1913. 6. 30 ~ 1913. 7. 27	1
民政长	倪嗣冲	安徽阜阳	1913. 7. 27 ~ 1914. 7. 15	12
巡按使	韩国钧	江苏泰县	1914. 7. 15 ~ 1915. 7. 31	12
巡按使	李兆珍	福建长乐	1915. 7. 31 ~ 1916. 4. 22	9
巡按使	倪嗣冲	安徽阜阳	1916. 4. 22 ~ 1917. 9. 8	17
省长	黄家杰	江西新淦	1917. 9. 8 ~ 1918. 11. 21	14
省长	龚心湛	安徽合肥	1918. 11. 21 ~ 1919. 1. 11	2
省长	吕调元	安徽太湖	1919. 1. 11 ~ 1919. 12. 31	12
省长	聂宪藩	安徽合肥	1919. 12. 31 ~ 1921. 8. 21	4
省长	李兆珍	福建长乐	1921. 8. 21 ~ 1921. 9. 29	1
省长	许世英	安徽东至	1921. 9. 29 ~ 1923. 2. 3	16
省长	吕调元	安徽太湖	1923. 2. 3 ~ 1923. 12. 11	10
省长	马联甲	江苏东海	1923. 12. 11 ~ 1924. 11. 28	12
省长	王揖唐	安徽合肥	1924. 11. 28 ~ 1925. 6. 18	6
省长	吴炳湘	安徽合肥	1925. 6. 18 ~ 1925. 10. 28	4
省长	王普	安徽阜阳	1925. 10. 28 ~ 1926. 4. 16	5
省长	高世读	安徽亳县	1926. 4. 16 ~ 1926. 12. 24	8
省长	何炳麟	安徽定远	1926. 12. 24 ~ 1927. 3. 4	2

资料来源：宋霖，房列曙主编．安徽通史·民国卷（上）［M］．合肥：安徽人民出版社，2011：118－121.

在这种情况下，财政开支自然以军费优先，而军事支出庞大又必然导致其他用度不足。1921年年末，督军张文生到省城索取现款90万元，致使省库一空如洗，各项行政经费积欠数月；从次年元月开始，各科办事人员所需伙食，都要东挪西借。省长许世英只得派人去各县提用丁漕税款，以解燃眉之急；但地方上的丁漕杂税，早已分别被张文生和皖南镇守使马联甲截留，最后只在六安勉强筹得8000元，还不够支付省政府职员一个月的薪水。① 其后，随着战事增多，行政开支更加紧张，就连情势一向较好的警察饷项，也受江浙战争的影响出现拖欠；最终酿成了警员罢岗和殴打会计署长的恶性事件。②

既然连公务员的薪水都无法保证，投放在教育等领域的经费就更加少得可怜。根据安徽省1919年的预算，教育经费为80万元，嗣后经过教育界人士的努力和议会方面的援助，增长至150万元。这个数字占到了当时岁入的1/6，应当说还是较为可观；但是实支数额却并非如此，而且每况愈下。许世英担任省长期间，最多实支120万元；等到马联甲兼任省长期间，军费浩繁，索性将教育预算削减为90万元。到了1924年的下学期，由于军事影响，各校只领到四成经费，不得已只得提前放假。③

面对窘境，教育界也奋起反抗。1922年，教育界将经费未能落实之事归咎于财政厅长孔宪芳失责，并要求省长许世英重新委派财政厅长。④ 然而，北洋政府时期，安徽财政厅（司）长更换十余次，但教育经费拖欠依旧，教育界人士也多次前往省财政厅据理力争，索要欠款；但因省库也是青黄不接，往往难以如愿。1922年，因经费拖欠，无法维持，省立各校校长遂向教育厅请辞；⑤ 1926年10月，省立各校校长再次由于经费积欠过久而决定集体总辞职。⑥

为避免军人干涉，学界多次呼吁教育经费独立，1922年，经省长许世英批准，安徽教育经费由芜湖米厘、牲畜屠宰税和烟酒等税专供，共计170万元。⑦ 然而，手握军权的马联甲却公然命令各县局将税款交于他核办；此举也遭到民间愤慨，包括胡适在内的旅外皖人通电社会，严厉抗议马氏截夺教育专款之恶行。⑧ 到了1925年年末，督办姜登选离开安徽之后，军界推举王普为皖

---

① 张马截留赋税中之皖财政［N］．申报，1922－4－14（7）．

② 皖警界索饷风潮［N］．申报，1924－12－16（10）．

③ 皖省教育之近状［N］．申报，1924－12－15（12）．

④ 皖财厅长更替之经过［N］．申报，1922－4－21（10）．

⑤ 皖省教育之危机［N］．申报，1922－6－17（10）．

⑥ 皖省校长总辞职已实现［N］．申报，1926－10－17（10）．

⑦ 皖省之教育经费问题［N］．申报，1922－6－30（10）．

⑧ 旅京皖同乡通电［N］．申报，1923－3－6（4）．

军总指挥，同时致电财政厅长、烟酒事务局长、中国银行和交通银行行长，要求此后须将地丁、钱粮、厘税等一切款项，均解往蚌埠总军需处支配；此举再次引起教育界和实业界的恐慌。[①] 由以上两例可见，民政经费缺失的根本原因在于军阀势力太大。安徽学界在给教育部长的电文中也谈及，“安徽教育经费，被军人把持，全省各校，濒于破产。”[②]

安徽军阀对于省内教育的态度，显然与张作霖、阎锡山等有异；这其中的主要原因是安徽军事长官多次易人，督皖时间最长的倪嗣冲，执政也不过六年；由于战争频发，地位不稳，军阀不得不以筹集费用、供养军队为第一要务，因此缺乏投资公共领域的激励。如前所述，流寇无意培植税源，往往只图眼前利益，肆意妄为；前述种植鸦片便是一例。辛亥之后，安徽省中小学校如同雨后春笋一般，短时间之内就增加了 370 余所；但倪嗣冲督皖之后，多被削除。他还将教育司改为教育科，隶属于政务厅。直到 1917 年，才成立省教育厅；尽管其按规定属于中央派出机关，由教育部领导，但实际上教育厅长往往受制于军阀。1912 年，全省教育经费为 642628 元，到了 1915 年只有 340372 元，不及贵州、热河等边远省份的一半；全省六十县的教育经费几乎只等于江苏省两江师范一校的常年经费。[③] 1921 年 6 月 2 日，学生代表向省政府请求增加教育经费，竟遭血腥镇压，导致 25 人受伤，2 人身死，酿成了震惊全国的安庆“六·二”惨案[④]；1923 年，省长吕调元也指使持枪卫队殴打前来索薪的安庆中等以上学校教职员代表，[⑤] 并以“反对大选”为名，将《民治报》主笔管曙东和王兰芝等拘捕。[⑥] 官方上述的一系列行径显然与合法政府的执政理念背道而驰。

与教育界类似，司法界也同样出现经费困难。从 1914 年起，司法业务由县署监理，法院多有裁并，全年经费只有 13 万元[⑦]；1921 年秋季至 1922 年夏季的九个月内，司法界高、地、审、检四厅，未得分文，最终导致大罢工。[⑧]

相比之下，实业建设更是萧条。1920 年出版的《实业杂志》第 30 号曾对安徽省实业界的状况有过如下描述：

---

① 战云弥漫中之皖政局［N］. 申报，1925－11－7（9）.

② 皖学界与孔宪芳［N］. 申报，1922－4－24（10）.

③ 张跃宗，章觐华. 民初的安徽教育［A］. 中国人民政治协商会议安徽省委员会文史资料研究委员会编. 安徽文史资料（第 30 辑）［C］. 合肥：安徽人民出版社，1989：122－123.

④ 吴景贤. 六二运动始末［J］. 学风，1934，4（6），六二运动始末：1.

⑤ 皖学校又将闭门［J］. 教育与人生，1923（9）：85.

⑥ 中外大事撮要·皖案［J］. 兴华，1923，20（45）：31.

⑦ 安徽省地方志编纂委员会编. 安徽省志·财政志［M］. 北京：方志出版社，1998：266.

⑧ 皖司法界大罢工［N］. 申报，1922－6－7（10）.

“大公司、大公厂由人民自行组织者，绝对无之。其属于省有者，有模范工厂、电灯厂、森林局、农事试验场等。模范工厂即旧有之贫民工厂，改换招牌，所谓‘老店新开’也。厂之内容，仅织布之工人数十名，其余木工、漆工、竹工各二三人，其人皆鸠形鹄面；其布置又错乱而不整齐，大似破落户光景，甚愧‘模范’二字。厂长徐某不精于技能，而精于会计，买纱卖布，皆亲自经纪，绝不假手他人，故厂长私囊已饱；而职员则叫苦不已。惟近来聂省长命其代造桌椅，厂中木工甚劣，材料又缺，不得已由沪购回而以自制入告。……”①

从经费上来看，1912年，农商费支出3.4万元，占年度财政总支出的1.1%；到了1925年，这一比例依旧很低，只有1.4%。这些经费主要用于实业司、垦务局、农务总会、印刷局、制造总局、省堤工总局、皖南垦务局、电灯厂、工艺厂、安庆六邑工厂、菜市厂、广济圩堤、滁来全盱屯垦调查局、安庆农会、贫民习艺所、蚕业讲习所、因利局、织布工厂、省第一农事试验场、省第八工厂等的经费和补助费。② 经费如此短拙，但用途却如此之多；实际效果也就可想而知，如安庆东门外森林局，每月经费只有180元，自然无法行事，最终荒弃。③

面对财政困境，安徽省曾经多次向银行借款，并发行了公债和金库券，而且规模渐长；用途多为军费开支（见表1－7）。例如，1922年，省政府发行金库券65万元，由中国银行担保，但其中60万元都用于军费开支，只有5万元留作政费。④在长期依靠债务收入弥补赤字的情况下，常常会出现旧债未还而新债又至的情况：1925年，时任财政厅长柳汝砺依照惯例，向中国银行和交通银行请求垫款，但银行方面以从前巨额积欠未还和金融界银根紧缩为由予以回绝；不得已之下，省政府还是只能通过发行金库证券120万元进行筹款，4个月还本，外加息洋若干。⑤ 一年之后，刘同春任财政厅长时，又发行金库证券120万元，60万元定5个月还本，60万元定7个月还本；基金指定以华阳、盐河、大通、凤凰颈、运漕以及芜湖米捐局收入为担保；由中国银行和交通银行分担48万元，芜湖米商30余万元，其余则分派给省内60县知事及各厘金局局长募集。⑥ 同年，用于端午的5万元过节费用，也是通过向银行借贷得来。⑦

① 皖省实业之状况［J］. 实业杂志，1920（30），国内要闻·省外：95－96.

② 安徽省地方志编纂委员会编. 安徽省志·财政志［M］. 北京：方志出版社，1998：212.

③ 孔祥梁. 北洋军阀统治下的安徽［A］. 中国人民政治协商会议安徽省委员会文史资料研究委员会编. 军阀祸皖［C］. 合肥：安徽人民出版社，1987：13.

④ 皖省财政困难之救济［N］. 申报，1922－9－2（10）.

⑤ 又将发行金库证券百二十万元［J］. 银行月刊，1925，5（4），各省财政近讯：12.

⑥ 拟发金库证券百二十万元［J］. 银行月刊，1926，6（7），各省财政近讯：5.

⑦ 芜湖快信［N］. 申报，1926－6－6（9）.

表 1-7　　北洋时期 1912～1926 年发行地方公债一览表　　单位：万元

年份	公债名称	目的	发行额	实际募额	利息
1913	米商公债	代铁路公司还债	30	30	年息五厘
1914	地方短期公债	兑纸币之用	40	40	
1919	安徽八厘短期公债	入不敷出	100	51.0185	年息八厘
1921	安徽赈灾短期公债	以资赈灾	60	10.0790	一分二厘
1921	十年金库证券	军需	30	8.996	月息一分五里
1922	十一年金库证券	军需	65	不详	期满每元六分息
1923	十二年金库证券	军政费用	60	44.6521	期满每元六分息
1924	十三年金库证券	援战军费	30	30	不详
1925	十四年金库证券	军政费用	60	60	年息八厘
1925	盐余库券	军费分配	40	40	月息一分
1926	十五年金库证券	财政厅用款	120	120	不详
1926	安徽米商公债	接济军需	30	24.2714	年息八厘
总计	12 次		688.4		

资料来源：刘杰，孙语圣．清末至北洋政府时期的安徽地方公债［J］．安庆师范学院学报（社会科学版），2011（10）：48.

对于省政府而言，长期依靠借债度日，无异于拆东墙补西墙。在这种情况下，整顿财政曾被视为解决问题的真正可行之法，然而实际上收效甚微。归根到底，是因为财税系统盘根错节，牵扯面太广，涉及各方利益。1926 年，刘同春与总司令陈调元、省长王普商定，制订整顿财政六条大纲：

一、军费须有确定预算，不可任意动支。

二、所有各征收机关之正杂各税收入，一律解之金库，不准任意提用，即一二两月者，虽已分别划拨，尚须补报财厅备案。

三、本省截留应解决中央之各项收入，须由各主管机关，解交中交两行转汇总军需处。函答财厅作为抵拨军费之用。

四、财厅用人行政，乃系厅长特权，不能受任何方面之干涉。

五、各县知事各厘金局长，如有征收不力，准予呈请省长，依法撤惩。

六、各旅军队，如在驻防地就近之征收机关任意提款及干涉征收机关事项，准予呈请总司令撤惩。①

① 安徽：整顿财政之六大纲［J］．银行月刊，1926，6（3），各省财政近讯：11.

以上六条规定都是针对具体问题所提，有的放矢，清晰地表现了当时财税系统在运行中存在的种种问题。因此，这一时期省财政出现入不敷出的情况也就不足为奇了。

二、吏治腐败与财政损失

这一时期省内财政困难的另一个原因是上到军阀、下到属吏都存在着严重的贪墨劣迹。在税收征收环节，税吏和主管官员层层贪污，使百姓实际承受的负担远远大于政府的收入，中间的差额都落入了税收经办者的腰包，造成了财政收入不足的情况，而在经费支出环节，各级经费发放者的克扣行为，导致经费不能真正落实到位，进一步恶化了本来就入不敷出的局面。正如谢国兴先生所言："北洋时期皖省的财政困难，不尽由于经济生产贫乏，以致税收不旺；人谋不臧，政治不良实亦应负大半责任。"①

（一）委托代理制度下的"经济人"理性

如前所述，军阀以军队维持专制统治，通过对社会资源的控制甚至垄断来获取回报，因此，他们行事只以自身利益得失为出发点，很难有建设公共财政和扩展社会福利的积极性。更为重要的是，他们的地位决定于军事实力、战争结果、效忠领袖等因素，并不与社会建设成果的优劣相挂钩。尽管在北洋政府时期，安徽民间曾有过声势浩大的废督裁兵和驱逐马联甲、吕调元等军阀的诉求。但是，在非民主体制下，民意往往并不是决定军阀任免的根本因素，即使当权者有所谓"顺应民意"之举，其行为的真实动机也往往是出于其他方面的考虑。

如果在全国范围内进行横向比较，安徽军阀的实力有限，在地方上的地位不如阎锡山、张作霖等人稳固，很可能因为战败、撤换等种种原因离职，因此他们在产权不清晰的情况下，往往不择手段地追求代理人的眼前利益；而在省内，他们又缺乏真正能构成威胁的竞争对手，因此他们行事时也不顾及由于外部性②而遭致的反抗。

倪嗣冲督皖时期的行径就清楚地表现了上述论点。倪氏掌握军政大权，以权谋私，任用大批亲族，操控税收。例如，倪灿墀任运漕厘金局局长，倪道烺

---

① 谢国兴．中国现代化的区域研究：安徽省 1860－1937［M］．台北："中央"研究院近代史研究所，1991：155.

② 外部性（externality）是指一个人的行为对旁观者的影响．

任凤阳关监督、正阳盐务局局长，倪芳容任正阳大关总办，倪老希任麻埠茶厘局局长，倪老相任烈山煤矿协理，倪老冠任烈山煤矿经理、宁庆余任蚌埠关、临淮关、明光关监督，宁允甫任三河尖厘金局局长，宁乐卿任芜湖米捐局局长、宁子玉任大通榷运局局长、宁子贞任门台子厘金局局长等。[①] 倪嗣冲与这些人之间构成了委托代理关系[②]，他们作为倪嗣冲的爪牙，利用其授予的权力，为其攫取了大量财富。倪道烺曾告诉旁人："我任凤关监督，（同倪嗣冲）虽是叔侄关系，但并不例外，每年需孝敬五万元于二婶母。"[③] 倪嗣冲也因此大发横财，仅在阜阳就有田产2万余亩，其下台时候，拥有现洋2000多万元；其子倪幼丹，投资金城银行，成为头号大股东，并在天津创办裕源纱厂，拥有不少房产和存款。[④]

然而，在委托代理机制的链条之上，委托人与代理人之间在拥有一致利益的同时，也存在着明显的利益冲突。倪氏子侄固然可以被视作一个整体的利益集团，但他们其实又分别构成相对独立的利益主体，双方都有追求自身利益最大化的趋向，这也必然导致两者的利益冲突。委托人与代理人在激励与责任方面的不一致性、矛盾以及信息不对称，使代理人有可能背离委托人的利益或不忠实委托人意图而采取机会主义行为，从而发生道德风险[⑤]和逆向选择[⑥]。在缺乏有效的制度安排下，代理人追逐私利的行为很可能最终损害委托人的利益。

一个最为典型的例子就是发生在军队中的贪墨舞弊以及滋扰地方等行为。在旧军阀的军队中，军人之间尽管往往存在着家族、姻亲、师生之谊，但终究缺乏意识形态领域的高层次追求（如各种"主义"），当兵吃粮成了

---

① 刘志贤．倪嗣冲亲族攀附升官、并吞土地简况［A］．中国人民政治协商会议安徽省委员会文史资料研究委员会编．军阀祸皖［C］．合肥：安徽人民出版社，1987：87.

② 委托代理关系（principal-agent relationship）是指一个或多个行为主体（委托人）指定雇用另一些行为主体（代理人）为其提供服务，并根据其提供的数量和质量支付相应的报酬，代理人的代理权根据被代理人的委托授权行为而产生。委托人与代理人在激励与责任方面的不一致性或者矛盾以及信息不对称，代理人有可能背离委托人的利益或不忠实委托人意图而采取机会主义行为，发生道德风险和逆向选择。

③ 张培尧．我所知道的倪道烺［A］．中国人民政治协商会议安徽省委员会文史资料研究委员会编．军阀祸皖［C］．合肥：安徽人民出版社，1987：136.

④ 宁剑南．我所知道倪嗣冲祸皖的情况［A］．中国人民政治协商会议安徽省委员会文史资料研究委员会编．军阀祸皖［C］．合肥：安徽人民出版社，1987：61.

⑤ 道德风险（Moral Hazard）是指契约的甲方（通常是代理人）利用其拥有的信息优势采取契约的乙方（通常是委托人）所无法观测和监督的隐藏性行动或不行动，从而导致的（委托人）损失或（代理人）获利的可能性。

⑥ 逆向选择（adverse selection）是指由于信息不对称而造成资源配置扭曲的现象。

人们投军的主要动机。因此，“士兵群这种由被养感支撑的雇佣道德，其情感色彩是非常淡薄的，也不像西方现代社会的雇佣意识包括那么多义务和责任感的成分。”① 各级军人与军阀首领共同构成武人集团，具有一定的共同利益，但是，由于军队驻防各地，各级军人相比军阀首领来说，拥有较强的信息优势，军阀首领难以对他们进行有效监管；更何况在乱世之际，官兵与军阀首领之间的关系也较为松散，即使贪墨舞弊行为会导致整体利益受损乃至影响集团前途，也可以通过改换门庭来逃避成本。在这种情况下，各级军官往往会克扣军饷，或者坐视士兵逃亡而不顶补，以吃空饷。这些行为往往会导致军队士气不振、战斗力下降、抢掠地方甚至哗变投敌，损害军事集团尤其是军阀首领的利益；一旦事态失去控制，最终可能影响到军阀首领的命运。

发生在1922年6月的寿县兵变，便可作为一个有代表性的个案。寿县是皖北镇守使的所在地，其时由张勋旧属殷恭先率领新安武军驻防。该部毫无军纪可言，平时就以勾结劣绅、勒索巨款、包庇烟赌为业，致使当地人民凋敝，商业停滞。由此可见，这支军队是以暴力为后盾攫取私利，此举影响了地方的治安，破坏了官方税源，也败坏了整支军队和军阀首领的名声。在有利于自身的同时，将成本转嫁到了他者身上。值得一提的是，省库是按照一个营500人的编制来发放该部军饷，且并未拖欠②，但实际上该部各营却只有百余人，有些甚至只有数十人，因此，上自督军统领，下至帮统管带，便朋比为奸，瓜分空饷。也就是说，这笔军费的80%以上，都落入了贪官私囊。然而，更为严重的是，各级官长贪心不足，对于只占总额20%的应发之饷，仍然勒措不发，致使军队欠饷数月。在这种情况下，这些本来就目无军纪的士兵，便肆无忌惮，公然哗变。6月19日夜，该部军人入城纵火，抢劫商铺，并对商民进行勒索、殴打，以致杀伤人命。事后，尽管时任督军张文生在呈报给国务院、参谋部和陆军部的电文中表示：“军饥饷匮，来日大难，毖后惩前，自不能稍事姑息。”③ 但这却给了当时声势浩大的废督裁兵运动以口实，民间牢牢抓住此事做文章，各公团推举代表赴京请愿，以达到裁兵的目的。④ 可见，哗变士兵的种种恶行，在危害地方的同时，最终损害了军阀首领的利益；士兵固然可以另谋出路，但军阀首领的力量却被削弱，其地位往往会被取代。同年，张文生就迫于各种形势，离职而去；新安武军也很快被裁遣，最终退出了历史舞台。

---

① 张鸣．武夫当权——军阀集团的游戏规则［M］．西安：陕西人民出版社，2008：34.

② 寿县兵变之因果谈［N］．申报，1922－6－27（10）.

③ 张文生致国务院等密电（1922年7月3日）［A］．中国第二历史档案馆编．北洋军阀统治时期的兵变［C］．南京：江苏人民出版社，1982：241.

④ 寿县兵变后余闻［N］．申报，1922－7－6（10）.

尽管导致这两个结果的原因十分复杂，但由拖欠军饷而引发的士兵哗变无疑起到了催化作用。

（二）由于贪腐而造成的财政损失

贪墨舞弊是中国历史上行政机构长期存在的问题。如前所述，代理人追求私利的行为会影响到委托人的利益，因此历代统治者曾经想方设法惩治贪墨，整肃吏治，但效果不佳，即使一时治标，也难以治本。

仅就财政而言，贪腐行为导致了财政损失。发生收支过程中的舞弊，不仅减少了政府的税收总量，降低了政府的可支配财力，也影响了公共品提供的质量，继而破坏税源。北洋政府时期，安徽军阀首领相对于中央而言，属于代理人，中央则是委托人，而这些军阀首领与其下属又构成新的委托代理关系。如此层层往下，就出现多级委托代理关系——每一级官员既是上一级的代理人，又是下一级的委托人。需要指出的是，委托人与代理人之间往往呈现出"人以类聚，物以群分"的形态；"一个变质的政府，一个剥削性越来越强、服务性越来越弱的政府，自然也需要变质的官员。……恶政是一面筛子，淘汰清官，选择恶棍。"[①] 美国学者杜赞奇（Prasenjit Duara）通过对清末民初华北地区基层行政的考察，也证实了这一点，他指出："军队勒索无限，使许多富裕领袖辞职并逃离农村。……从此，村公职，特别是村长一职往往由那些鲁莽之徒担任，他们企图从中榨取油水。"[②] 当军阀首领横征暴敛、滥收苛捐杂税并借以自肥时，就需要任用品质不良的下属。倪嗣冲借着兴修水利的名义，侵吞民脂民膏67万元，[③] 他的侄儿倪道烺、亲家邱竹筠也都是搜刮好手；得力干将裴伯谦在前清时就以贪腐而著称，曾被人以"中国之贪官莫过于广东，广东之贪官莫过于中山县长裴伯谦"为名参劾。[④] 因此，尽管这些代理人品行不端，但是委托人想要掠夺财富，却不得不依靠他们。但同时也要接受他们中饱私囊的现实，因为委托人无法对其进行有效的监督和约束。从另一个方面来看，容忍腐败也是军阀头目向下属获取忠诚的明智选择；相反，反腐败则很可能使他们丧失忠诚。腐败行为会破坏税源，也会降低军阀执政的

---

① 吴思．潜规则：中国历史中的真实游戏（修订版）［M］．上海：复旦大学出版社，2009：61.

② （美）杜赞奇著；王福明译．文化、权力与国家——1900—1942年的华北农村［M］．南京：江苏人民出版社，1996：165.

③ 程华亭，景周．倪嗣冲攫权祸皖片段［A］．中国人民政治协商会议安徽省委员会文史资料研究委员会编．安徽文史资料选辑（第3辑）［C］．1982：40.

④ 朱星伯．倪嗣冲在蚌埠的所作所为［A］．中国人民政治协商会议安徽省委员会文史资料研究委员会编．军阀祸皖［C］．合肥：安徽人民出版社，1987：83.

合法性并破坏自身形象，但这些威胁只是暂时的和间接的；而政治效忠则直接关系到军阀头目的生死存亡。于是，两害相权取其轻，代理人的腐败行为常常得到容忍。

在这种情况下，代理人除了需要报效委托人之外，还要为自己谋私。因此，当存在多级委托代理关系时，财政损失就非常严重。厘金局是当时腐败最为严重的部门之一，几乎到了无人不贪的地步，时人曾有“不愿做县长，只想办厘金”之谚。接触税收的人员多由局长的私人充任，通同作弊的方式主要有三种：一是二八提红，由中饱数内提出二成；二是划分税收，在下票（不填票的）税收内，划出二五附加；三是局长暗中津贴，按照每个人职责轻重分别给予。在厘金局内，督检、批算、会计是最为重要的职位，司检、缮票、收款等次之，其他不接触税收的人员则是点缀而已；剩下的巡役、勤杂人员、护局炮船、卫队和划夫等，也分别有查验费、放行费、津贴、划子费等。[①] 1912～1927 年，对于安徽省的财政损失难以进行准确的数字统计，只能通过几个典型案例进行粗略估算。

例如，凤阳关长期以来被倪系军阀把持，贪腐严重。1925 年春，倪道烺去职后，其党羽竟派军队把守关门，不允许省长王揖唐新任命的官员接收。[②] 经王揖唐派人调查发现，凤阳关存在着下票、私比、津贴、抄号费、留难商人等舞弊情形。以下票为例，当时门台子每年运出烟叶约 15 万担，每担应纳税七角一分五里，合计 10 万元以上。但是，在实际操作中，每担只征税五角，同时不开具发票。商人少纳了税金，贪官污吏也借此机会中饱私囊；双方皆获其利，但却使政府蒙受了税收损失。按规定，每年凤阳关税收比额（即由财政厅决定征收的税额）为 732404 元，但是实际报解额不及比额的一半，而实际收入则超过比额的一倍以上。同时，税吏与商人相互勾结舞弊，又导致了数十万元漏报。因此，如果认真办理，剔除腐败，政府每年收入应是比额的三倍。[③] 换言之，因为官吏的贪墨舞弊，政府每年在凤阳关的收入损失了近 200 万元。这一时期，安徽省每年实收也不过 600 余万元，仅是来自凤阳关的税收损失，就占到全省岁入的 1/4。

北洋政府时期，安徽共有税务局、厘金局 40 个，其中有 36 个被军人把持。从法定的职权范围来看，军人本应与地方事务无涉，因此，这些人掌管税

---

① 江峰青：六安厘金局［A］. 安徽省政治协商会议文史资料研究委员会编 . 安徽文史资料（第 28 辑）江淮工商［C］. 合肥：安徽人民出版社，1988：151.

② 皖倪系军阀把持税关［N］. 申报，1925－4－21（6）.

③ 可骇之凤阳关积弊，公家损失年约二百万元［A］. 安徽省财政厅编 . 安徽财政史料选编（第三卷）［C］. 皖非正式出版字（92）第 065 号，1992：15－18.

关的目的就是谋取利益。据估计，这些税关每年仅上解130万元入库，剩下百余万都被贪墨。① 例如，五河厘金局就成为宪兵司令程文源的“摇钱树”，两年之间就搜刮了4.5万元。② 如果再算上因为官商勾结舞弊而未征收的税款，则政府损失更大。因此，如果进行保守估计，安徽省在财政收入上的损失绝对不会低于实收额。而在财政支出方面，如果以如前所述的各级军官对军饷的贪墨为依据，那么也可以大体上认为，安徽省的财政支出有一半以上没有真正落实到位。

可见，这一时期，贪污舞弊而造成的财政损失是巨大的。更具有讽刺意义的是，上至省长，下到知事，在抱怨财政困难的同时，也往往由于自身的侵蚀行为进一步加剧了财政困难。1922年，安徽绅民就控告省长许世英、造币厂长江泽春在铸造铜元时有舞弊情节：造币厂每日铸造铜元2万元，月销40万元，还应剩余20万元，但却只有3万元解库和拨发军饷，余者用途不明。③ 而某县知事则要求民众必须以铜元交纳税银，并且规定每银一两，须缴纳铜元5000文；而根据当时市价，一两银子只能兑换铜元1800文，这其中的玄机不言自明。④

针对上述种种弊端，省政府也采取了清理财政和整饬吏治的措施。例如，吴炳湘接任省长之后，就惩治了一批官吏，包括蒙城县知事杜炳钧、颍上县知事童佐良、当涂县知事叶森、蒙城县知事陈同桢等。⑤ 然而，这些工作却很难起到真正效果。乱世之际，政府行政本来就难以真正实现的规范化和秩序化。武人当权更是造成自恃暴力、藐视政令的局面，冲击并破坏了本就不完善的行政和司法体系。因此，在和平年代都成为棘手问题的贪墨舞弊，在这个时期就更加无法有效根治了。

吏治腐败危害极大——横征暴敛超出了民众的负担能力，造成民不聊生；中饱私囊又造成了政府财政收入不足和经费支出不到位——导致了民穷、国穷而官（吏）富；如果再加上天灾和战争的影响，最终将导致财政崩溃，这是中国几千年来反复出现“其兴也勃焉，其亡也忽焉”的历史周期律的重要原因。诚然，官员的个人品格也在一定程度上决定了吏治好坏，革命党人柏文蔚就与倪姓军阀大不一样。辛亥之后，柏氏督皖时，积极发展政治和经济建设，

---

① 皖省政潮之酝酿［N］. 申报，1922-11-29（10）.

② 张蓬仙．五河厘金局内幕［A］. 安徽省政治协商会议文史资料研究委员会编．安徽文史资料（第28辑）江淮工商［C］. 合肥：安徽人民出版社，1988：152.

③ 国内专电［N］. 申报，1922-9-11（4）.

④ 章士钊．政府软盗府软［A］. 甲寅杂志存稿（下）［C］. 上海：上海书店，1990，时评：19-20.

⑤ 皖吴惩办劣绅贪吏［N］. 申报，1925-9-13（10）.

不惜减少财政收入，厉行禁烟，[1] 他本人也操守甚佳。然而，将吏治清明的希望寄托在官员个人修养和廉政文化教育上，显然是不够的。归根到底，整饬吏治的关键在于进行制度约束。20世纪40年代，毛泽东在和民主人士黄炎培的对谈中，就给出了答案：

“我们已经找到新路，我们能跳出这周期率。这条新路，就是民主。只有让人民来监督政府，政府才不敢松懈，只有人人起来负责，才不会人亡政息。”[2]

① 朱格．督皖前后的柏文蔚［D］．长沙：湖南师范大学，2002：22－30.

② 黄炎培．八十年来［M］．北京：中国文史出版社，1982：157.

第二章

南京国民政府时期的分税制体制

在国内军阀割据的大背景下，以统一中国、实现“三民主义”为目标的中国国民党，于1926年7月发动了北伐战争。国民革命军从广东起兵，先后击溃直系、皖系和奉系等各路军阀，并于1928年年底在形式上完成了对全国的统一。截至全面抗战爆发前，尽管反蒋势力长期存在，并多次酿成兵祸，但是长江中下游流域的省份，特别是临近江苏的安徽、浙江等省，基本上是置于中央的有力掌控之下。因此，安徽等省份在执行中央各种政令方面，也就较为积极和认真。

在这段时期之内，南京国民政府在政治、经济、文化、教育、外交等方面都取得了一定成就，这一点已为史学界公认。① 仅就财政方面而言，从关税自主、裁撤厘金、创办现代税种到分税制财政体制的实行和地方财政的正式确立，都在一定程度上体现了财政现代化的趋势。然而，财政现代化需要与政治现代化、民主化相配套，南京国民政府并没有做到这一点。当然，无论是财政还是政治，其制度变迁往往是在外力的压迫下产生的；从客观上来说，民国初年军阀割据的混乱状态呼唤强有力的中央集权政府的出现，同样，在当时也只有强有力的中央集权政府才可能重新整合涣散的国家。在这个特殊的时代，“国家建设之集权逻辑，中国支撑性阶级缺失，以及历史经验教训，使之具有集权诉求。”② 实际上，这一时期的集权，不仅针对中央与地方的关系而言，还包括政府与人民之间的关系。由于主客观多重因素的作用，尽管蒋介石及其主导的政权贴有不少民主、现代和自治的标签，但是其真实目的却是专制与独裁。

更为严重的是，执政的国民党只是在中央实行了“以党统政”，在地方上则是“党政并行”，而实际上势单力薄的地方党组织已经完全屈从于各级政

---

① 杨奎松．内战与危机：1927—1937［M］．中国社会科学院近代史研究所编，张海鹏主编．中国近代通史（第八卷），南京：江苏人民出版社，2005：298－338.

② 王向明．民国政治与民国政治学——以20世纪30年代为中心［D］．上海：复旦大学，2005：23.

府。“党治在地方层级运作中的困境，在相当程度上制约了国民党党权向地方社会的扩张和渗透，自然也制约了国民党党治的深度和力度。”① 在这种情况下，基层成为土豪劣绅和贪官墨吏的乐园。同时，大量北洋时期的旧军阀和旧官僚也改头换面，重新进入地方行政系统就职。先后出任安徽省主席的石友三、陈调元、刘镇华等反动政客，只是“在政治上直接受制于中央政府和国民党高层的人员变动②”，但思想上则与“三民主义”的政治理念差之千里。周佛海曾经对他们有过如下评价：“安徽这般政客，一贯唯利是图，稍不适其个人私欲要求，即鼓动政治风潮。所以历来主皖者，善终者很少。”③ 这些毫无现代政治理念的旧军阀头目品行恶劣，反复无常，不仅不可能为民众谋福祉，反而使“凡属党国治下军阀殃民之事实，他无不一一实现于安徽，而更加淋漓尽致。④” 这一情形真实地反映了1927～1937年安徽省的政治状况，也表明这一时期公共财政难以得到真正的发展。

第一节

中央与地方两级财政体制的建立

中国古代统收统支的财政体制管控过严，影响了地方履行建设性社会职能，不利于统治者的长远利益；而分税制作为现代国家普遍实行的财政体制，则具有多种优点。⑤ 但是，这些大多与服务社会、发展经济有关的优点，需要建立在纳税人具有较强的谈判能力的前提下；换言之，如果没有民主政治制度的配套，统治者往往会因为过分追求自身利益而突破原先所确立的规则，最终损害社会福利。南京国民政府成立后，开启“训政”的国民党政权，没有给予人民真正的民主。因此，尽管分税制在字面上似乎与孙中山先生主张的“地方自治”和均权主义思想合拍，但是，在“官治”而非“民治”的情况下，其正面效果必然大打折扣。

实际上，如前所述，财政往往是政治的体现。从本质上来说，分税制是在

① 王奇生．党员、党权与党争——1924～1949年中国国民党的组织形态［M］．上海：上海书店出版社，2003：198.

② 宋霖，房列曙主编．安徽通史·民国卷（上）［M］．合肥：安徽人民出版社，2011：397.

③ 谭昆山．陈调元的反动历史［A］．中国人民政治协商会议安徽省委员会文史资料研究委员会编．军阀祸皖［C］．合肥：安徽人民出版社，1987：172.

④ 刘天予．陈调元祸皖与安徽人的耻辱［J］．民声周报，1932（14）：4.

⑤ 例如：财政分权可以使地方政府更好地发挥信息优势，进而改进公共品的供给效率；也可以为地方政府提供更好的经济激励，以更好的维持市场化。具体内容可参见毕丽，危素玉：财政分权理论综述［J］．云南财贸学院学报，2004（3）：44－48.

中央和地方之间依据各自承担的公共责任划定财权、财力的法律边界，在民主体制中，分税制有利于提高资源分配的效率、为社会提供更加优质的公共产品，可以更好地服务于民生。相反，在非民主体制中，政府行政往往较少考虑民众的利益，分税制也主要沦为中央与地方利益争夺的工具。从表面来看，分税制的核心是分权，但是，在中央实力较强时，分税制却往往体现的是集权——中央可以将大宗税源划归账下，占有更多份额的财政资源。同时，通过转移支付的形式调配资金，使地方对中央形成依赖，从而实现对地方的纵向控制。南京国民政府成立之后推行的分税制，就更多地体现了这种色彩；因为中央集权的政治体制需要相应的财权和财力进行配套。以 1931 ~ 1936 年中央与地方的财政预算情况为例，详见表 2 - 1。

表 2 - 1　　1931 ~ 1936 年度地方预算与中央预算比较　　单位：万元

年度	国家预算	省地方预算	省预算占国家预算比例
1931	岁入 89333	30340	33.96%
	岁出 89333	33609	37.62%
1932	岁入 69250	23024	33.25%
	岁出 78834	24991	31.70%
1933	岁入 68041	19549	28.73%
	岁出 82892	19875	23.98%
1934	岁入 91811	31066	33.84%
	岁出 91811	32414	35.30%
1935	岁入 95715	27067	28.28%
	岁出 95715	27067	28.28%
1936	岁入 99065	34577	34.91%
	岁出 99065	34577	34.91%

资料来源：转引自国家税务总局主编．中华民国工商税收史纲［M］．中国财政经济出版社，2000：248.

由表 2 - 1 可见，从 1931 年裁厘到全面抗战爆发之前的 6 年间，地方预算平均下来只占国家预算的 1/3，因此中央财政的优势地位体现无疑。

一、1928 年关于国地收支的划分

统一财政、整理税收是一个全国性政权开始行政运作的前提。早在北伐进行期间，南京国民政府就开始对此进行筹议，1927 年 6 月下旬，国民政府财

政部部长古应芬在南京召集安徽、浙江、江苏、福建、江西等五省财政官员，商讨中央与各省之间的财政关系，并拟订了收支划分标准。7月19日，南京国民政府讨论通过了《划分国家地方收入暂行标准》和《划分国家地方支出暂行标准》，并定于即日公布施行。

一年之后，南京国民政府召开了第一次全国财政会议。会上，新任财政部部长宋子文提出对古氏划分方案进行修正，并制定《划分国家收入与地方收入标准案》及《国家支出与地方支出标准案》。这两份方案经过国民党二届五中全会决议通过，于同年11月正式公布施行。此次收支划分的具体情况如表2－2所示。

表2－2　1928年南京国民政府国地财政收支划分情况

税类		税项	合计
收入	国家收入	盐税、海关税及内地税、常关税、烟酒捐、卷烟税、煤油税、厘金及一切类似厘金的通过税、邮包税、印花税、交易所税、公司及商标注册税、沿海渔业税、国有财产收入、国有营业收入、中央行政收入、其他属于国家性质之现有收入	16项
	将来新增国家收入	所得税、遗产税、特种消费税、出厂税、其他合于国家性质之收入	5项
	地方收入	田赋、契税、牙税、当税、屠宰税、内地渔业税、船捐、房捐、地方财产收入、地方营业收入、地方行政收入、其他属于地方性质之现有收入	12项
	将来新增地方收入	营业税、宅地税、所得税之附加税、其他合于地方性质之收入	4项
支出	国家支出	中央党务费、中央立法费、中央监察费、中央考试费、政府及所属机关行政费、海陆军及航空费、中央内务费、中央外交费、中央司法费、中央教育费、中央财务费、中央农矿工商费、中央交通行政费、蒙藏事务费、中央侨务费、中央移民费、总理陵墓费、中央官业经营费、中央工程费、中央年金费、中央内外各债偿还费	21项
	地方支出	地方党务费、地方立法费、地方行政费、公安费、地方司法费、地方教育费、地方财务费、地方农矿工商费、公有事业费、地方工程费、地方卫生费、地方救恤费、地方债款偿还费	13项

资料来源：贾士毅．民国续财政史（一）［M］．上海：商务印书馆，1932：25－36.

在划分国地收支的同时，财政部还出台了相关配套规定：

一、地方收入性质与国家收入重复时，财政部得禁止其征收。

二、省市县收入之支配，由各省及各特别市自定之，仍由该管理厅册报财政部审核。

三、国家税地方税划分后，各自整理，不得添设附加税。惟所得税得征附加税，但不得超过正税20%。

四、新收入实行时，凡与旧收入相抵触部分，旧的应即废止；性质相同之捐税，应即归并。

五、厘金及一切国内通过税，以6个月为限，由中央负责裁撤；在为裁之前，暂由中央接管。

六、田赋收入虽归地方，但关于土地法规大纲等章程，仍由中央制定颁行。

七、中央及各省收入虽经划分，但必要时，得由中央补足地方，亦得由地方协助中央。①

在收支划分方面，有三项税种和经费的归属很值得关注。

第一，田赋。作为历史上天经地义的皇粮国税，这次能够被划归地方，也是出于现实方面的考虑。首先，民国之后，由于中央权势的衰落，田赋已经在事实上成为地方政府的主要收入来源，并持续了十多年；而南京国民政府在成立伊始，真正能控制的地区也只有东南地区。因此，“中央政府正式把田赋让给各省，这在当时与其说是一种政策，目的在于改进从北洋政府继承下来的公认是混乱的财政管理，不如说是南京政府对政治现实的一种承认。”② 其次，地方上确实需要经费，如果中央将主要税种悉数拿走，那么地方开支就会捉襟见肘。无论从国民党的政治理念还是南京国民政府的现实责任来看，建设民国都是无法逃避的使命，而各省当局又承担着行政、民政等多重任务，因此不得不对地方予以一定程度上的经费支持。最后，田赋征收历来存在着严重的隐匿漏报等现象，中央政府难以切实清查，造成了严重的财政损失。而只有当田赋成为地方政府的经费来源之后，各省当局才有可能基于自身的利益考虑，进行着力清查。此外，随着工商业的进一步发展，关、盐、统三税成为中央的主要收入来源。从1928年至全面抗战爆发之前，这三种税收之和所占国民政府岁入的比重都超过了90%，其中尤以关税为巨③；而田赋的地位则逐步下降，因

① 贾士毅．民国续财政史（一）［M］．上海：商务印书馆，1932：28.

② （美）费正清编；杨品泉等译．剑桥中华民国史1912～1949年（上）［M］．北京：中国社会科学出社，1994：123.

③ 杨荫溥．民国财政史［M］．北京：中国财政经济出版社，1985：47.

此也就使中央愿意放手。不过，田赋划归地方也会在政治方面对中央造成负面影响。蒋介石就认为："田赋划归地方，使人民只向地方政府完粮纳税，这就无异于将国家整个的土地和人民，完全与国家脱离关系，使人民只知有地方，而没有国家的观念。"① 然而，一项政策的制定，是由多种因素相互作用以及各方势力相互博弈的结果。从地方建设的视角来看，田赋划归地方，终究还是有着积极的意义。

第二，厘金。"厘金为各种货物通过税之总称，应属关税范围，故地方征收，已侵犯中央税权"②。长期以来，厘金一直是各省当局重要的收入来源，成为他们割据一方、对抗中央的财政基础。加之厘金征收环节苛繁，舞弊严重，给百姓生计以及商业贸易带来了很多负面影响，因此无论是中央还是民间，都有裁撤厘金的想法和呼声。然而，由于牵扯了地方当局的利益，久久未能实施。南京国民政府成立以后，中央下决心裁撤厘金，为了减少来自各省当局的阻力，故而将厘金划分为国家收入，以表明裁厘与地方利益无涉，"而事实上亦未必尽然，盖各省之恃厘金以维持地方财政者，尚比比皆是也"③。裁厘之后，为了弥补中央和地方的损失，南京国民政府扩大了统税的征收范围并在地方上开征营业税。统税最大的优点在于，商品只需在出厂时缴税一次，即可通行全国，从而克服了厘金重复课征的弊端，减少舞弊现象的发生。根据当代学者研究，中央"裁厘改统（统税）"解除了厘金制度对商品流通的限制，使市场整合程度大大提高，上海与芜湖两地之间的贸易成本下降了40%左右。④ 但是，对于地方上来说，厘金的裁撤却导致了收入锐减，而营业税的开征并没有解决这一问题，各种各样的"变相厘金"又很快出现。

第三，军费。北洋时期，各地军阀依靠军队对抗中央，维持自己的地位，并将地方上大量收入的用于军费开支，导致了其他用度的缺乏。南京国民政府有鉴于此，遂将军费列为国家支出。根据官方财政报告的统计，全面抗战爆发的前十年，军费支出共计31.989亿元，占总岁入的38.3%。⑤ 然而，这一数字并未如实反映出军事开支的规模，因为许多军事费用都被列入其他支出项目之下，如军事教育费、国防建设费等。同时，军事委员会还有预算外的收支，

---

① 转引自王奇生．革命与反革命：社会文化视野下的民国政治［M］．北京：社会科学文献出版社，2010：378.

② 施养成．中国省行政制度［M］．上海：上海人民出版社，2015：293－294.

③ 何廉，李锐．财政学［M］．长沙：湖南教育出版社，2008：256.

④ 赵留彦，赵岩，窦志强．"裁厘改统"对国内粮食市场整合的效应［J］．经济研究，2011（8）：106－118.

⑤ 孙文学主编．中国财政史［M］．大连：东北财经大学出版社，1997：259.

具体数额并未公开发布，但据时人估计，每年约为 2 亿元。[①] 此外，许多省份的实权派依然存在额外的军费支出，如山西的阎锡山、四川的刘湘和刘文辉、广西的李宗仁和白崇禧等，他们在各自的统治区域内扩编军队，防止中央的渗透。当时有人对此作过估计，“若将各省区的军费支出合计起来，恐至少亦当在十万万元以上。”[②]

分税制体系建立之后，国税与地税的收支便是依照上述原则进行划分。当时，安徽省的一部分国税是由财政厅代征，直到 1929 年 8 月 23 日，安徽省财政特派员公署成立，所有国税征收事物才全部移交公署[③]，驻军军饷和征收机关的费用则由中央承担。以 1927 年度安徽省财政厅和各征收机关国税收支情况为例，详见表 2 – 3。

表 2 – 3　安徽省财政厅和各征收机关 1927 年度国家岁入岁出分类　单位：元

1. 岁入

征收机关	岁入数额	征收机关	岁入数额
安徽省榷运局	12416553	安徽省财政厅代收之卷烟营业凭证税	160064
皖北淮盐官运局	450590	安徽省财政厅代收之厘金	1604791
芜湖关	1265979	安徽省财政厅代收之矿税	26940
凤阳关	347201	安徽省财政厅代收之所得税	359
芜湖口内地税局	1187936	安徽省财政厅代收之杂税	1016633
凤阳口内地税局	156014	安徽邮包税局	无
安徽烟酒事务局	263297	安徽印花税局	205416
安徽卷烟税局	853962	安徽禁烟局	不详
安徽省煤油特税	451948	皖北烟苗监察处	156250
合　计	20564113		

2. 岁出

支出项目	岁出数额	征收机关	岁出数额
安徽省榷运局经费	149178	安徽省财政厅代付海陆军费	5002827
皖北淮盐官运局	450590	安徽省煤油特税局经费	75626
芜湖关经费	245548	安徽印花税局经费	69612

① 伍启元．抗战以来的财政和今后应有的方策［J］．经济动员，1939，2（6，7）：282.

② 千家驹．最近两年度的中国财政——民国十九、二十两年度财政报告书的批评［J］．东方杂志，1933，30（4）：19 – 20.

③ 民国时期厘金的沿革［A］．安徽省财政厅编．安徽财政史料选编（第三卷）［C］．皖非正式出版字（92）第 065 号，1992：25.

续表

支出项目	岁出数额	征收机关	岁出数额
芜湖口内地税局经费	78106	安徽省财政厅财务费	614783
凤阳口内地税局经费	22309	安徽禁烟局、皖北烟苗监察处经费	无
安徽烟酒事务局经费	155315	安徽卷烟税局经费	36606
合　计	6683213		

资料来源：龚光朗，曹觉生编：安徽财政之过去现在及将来［J］. 安徽建设月刊，1931，3（6），专文：32－34.

由表2－3可知，1928年，除去驻军军费和征收成本之外，安徽省向中央提供了1300余万元的税款；相比之下，地方财政的规模就略小一些。1928～1937年，安徽地方财政收入为七八百万元左右，但支出都超过千万元，因此每年都需要中央补助300万元。① 这表明，中央财政通过转移支付的形式，为安徽省提供了经费，因此可以加强对地方的控制力，这也是南京国民政府财政集权的重要目的。而安徽省每年千万元左右的总收入中，有30%来自中央，由此可见其对于中央的依赖性，这是中央对于安徽省控制力的体现。

1931年，国民政府主计处成立，重新拟订了《预算章程》和《办理预算收支分类标准》，将国地收支按会计性质分为普通会计和营业会计两类，并于11月公布施行；1933年3月，又在“中央支出”与“地方支出”中增加了“抚恤款”项目。修正后的国地收支分类标准如表2－4所示。

表2－4　南京国民政府《办理预算收支分类标准》（1933年3月修正）

	普通会计	营业会计
国家收入	1. 盐税 2. 关税 3. 烟酒税 4. 印花税 5. 统税 6. 矿税 7. 交易所税 8. 所得税 9. 遗产税 10. 银行税 11. 国有财产收入 12. 国有事业收入 13. 国家行政收入 14. 国有营业纯益 15. 协款收入 16. 借款收入 17. 其他收入	1. 路政收入 2. 电政收入 3. 邮政收入 4. 航业收入 5. 农业收入 6. 矿业收入 7. 工业收入 8. 商业收入 9. 其他收入
国家支出	1. 党务费 2. 国务费 3. 军务费 4. 内务费 5. 外交费 6. 财务费 7. 教育文化费 8. 司法费 9. 实业费 10. 交通费 11. 蒙藏费 12. 建设费 13. 国有营业资本支出 14. 补助费 15. 抚恤费 16. 债务	1. 路政支出 2. 电政支出 3. 邮政支出 4. 航业支出 5. 农业支出 6. 矿业支出 7. 工业支出 8. 商业支出
地方收入	1. 田赋 2. 契税 3. 营业税 4. 房捐 5. 船捐 6. 地方财产收入 7. 地方事业收入 8. 地方行政收入 9. 地方营业纯益 10. 补助款收入 11. 债款收入 12. 其他收入	1. 路政收入 2. 电政收入 3. 航业收入 4. 农业收入 5. 矿业收入 6. 工业收入 7. 商业收入 8. 其他收入

① 王鹤鸣，施立业. 安徽近代经济轨迹［M］. 合肥：安徽人民出版社，1991：499.

续表

	普通会计	营业会计
地方支出	1. 党务费 2. 行政费 3. 司法费 4. 公安费 5. 财务费 6. 教育文化费 7. 事业费 8. 交通费 9. 卫生费 10. 建设费 11. 地方营业资本支出 12. 协助费 13. 债务费	1. 路政支出 2. 电政支出 3. 航业支出 4. 农业支出 5. 矿业支出 6. 工业支出 7. 商业支出

资料来源：财政年鉴（上）[M]. 上海：商务印书馆，1935：238－243.

二、实省虚县——两级财政体制的弊端

南京国民政府实行的国地财政划分固然实现了中央与地方的财政分权，但是这其中所指的"地方"，则是一个需要探讨的概念。准确地说，这次分税制改革划分了中央政府和省级政府的事权与财权，规范了两者的纵向税收分配，但却并没有解决省级以下的税收划分问题。作为一级行政机构的县并没有明确的收入来源，县财政附属于省，无独立可言。

然而，在日常行政中，县级政府本身就有正常开支，同时，中央及省的政令也大多需要逐级下派，由县一级来完成。一般说来，越是基层政府，它所承担的公共服务的责任就越重、越直接，因为与上级政府相比，基层政府与民众基本是"零距离"。当时就有人对这种现象进行过描述：

"省政府各有厅处，各有其主管政务，而各厅处又莫不想他主管政务尽量推进，所以各定有限期完成的事业，而皆责之于县。此种事业，在各厅处看来，不过一种，而在县政府看来，则有无从着手之叹。"①

据统计，南京国政府时期的县长所承担的职责竟达 172 大项之多，其中，民政 31 大项、财政 28 大项、司法 21 大项、建设 48 大项、教育 17 大项、卫生 27 大项；而各大项之中，有细分为许多小项，如民政类就可以进一步划分为 160 小项。② 与中国古代以刑名和钱谷为主的县令职责相比，南京国民政府时期的县长职责无疑扩展了很多，特别是额外增加了许多县政建设方面的任务。从"内政部"颁行的《县长须知》来看，在民政方面，县长要接近民众、宣传政令、防治匪患、严禁烟赌、预防灾害、办理救济、改良恶习、编查户口；在财政方面，要整理田赋、整顿税收、清查官产、办理公债；在建设方

① 尚希贤. 增进县行政效率的几个先决问题［J］. 行政效率，1935，2（7）：1054.

② 王奇生. 革命与反革命：社会文化视野下的民国政治［M］. 北京：社会科学文献出版社，2010：368.

面，要保护农工、筹办工厂、维持商业、兴修水利、修筑道路。此外，还要求县长在教育、卫生、司法等方面齐头并举，不可偏废。到了全面抗战爆发前，安徽省规定的县长考绩事项已经达到25项之多，包括保甲、警察、仓储、救济及卫生、禁烟禁毒、统计、田赋、税捐、地方财政、推行法币、办理预计算、义务教育、社会教育、中小学教育、整理教育款产、水利、农林、路政、电政、合作、兵役、壮丁训练、肃清零匪、司法行政和推行新运。[①] 县级政府行政职责的增加，特别是在科教文卫方面的一系列责任，固然符合现代国家服务社会建设的趋势，但这也意味着国家权力的扩张和对基层社会的渗透与控制。

上述状况可以表述为“财权上移，事权下降”——县级行政机构任务繁重，因此面临各项支出，但却缺乏独立和明确的收入来源，以至于经费不足。这一时期，安徽省各县经费最高者为2171元，最低者为1235元；全省60县，月经费2000元以上者5县，1500～2000元者15县，1500元以下者40县。[②] 每县除去县长、科长、科员、录事等人的俸禄之外，余者寥寥无几，难以应对各项事业。相比之下，省政府的行政经费状况则大不一样。以1933年安徽以及周边各省经常岁出预算为例，详见表2－5。

表2－5　　1933年度安徽以及周边省份省、县岁出预算比较　　单位：元

经费 / 省别	省行政经费	县行政经费（各县平均数）	百分比
安徽	1010000	15700	1.46%
浙江	1309692	13715	1.05%
江西	813000	13800	1.69%
河南	911000	9830	1.08%
湖北	1119000	12600	1.12%

资料来源：尚希贤：增进县行政效率的几个先决问题［J］. 行政效率，1935，2（7）：1054.

尽管根据《建国大纲》第18条所述：“县为自治之单位，省立于中央与县之间，以收联络之效。”[③] 但是，在实际政治情形中，省却成为地方行政体系中的真正主宰，“省对中央，惟恐受其控治，省权惟恐其不大。反之，省对于地方，则控制惟恐其不周，县市权惟恐其不小。”[④]

① 近年来本省吏治之改进［J］. 安徽政务月刊，1937（29），调查·报告：6.

② 安徽省各县行政经费［A］. 吴树滋，赵汉俊编：县政大全（第二编）县政法程［C］. 上海：普益书局，1930：92.

③ 国民政府建国大纲［J］. 建国月刊，1940（1）：4.

④ 黄伦. 地方行政论［M］. 重庆：正中书局，1942：44.

在这种情况下，县级政府可谓“财权小，责任大”。为了应付各项政事，县级政府不得不想方设法扩大财力，主要的方式就是增加附加税。实际上，民国以来，各县随着事务的增加，民间田赋附加一直处在不断提升的过程中。根据实业部的调查，到了1933年，安徽省的水田附税、平原旱地附税和山坡旱地附税已经分别占到各自正税的96%、100%和81%；① 该年份全省各县经费总和为1371031元，但地方附加收入则达到6827924元。② 有人总结道：

“自民元以来，特别自十六年以来，这种附税随着新政一天一天的加多。例如办党要钱、办自治要钱、修路修衙门要钱、甚至复兴农村也要钱，这些钱只好尽先向农民要。到了民国二十年（1931年），厘金税裁撤了，有许多经费向来依靠厘金或厘金附加的，现在也要在田赋附加上面想法，于是从前一部分工商的负担，现在也放在农民的肩上。”③

在清末民初时，安徽民田的征税分为地丁、漕米等项，而产权国有、民间耕种的卫田的情形更为复杂。南京国民政府成立之后，再一次实行了“并税式改革”，将民田的地丁、漕米、杂耗、加捐等名目合并计算，定为每亩征收银币若干；同时，颁布《安徽卫田缴价升科章程》，厘定章程十五条，规定各县卫田每亩缴纳产权费2元，则可转为民田，并按民田征收办法缴纳田赋。④ 因此，安徽关于田赋正税方面的整理应当说还是不无成效的。然而，随着各县地方开支的膨胀，田赋附加税逐渐增多，地方上一旦有事，首先想到的就是加征田赋附加，有些县乡甚至不经请求便就地征收。这些附加税种类繁多，苛重异常，主要有自治附加、人事登记经费、保安队费、地方公益特捐、长平仓积谷捐、筑路附加、义务教育附加、防务附加、保甲经费、建设费、公安经费、军事招待费等。⑤ 以宿松县为例，1930年该县征收钱粮分为三个部分：

（1）为国家征收的烟酒税、印花税、所得税等；

（2）代省征收的田赋、契税、牙税、屠宰、牲畜、鱼课、芦课等税项，每年解省府165540元；

（3）是县地方收入，计有田赋教育附加10000元，田赋人民自卫团附加

---

① 尤保耕．减轻田赋附加后抵补办法之商榷［J］．政治评论，1934（108）：133.

② 谢国兴．中国现代化的区域研究：安徽省1860－1937［M］．台北：“中央”研究院近代史研究所，1991：666.

③ 何会源．论田赋附加［J］．独立评论，1934（89）：6.

④ 安徽卫田缴价升科章程［A］．安徽省财政厅编．安徽财政史料选编（第二卷）［C］．皖非正式出版字（92）第065号，1992：360－361.

⑤ 孙晓村编．苛捐杂税报告［J］．农村复兴委员会会报，1934（12）：123.

10000元，田赋修监狱附加2600元，田赋育婴捐附加1000元，牙帖牲屠附加3160元，这些收入近3万元，都用作县里开支。①

与此类似，同一年度怀宁县的田赋每亩正税为洋一角九分三厘，而附加税则有八项，分别为：

县地方附税洋三分九厘三毛，义务教育附加洋一分九厘三毛，筑路公债附加洋一分九厘三毛，常平仓积谷附加捐洋四厘，人事登记费三厘，各乡保卫团经费附加洋五分，本省通志馆筹备处经费二厘，自治经费附加洋一分五厘。②

其实，与省内的其他地方相比，上述两个县的田赋附加并不算多。例如，因为国民政府征剿苏区的缘故，许多地区开支进一步增多，附加也相应提高，庐江、六安等县的附加已经超过了正税的两倍，其他各县超过一倍者也为数不少。③ 表2－6是1932年统计的安徽省各县田赋附加税率。

表2－6　　安徽省各县田赋附加税率（1932年）

县份	附加税率	县份	附加税率	县份	附加税率	县份	附加税率
东流	48.1%	凤阳	51.2%	祁门	55.2%	五河	67.4%
太湖	79.5%	怀宁	79.9%	至德	80.0%	宿松	81.1%
绩溪	81.4%	来安	81.5%	全椒	84.3%	婺源	84.6%
休宁	86.6%	怀远	89.5%	泗县	90.4%	霍山	92.0%
和县	94.1%	歙县	96.6%	阜阳	97.1%	太平	97.7%
潜山	98.6%	南陵	99.8%	宣城	99.9%	贵池	99.9%
望江	100.0%	泾县	100.0%	天长	100.0%	含山	100.0%
芜湖	100.6%	黟县	105.0%	旌德	109.2%	铜陵	109.9%
郎溪	114.0%	滁县	115.0%	繁昌	116.0%	霍邱	119.1%
青阳	121.6%	太和	122.0%	凤台	128.4%	宁国	131.6%
定远	135.0%	石埭	138.5%	巢县	141.6%	当涂	149.9%
寿县	150.0%	合肥	151.1%	颍上	156.0%	桐城	166.6%
亳县	172.2%	盱眙	174.7%	蒙城	178.0%	无为	190.9%
广德	194.7%	宿县	199.2%	涡阳	201.2%	庐江	202.9%
灵璧	204.2%	舒城	287.2%	六安	不详	嘉山	不详
立煌	不详						

资料来源：孙晓村编．苛捐杂税报告［J］．农村复兴委员会会报，1934（12）：123－125.

① 王鹤鸣，施立业．安徽近代经济轨迹［M］．合肥：安徽人民出版社，1991：500.

② 怀宁续征上期田赋［J］．安徽财政月刊，1930（5），财政要闻：6.

③ 蒋令各省核减田赋附加［N］．申报，1934－6－20（8）.

由表2－6可知，全省六十一县[①]之中，有一半以上的地方，田赋附加税要超过正税。该年份全省田赋正额为4130802元，附加税则高达6133423元。[②]需要指出的是，表2－6中所列出的只是官方的统计数字，各县还有未经呈报核准即行征收的情况和临时附加等，这些数据都无从稽考；再加上各级官吏浮收、中饱等行为，农民的实际负担更为沉重。例如，在东流县，省财政厅委派的升科委员郑健齐不照章折定册亩征收升科费，而是按照弓亩征收；在当时的安徽民间，通常以360弓为一亩，此类弓亩较小，一般三四弓亩才能折合成一册亩，甚至还有十余弓亩折合成一册亩的情况。因此，农民实际所缴竟然是应缴费用的数倍。[③] 此外，还有一些因素导致官方统计的附加税率低于实际情况，例如：

（1）县长匿报。根据凤台县1931年与1932年所填写的调查表来看，每亩税率相差竟达6角。财政厅下令调查，凤台县报称尚有数项未曾列入，是乃意图匿报。

（2）乱填表格。南陵县对于调查表内的附加税起于何时一项，一律填为1931年。

（3）存心朦蔽。滁县将田赋附加表分为两份填写，其中一份记载，每正税一元附加六角；另一份则是每正税一元附加六角八分。实际上，该县附加税率是二者合并，即每正税一元附加一元二角八分。[④]

另一个值得注意的问题是，各县经济发展水平不一。例如，当时宣城和蒙城的人口都在40多万，[⑤] 但前者的田赋正额可以达到26万元/年，后者只有4万元/年。[⑥] 因此，在相对贫瘠的县，如果要想推进建设事业的发展，只能提高附加税的比例，增加人民的负担。针对这个问题，当时曾有人建议，省财政应当采用转移支付的形式，调剂地区间经济水平的差异，实现地区间财力均等化。[⑦]然而，当时省财政尚且捉襟见肘，哪里还有足够的经费去补足各县开支呢？

---

① 安徽省原有60个县，1932年秋，国民党政府为加强对鄂豫皖边区的统治，在鄂豫皖三省交界处，从河南省商城县、固始县以及安徽省六安、霍邱、霍山3县中各划出一部分地区，在原属六安县的金家寨增设了立煌县。

② 谢国兴．中国现代化的区域研究：安徽省1860－1937［M］．台北："中央"研究院近代史研究所，1991：162.

③ 孙晓村编．苛捐杂税报告［J］．农村复兴委员会会报，1934（12）：123.

④ 傅广泽．安徽实习调查日记［A］．萧铮主编．民国二十年代中国大陆土地问题资料［C］．台北：成文出版社，1977：83512－83513.

⑤ 安徽省政府秘书处编制．安徽省概况统计（民国二十二年份）［C］．1933：24.

⑥ 安徽省政府秘书处编制．安徽省概况统计（民国二十二年份）［C］．1933：145.

⑦ 罗介邱．安徽预算问题［J］．安徽地方政务研究周刊，1934，1（13），专家讲演：38.

与田赋附加类似，契税、牙税、屠宰税等同样带征附加，这些工商税种多与农民生计有关。以牙税为例，当时的农产品大多需要通过牙行才能实现运销，而牙税则由双方负担，因此，牙税附加进一步增加了农民的负担。当时安徽省各县工商税种附加情况详见表2－7。

表2－7　20世纪30年代安徽省工商税种每正税一元附加成数情况　单位：元

县别	契税	牲屠	牙帖	县别	契税	牲屠	牙帖
怀宁	1.000	0.506	0.300	桐城	0.200	0.600	0.200
潜山	0.833	0.300	0.200	太湖	0.900	0.280	0.500
宿松	0.833	0.300	0.200	望江	0.833	0.500	0.200
歙县	0.833	0.300	0.200	休宁	0.830	0.900	0.500
婺源	0.833	0.300	0.200	祁门	0.833	0.300	0.200
黟县	0.623	0.985	0.620	绩溪	0.833	1.000	0.200
宣城	0.216	0.300	0.200	南陵	0.500	0.300	0.200
宁国	0.216	?	0.200	旌德	0.833	0.300	0.200
太平	0.833	0.200	0.200	泾县	0.833	0.400	0.300
贵池	1.000	0.420	0.400	青阳	1.000	1.106	0.600
铜陵	0.833	0.200	0.200	石埭	?	?	0.200
至德	0.833	0.300	0.200	东流	0.833	0.300	0.200
当涂	0.833	0.300	0.200	芜湖	0.998	?	0.200
繁昌	1.033	0.800	0.300	合肥	0.500	0.300	0.200
无为	1.000	0.300	0.200	舒城	0.313	0.500	0.200
庐江	0.333	0.360	0.400	巢湖	1.000	0.300	0.200
凤阳	1.000	0.500	0.200	怀远	0.833	0.300	0.200
寿县	1.333	1.250	0.200	宿县	0.833	0.300	0.200
定远	1.000	0.276	0.200	灵璧	?	0.400	0.300
凤台	0.833	0.300	0.300	阜阳	0.833	0.300	0.200
颍上	2.500	0.300	0.200	霍邱	1.250	1.000	0.400
亳县	0.150	0.400	0.200	蒙城	1.000	0.500	0.200
太和	1.000	0.300	0.200	涡阳	0.833	0.512	0.200
六安	1.166	0.600	0.200	霍山	0.100	0.100	0.100
泗县	0.833	0.300	0.200	盱眙	0.333	?	0.200

续表

县别	契税	牲屠	牙帖	县别	契税	牲屠	牙帖
天长	1.088	0.300	0.200	五河	1.333	0.300	0.200
滁县	1.166	0.600	0.200	全椒	1.000	0.300	0.200
来安	1.000	0.300	0.200	和县	1.498	0.300	0.200
含山	1.000	1.650	0.350	广德	0.933	0.300	0.200
郎溪	1.000	0.100	0.400	嘉山	—	—	—
立煌	—	—	—				

资料来源：孙晓村编．苛捐杂税报告［J］．农村复兴委员会会报，1934（12）：241－243．

除了附加税之外，各种摊派和预征也十分严重。皖北地区还出现了“以命完粮”的悲剧——在涡阳、蒙城等地，连年的天灾和兵祸已经令百姓苦不堪言，官府又预征1933年和1934年的钱粮，导致百姓无法忍受，甚至愿受死刑以求免征。[①] 从1934年全国财政会议时安徽省提供的《地方赋税及县地方附加杂捐报告书》来看，地方各县每年可以从各种杂税中获得120余万元的收入，主要作为公安、保卫、教育、建设和自治等方面的经费，分别由县财务委员会以及用款机关征收。[②] 具体情况详见表2－8。

表2－8　1934年安徽省捐税总数　单位：元

县别	每年收入	用　途
怀宁	28453	办理教育、公益及保安经费
桐城	8922	办理教育及保安经费
潜山	7089	办理义务教育及公安经费
太湖	5418	办理义务教育及公安经费
宿松	11792	教育经费
望江	6434	办理教育及保安、公安经费
歙县	8132	办理教育及建设、公安经费
休宁	12002	办理教育、自治、救济、公安、保安及建设经费
婺源	13727	办理教育、保安、建设及公安经费

① 章有义编．中国近代农业史资料（第三辑）1927－1937［C］．北京：生活·读书·新知三联书店，1957：42．

② 安徽省杂项捐税概况［A］．安徽省人民政府税务局编．安徽省工商税收史料选编（上辑·第二册）［C］．1987：872．

续表

县别	每年收入	用　　途
祁门	9007	教育及公安经费
黟县	5142	教育、自治及救济孤贫经费
绩溪	9799	教育、保安、公安及财委会经费
宣城	24428	教育、自治及公安经费
南陵	15701	教育及公安经费
泾县	8476	教育、自治及公安经费
宁国	8430	教育、自治、财务、保安及公益等费
旌德	15917	教育、公安经费
太平	6960	教育、公安及保安经费
贵池	62524	教育、公安、建设及财务等经费
青阳	19786	教育、保安、公安及财务等经费
铜陵	5860	教育及公安经费
石台	11708	教育、公安、保安及财委会等费
至德	1600	教育经费
东流	3485	教育经费
当涂	21244	教育、建设及乡村改编之保安经费
芜湖	22435	教育、国术馆、图书馆、建设及公益等费
繁昌	5108	教育、财务经费
合肥	28444	教育及公安经费
无为	19785	教育、建设及公安经费
舒城	16429	教育、实业及公安经费
庐江	6780	教育、自治、公安及救济院经费
巢县	22514	教育、财务及公安经费
凤阳	71440	教育、公益、公安、财务及保安等费
怀远	7766	教育及公安经费
寿县	37594	教育及公安经费
宿县	65158	教育、建设、财务及慈善等费
定远	10897	教育经费
灵璧	7985	教育及公安经费
凤台	12966	教育、建设、公安及保安经费
阜阳	41300	教育经费

续表

县别	每年收入	用　　途
颍上	14110	教育、自治、建设及保安等费
霍邱	89616	教育经费
亳县	51473	教育、财务及公安经费
蒙城	24384	教育、公安
太和	8200	教育经费
涡阳	12995	教育经费
六安	13584	教育及公安经费
霍山	无定额	教育经费
泗县	8480	教育及公安经费
盱眙	28619	教育、公安及保安经费
天长	53930	教育、图书、育婴、保安、公安及施医等费
五河	18557	教育、财务、公安及保安经费
滁县	22982	教育、建设及联保办公处办公费
全椒	22940	教育、建设、造林、公安、慈善及预备灾荒等费
来安	10721	教育、保安及公安经费
和县	37786	教育、建设及公安经费
含山	36877	教育、自治、建设、公安及地方事业等费
广德	16828	教育、公安及建设经费
郎溪	15801	教育、建设、自治及公安经费
嘉山	7400	自治及教育经费
立煌	无定额	收入由财务委员会统筹支配
总计	1203920	

资料来源：安徽省杂项捐税概况［A］. 安徽省人民政府税务局编. 安徽省工商税收史料选编（上辑·第二册）［C］. 1987：872－875.

相比之下，同一时期的皖西苏区就呈现出了另一番景象。1930 年 9 月 17 日，鄂豫皖苏维埃政府发布了关于《征收累进税的问题》的通告，决定开始实行农业累进税，以农民每年产量的多寡为依据，收入越高则纳税的税率越高。苏区政府明确规定，对贫雇农免予征税，对中农和富农的征税也是建立在扣除生活必需的前提下。[①] 可见，苏区征收农业累进税并设立了起征点，在一

① 谭克绳等主编. 鄂豫皖革命根据地财政经济史［C］. 武汉：华中师范大学出版社，1989：142－146.

定程度上具有现代所得税的色彩。这样的征税规则，与中国古代以及当时国民党政权相比，无疑具有巨大的进步。不仅体现了税收调节贫富差距的作用，还提高了穷苦人民参加革命的积极性。

第二节

中央、省、县三级财政体制的设计

在新制度经济学理论中，制度变迁是指对制度非均衡状态的一种反应。根据行为主体的不同，制度变迁可以分为自下而上的诱致性制度变迁（也称需求主导型制度变迁）和自上而下的强制性制度变迁（也称供给主导型制度变迁）等两个基本类型。前面所谈到的县级政府在没有明确收入来源的情况下，为了应付开支而采取种种方式进行筹款，就可以被归为诱致性制度变迁。[①] 无论是征收附加税还是摊派预征，都没有得到中央政府在法律上的确认，属于一种非法定行为。

鉴于基层存在的种种问题，国民政府决心对原有的中央与地方两级财政体制进行局部调整，这种由国家通过立法形式所推行的变迁，则属于强制性制度变迁。需要指出的是，国家和基层政府同样具有“经济人”理性，只有当预期收益高于成本时，才会采取强制性制度变迁来消除制度的不均衡。相反，如果制度变迁会降低统治者可获得的效用或者胁到统治者的生存，那么这种无效率的不均衡状态却仍然可能被国家所容忍。民国时期，基层社会的苛捐杂税已经令国民党大失民心，诸如“蒋介石万岁（税）万税万万税，老百姓太平（贫）太贫太太贫”[②] 之类的说法就是民怨沸腾的真实写照。因此，出于压制反抗、稳定统治的目的，废除苛捐杂税就成为国民政府的现实选择，而中央与地方两级财政体制的缺陷则是滋生苛捐杂税的重要温床，也需要通过制度调整的方式进行解决。

一、1935年对于国地收支划分的调整

1934年，在第二次全国财政会议上，国民政府先是拟订了5项《划分省县收支五项原则》。次年7月，经立法院议决，《财政收支系统法》正式公布，

① 诱致性制度变迁是指个人、组织或集团为争取获利机会自发倡导和组织实施对现行制度安排的变更或替代，是人们在追求由制度不均衡引致的获利机会时所进行的自发性制度变迁。

② 转引自田福雁，刘光明．触摸税收历史的印记［N］．中国税务报，2015－12－14（B4）．

由此确立了中央、省（院辖市）、县（市）三级财政体制。其中，地方财政由省（院辖市）、县（市）两级构成，县（市）级财政体系包含其下属的区、乡。具体收入划分如表 2－9 所示。

表 2－9　1934 年中央与地方（省、县）收入划分情况

中央收入	1. 关税；2. 货物出产税；3. 盐税；4. 矿税；5. 货物出厂税；6. 货物取缔税；7. 印花税；8. 特种营业行为税；9. 特种营业收益税；10. 所得税；11. 遗产税；12. 营业税（由院辖市分得 30%）；13. 土地税（由院辖市分得 15%～45%）
省收入	1. 营业税；2. 土地税（由县市分得 15%～45%）；3. 房屋税（由县分得 15%～30%）；4. 遗产税（由中央分得 15%）；5. 所得税（由中央分得 10%～20%）
院辖市收入	1. 土地税；2. 房屋税；3. 营业税；4. 营业牌照税；5. 使用牌照税；6. 行为取缔税；7. 所得税（由中央分得 20%～30%）；8. 遗产税（由中央分得 25%）
县或省辖市收入	1. 土地税；2. 房屋税；3. 营业牌照税；4. 使用牌照税；5. 行为取缔税；6. 所得税（由中央分得 20%～30%）；7. 遗产税（由中央分得 25%）；8. 营业税（由省分得 30%）

资料来源：苏日荣．行宪后国地税收划分问题［J］．财政评论，1948，18（4）：30－31.

在支出划分方面，新列出的县级支出几乎是复制了省级开支，包括政权行使支出、行政支出、立法支出、教育及文化支出、经济及建设支出、卫生及治疗支出、保育及救济支出、营业投资及维持支出、保安支出、财务支出、公务人员退休及抚恤支出、债务支出、损失支出、信托管理支出、普通协助及补助支出和其他支出，一共 16 项。① 此外，区和乡镇的开支也都被纳入县级预算。值得一提的是，关于教育、文化、经济、建设、卫生、治疗、保育、救济经费的支出比例，也有附加规定。其中，在中央不得少于其预算总额的 30%，在地方上不得少于其预算的 60%。②

根据中央精神，安徽省政府于 1934 年 12 月颁布了《安徽省各县办理县地方预算暂行章程》，分为 6 章 25 条。其中特别强调，各县地方预算，应以量入为出为原则，各项附加均不得超过正税，不合法的收入也要悉数免除，不得列入预算。③

① 中国第二历史档案馆编．国民党政府政治制度档案史料选编（下册）［M］．合肥：安徽教育出版社，1994：254－255.

② 项怀诚主编，刘孝诚著．中国财政通史·中华民国卷［M］．北京：中国财政经济出版社，2006：57.

③ 安徽省各县办理县地方预算暂行章程［A］．安徽省财政厅编．安徽财政史料选编（第四卷）［C］．皖非正式出版字（92）第 065 号，1992：351－352.

二、三级财政体制的利弊得失

从1934年中央进行的分税制体系调整中不难发现，在地方财政方面，省与县的地位出现了变动。在此前实省虚县的两级财政体制下，田赋、契税、营业税等都被省政府所掌控，县级政府只能依靠各类附加和摊派来应付开支，而在此次设计的三级财政体制中，县级财政则从省政府分得了大部分的土地税、房产税，此外还从中央财政中分得了部分收入。除了上述税收收入之外，县级收入还包括特赋、惩罚及赔偿收入、规费、代管项下收入、代办项下收入、物品售价、租金使用费及特许费、利息及利润、公有营业及事业之盈余，补助、赠予及遗赠、财产及权利售价、收回资本、公债、长期赊借和其他收入等。[①]因此，仅从这些规定来看，县级财政的地位明显得到了确立和稳固。

客观地说，与1928年的两级财政体制相比，新设计的中央、省、县三级财政体制无疑具有巨大的进步意义。按照“一级事权、一级财权”的原则，位于省以下的县级政府也拥有了法定的财政收支权力，特别是在明确了收入来源之后，行政开支也就得到了相应的保证，这对于抑制基层苛捐杂税的泛滥起到积极作用。

尽管从理论上来看，地方财政体系的细化具有上述优点，然而，从实践角度分析，尤其是对于省财政而言，这套体制其实也存在一系列隐患，主要包括以下几个方面。

第一，省财政支出任务繁重，但法定财权减小。调整前后的省级财政，其主要变化来自收入部分，因为县财政获得了独立，也分得了一部分财权，所以省财政的法定财权减少；而在支出方面，省政府的职权并未变更，因此其支出任务也未能减少。而且这一时期，由于国民政府推行地方建设，再加上围剿苏区的军事行动，致使大多省份捉襟见肘，负债累累。在这种情况下，财权的减少将会导致各省财政状况进一步恶化。

第二，“财权”并不等同于“财力”。根据调整后的税目划分情形来看，省财政的主要收入来源是营业税。可是，营业税收入的多少却与各省工商业的发达程度成正比。而中国幅员辽阔，区域经济发展严重不平衡。从总体来看，东南沿海省份在鸦片战争以后就催生了很多现代化因素，特别是进入20世纪以来，近代工业发展迅速；而中西部省份则由于地理区位、自然条件等不利因

① 中国第二历史档案馆编．国民党政府政治制度档案史料选编（下册）[M]．合肥：安徽教育出版社，1994：248－249.

素的影响，造成了长期落后。1937年，全国登记注册的工厂有3935家，其中有2436家分布于江浙沪地区，仅上海就有1235家，几乎占到全国工厂总数的1/3，资本达到14846万元，占到总额39.73%。相比之下，安徽省只有2家，资本仅30万元，贵州、广西、江西、甘肃等省份也与此类似。① 同样，商品经济的发展程度也与交通水平关系密切，沿海、沿江地区的物流转运具有明显优势。因此，尽管各省份拥有同样的财权，但由于经济发展水平的差异，实际可以获得的财力却严重不均衡。相反，各地方政府却承担着相同的事权，而且越是贫困的地区，往往越是需要政府加大财政支出力度，以扶持经济建设和科教文卫事业的发展。这不仅是培植税源的现实选择，也符合国民党建设国家的政治理想。因此，各省"财权"平等所掩盖的"财力"不平等，将会给政府实际工作的开展带来问题。

第三，共享税的分成效果不容乐观。在中央与省之间，遗产税、所得税为两者共享。但是，此时遗产税尚未开征，所得税作为直接税，也并非主要收入来源，开征之初岁入仅为2000万元。② 根据10%～20%分配比例来看，地方只能获得很少一部分，但即使按照最高的分成比例计算，也不过400万元，再分发到各省，其实地方上所得已经寥寥无几了。而在省与县之间，土地税、房屋税等为共享税，但是由于没有明确规定具体分配的比例，因此这也成为一个模糊地带。例如，就土地税而言，省财政享受的比例在15%～45%。然而，在行政体制上，县在省的治下，其官员均由省政府任命。因此，共享税的分成权力是掌握在省政府手中，县财政收入就难以得到保障。当时就有人对此忧心忡忡：

> "省如运用其优越的地位和行政权力，对县施以压迫，那么所谓百分之四十五，愿意为最高限度，实际上很易变成一律的最低限度，与现在所谓'田赋附加税不能超过正税'的限制，实大同小异。"③

第四，建设性事业难以发展。根据规定，中央和地方都需要大力扶持社会建设，其经费支出不得低于各自岁出的30%和60%。然而，从当时的实际状况来看，上述规定显然只是一纸空文。在中央，军费和债务所占比重巨大，自南京国民政府成立后到全面抗战爆发前的10年中，除了1935年之外，在其余年份这两项开支之和都超过岁出的70%；④ 再加上行政费、党务费、司法费等

---

① 刘国良．中国工业史（近代卷）［M］．南京：江苏科学技术出版社，1992：270－271.

② 财政部财政年鉴编纂处．财政年鉴续编（上）［M］.1945，第四篇，直接税：12.

③ 冯华德．吾国国地财政划分之理论与实际［J］．浙江财政月刊，1936，9（10）：92－93.

④ 杨荫溥．民国财政史［M］．北京：中国财政经济出版社，1985：70.

刚性支出，就已经所剩无几。同样，各省经费也都多用于政务类开支，其中以公安费和行政费为主，而事业经费支出只占岁出的30%左右。[①] 以1931年的安徽省为例，预算总支出为15585850元，其中，教育费2771492元、建设费3058672元，这两项开支只占总数的37.4%。[②] 然而，预算并不能反映真实的支出情况，特别是在县一级，建设性经费往往被用作他途。例如，蒙城县为成立建设局而筹措了2万元经费，但却因为战事原因，而将其中的1.5万元挪借给军队使用。[③] 即使在经济条件较好的江浙地区，其情形也不理想。从1930年浙江省财政实际支出数据来看，总支出为30218398.086元，其中，行政费3475764.334元、公安费5826327.961元、教育文化费2472163.769元、农矿费425578.813、工商费63957.651元、交通费1323934.920元、建设费1436057.782元、卫生费117038.769元；可见，事业类支出仅占19.3%。[④]

以上所论是基于这套三级财政体制本身而言，尽管存在一系列问题，但相比较之前的两级财政体系，还是有着明显的进步。然而，国民政府直到1937年3月才公布《财政收支系统法施行条例》，[⑤] 并定于次年1月1日施行。[⑥] 但很快全面抗战爆发，经济较为发达的东部地区大面积沦陷，抵御外侮成为全国人民的中心任务，战时财政的特殊状况也使这套三级财政体制被迫搁置。

---

① 孙文学主编．中国财政史［M］．大连：东北财经大学出版社，1997：257－258.

② 项怀诚主编，刘孝诚著．中国财政通史·中华民国卷［M］．北京：中国财政经济出版社，2006：240.

③ 申斥各县速筹建设费［J］．安徽建设月刊，1930（23）：225.

④ 潘国旗．民国浙江财政研究［J］．北京：中国社会科学出版社，2007：150.

⑤ 财政收支系统法施行条例［J］．审计部公报，1937（73），法规：3－4.

⑥ 刘振东．立法院通过财政收支系统法施行条例［J］．时事月报，1937，16（4），国内时事：145－146.

第三章

安徽地方财政体系的整理与建设（1927～1937年）

在财政方面，安徽素来以“穷”著称，长期入不敷出。北伐军入皖之后，由于处在政权更迭之际，因此军费开支依旧庞大，省内许多县局的收入都被军队提用，在1928年前后的数月之间，先后被军队提用的数额高达223万元。①

1930年前后，省地方财政每年的收支规模只有1000万元左右（含中央补助款300万元），而江苏、浙江、山东等临近省份大多超过了2000万元。② 在这种情况下，省财政常常出现难以为继的状况。1930年，省政府改组时，财政厅接收前任移交的款项竟然只有15240余元③；省政府在不得已之下，曾多次削减预算，以求收支适合④。至于省内各县，更是由于经费不足，导致民政、建设、教育等事业未能有效开展。正如财政厅长杨绵仲所言：“本省每年岁收，平均不过七八百万元左右，但是政府组织，行政费用与各省相同，应办的事业，亦不让各省，如以量入为出的办法，绝无能力发展国民经济建设事业。”⑤

上述问题的产生根源固然在于安徽省经济水平的相对落后，但也与财政体系不健全、组织不完善以及收支系统的积弊有关。当时，安徽省财政紊乱的问题异常突出，在收入方面，表现为收款无证、已收不解、多收少报、浮收中饱等情况；而在支出方面，则出现了自收自用、不按照预算进行支出、已支出者不造册报销、拖欠部分机关的经费等问题。⑥ 安徽民政厅长马凌甫也不得不在公开场合承认：“中国自辛亥革命以来，最失败的，就是政治没有改善，过去的积弊没有革除，尤其是地方的财政，混杂凌乱，弊窦百出。”⑦ 上述问题不

---

① 皖财厅报告财政状况［J］. 银行月刊，1928，8（2），各省财政：23－25.

② 各省地方财政收支［J］. 统计月报，1942（67－68）：9－33.

③ 安徽省政府财政厅民国十九年十月份行政报告［J］. 安徽财政公报，1930（2），报告：1.

④ 皖省预算减缩［J］. 银行周报，1932，16（42），国内要闻：4－5.

⑤ 杨绵仲 . 安徽国民经济的金融机构［J］. 安徽政务月刊，1937（29），专载：13.

⑥ 皖财政整理概况［J］. 银行月刊，1935，19（35），国内要闻：4.

⑦ 公务人员当振刷精神励精图治——马厅长在簿记速成班讲演词（五月二日）［J］. 安徽民政公报，1934，4（5），特载：18.

仅是安徽，也是其他各省乃至中央所面临的共同问题。

从南京国民政府成立到全面抗战爆发的十年期间，中央政府对财政体系进行了一系列改革和整顿，包括建立分税制体制、裁撤厘金、实行预算决算、创办现代税种、改组理财机构等。作为中央有效控制的省份之一，安徽省政府也持续地对地方财政体系进行了整理与建设，这些举措主要包括设立财政机关、清理交代案件、考核官员政绩、划分各县等级、举办土地整理和陈报、清理地方捐税、厉行预算制度、建设会计制度、推行金库制度等。

这一时期，安徽地方财政体系的整理与建设可以大致分为三个阶段。

（1）1927～1931年，在这期间，南京国民政府确立了在安徽省的统治，设立财政机关、清理官员交代、考核官员政绩，划分各县等级等举措相继展开。这些政务方面的举措都与财政息息相关，体现了官方在行政经费管理的规范化和制度化等方面做出的努力。

（2）1932～1934年，在这期间，安徽省对土地进行了相关整理，包括土地测丈、土地陈报、垦荒升科等。此外，出于救济农村的需要，国民政府通过了第二次全国财政会议上决定减轻田赋附加、废除苛捐杂税，[①] 安徽省也开展了清理地方捐税的行动，在一定程度上缓解了地方上苛杂横行的局面。

（3）1935～1937年，在这期间，安徽省在财务行政制度建设方面取得了一定成就，主要包括省县级预算相继举办、地方金库普遍设置、会计制度得到推行等。这些举措使财务制度得到健全，完善了地方财政体系，特别是对县级财政的建设有着重大意义。

经过上述一系列整理与建设，到了全面抗战爆发之前，安徽省地方财政体系逐步趋向完善，财政状况也终于得到了显著的改善，主要表现为省财政收入提高，赤字规模减小、有些年份还出现了盈余。在收入当面，1928年省库收入为840.39万元，1936年则为2131.48万元，增长了153.6%；而在支出方面，1936年省库支出为2041.93万元，比1928年增长了196.4%。[②]

第一节

财务行政制度的完善

从狭义上说，财务行政属于行政单位财务管理的范畴，是指行政单位对行政经费的领拨、使用及其监督管理活动；从广义上说，财务行政是各级政府的

---

① 全国财政会议详记［J］. 军政旬刊，1934（23），附录：22－26.

② 宋霖，房列曙主编. 安徽通史·民国卷（上）［M］. 合肥：安徽人民出版社，2011：555.

财政管理部门对财政收支所进行的组织、实施和监督等管理活动，包括预算、会计、决算和审计的过程。[①] 20世纪40年代，财政部直接税处编印了《十年来之财务行政》，书中对财务行政的重要性有着如下表述：

“一国之财政政策，赖财务行政以推行，而国家赋税之课征，金融之管制，贸易之经营，公帑之支出保管及审核，预决算之编制实施及监督，亦胥赖财务行政以达成其任务。故财务行政为财政制度之基础，为健全财政之枢纽，其机构之设置，职权之划分与运用，均关重要。[②]”

由前所述可知，财务行政在财政体系中的作用极为重要，因此财务行政的现代化自然也是财政现代化的重要组成部分。在中国古代，政府机构的财务行政很不健全，管理水平也较为落后。近代以来，西方先进的财务思想传入我国，相关的财务行政也逐步被各级政府采用，其顺序依次为中央→省→县。

1927~1937年，安徽省在政府财务行政的建设方面取得了一定的成绩。在横向上，表现为财政机关的内部设置逐步完备，现代意义上的政府预算、政府会计和金库制度开始推行；在纵向上，则表现为县级财政机关逐渐被纳入政府行政体系之内，其财务行政也相继开始建立。

一、设立财政机关

财政机关是政府行政机关中负责财政管理工作的机构。在清代，省一级设有布政使司，负责财政、田土、户籍、钱粮等事宜，其存储钱谷的仓库被称为“藩库”；在省以下，则由各级政府官员办理，不另设专门机构。

（一）省级财政机关

民国成立以后，安徽省的地方行政，由行政公署办理，下设内务、教育、实业、财政四司，其中，财政司掌管省税；国税则另由国税厅筹备处负责。1914年，省内官制变更，地方行政改由巡按使公署办理，原有的内务司、教育司、实业司裁撤，所辖事务统归政务厅；同时，将财政司扩大为财政厅，撤销国税厅筹备处，国税事务也并入财政厅。[③] 截至1924年9月，财政厅下设总

① 葛锐，李凤雪，姚凤云．浅谈财务行政的特点、职能和原则［J］．行政论坛，1999（03）：55.

② 财政部直接税处编．十年来之财务行政［M］．重庆：中央信托局印制处，1943：1.

③ 吴墉祥．安徽财政之财政机关与经费［A］．中国国民党中央政治学校，南京图书馆编．二十世纪三十年代国情调查报告（第206册）［C］．南京：凤凰出版社，2012：22-23.

务、征榷、制用、统计、所得税、卷烟税等科。[①]

1927年3月，国民革命军占领安庆。安徽政务委员会随后宣告成立，作为全省最高的行政机关，下设财政科，负责管理全省的财政事务。同年7月，安徽省政府成立，改财政科为财政厅，下设总务、赋税和核放等三科，以及秘书室、清理财政委员会（后改为清理财政处）、特务员、调查员（后改为视察员）等，并附设省金库。1931年，省财政厅又增设第四科，办理营业税和卫田屯垦等事务，次年裁撤；1935年复设第四科，负责办理金库会计。[②] 各科室主要职责以1930年的情况为例，详见表3－1。

表3－1　1930年安徽省财政厅主要科室职责

科室名目		职　责
秘书处		撰拟机要文电事项，审核各科库会文稿事项，编审纂拟法规事项，收发翻译电报及保管密电事项，财政厅文件的公布、财政公报及其他出版物的编辑事项，各种会议记录整理分配及保管事项，各种书报整理保管事项，厅长特派事项
第一科	第一股	职员、雇员及所属各机关人员任免奖惩事项，财政厅所属各机关的设置变更及废止事项，官股官款的生息及公债证券的发行登记整理偿还保管事项，全省金融的整理及公产保管处分事项，县地方财政事项，不属于各科或厅长委办的各种事项
	第二股	财政厅预算计算的编造事项，财政厅的一切收支事项，支配卫队并保管购置物品及一切庶务事项
	第三股	典守印信事项，收发文电事项，保管档案事项，文件校对事项
第二科	第一股	全省收入报告事项，各项收入簿记的登录、预算决算的总核事项，各项解款批回及准收通知书的填发事项
	第二股	全省田赋的经收事项，田赋盘查及灾害蠲缓事项，田赋章则的拟订事项，征收田赋官吏的考成事项
	第三股	全省契税、牙帖牲畜屠宰各税及米木坐贾盐附加各捐的经收事项，各项税捐票照单据的编发审核事项，各项征收机关收款旬月报表册的审核事项，各杂项收入事项，各项税捐章则的拟定事项，各项税捐经征官吏的考成事项
	第四股	复核各属交代年款事项，催查交案欠款事项，批答拨正交案各款事项，清理旧案交代事项

① 安徽省地方志编纂委员会编．安徽省志·财政志［M］．北京：方志出版社，1998：295.

② 安徽省档案馆编．安徽概览［J］．皖非正式出版字（86）第2087号，1986：56.

续表

科室名目		职　责
秘书处		撰拟机要文电事项，审核各科库会文稿事项，编审纂拟法规事项，收发翻译电报及保管密电事项，财政厅文件的公布、财政公报及其他出版物的编辑事项，各种会议记录整理分配及保管事项，各种书报整理保管事项，厅长特派事项
第三科	第一股	审核全省各机关每月预算计算书据等事项
	第二股	全省各机关经费的支付事项，簿记编造日报月报各表及保管单据各事项，各种有价公报的收发及扣收报费各事项
金库	第一股	全省各项岁入岁出的计算事项，各项账簿的记载事项，收据的填发事项，日报旬报月报的编制事项
	第二股	全省税收现金的保管及出纳事项，现金出纳账簿的登记事项
预算编审委员会	第一股	全省岁入岁出预算的编审事项，全省岁入岁出决算的编审事项
	第二股	全省各机关造送的收支概算书及计算书的审核事项，全省财政的统计事项，各项统计图表的编制事项

资料来源：安徽省政府财政厅办事细则［J］. 安徽财政公报，1930（1），法规：7－11.

由表3－1可知，财政厅的各个科室负责全省财政收支的管理，承担着省财政运转的重任，属于常设机构；“财政厅之行政方针取决于财政部，而日常事务，则受省政府之管辖”①。此外，针对一些具体业务，财政厅还专门设立了临时性的财政机构；这些机构隶属于财政厅，往往在完成使命之后就予以裁撤，因此不属于常设机构。这一时期，安徽省还设有一些税费征管机构，但并不是财政厅的下辖单位，而是省政府直属，如契税整理处、船舶管理处等。②

（二）县级财政机关

与省级财政机关相比，这一时期县级财政机关的设置一直处于不断变动中，这体现了南京国民政府在县级财政管理方面进行的探索和尝试，也从侧面反映了当时县级行政组织的混乱。

这一时期，各县负责征收“省税”与筹集、管理地方经费的财政机关并不统一。这是因为，清末“新政”实行之后，保甲制度被废除，官府对县以下的控制出现了松动，县以下处于一个官方权力相对真空的时期；“地方人士捐资兴办公益事业，官厅例不干涉，公款公产由地方士绅经理而已”③。当时

① 吴墉祥. 安徽财政之财政机关与经费［A］. 中国国民党中央政治学校，南京图书馆编. 二十世纪三十年代国情调查报告（第206册）［C］. 南京：凤凰出版社，2012：55.

② 安徽省政府统计委员会编. 中华民国二十三年度安徽省统计年鉴［C］. 1934：20.

③ 彭雨新. 县地方财政（第2版）［M］. 上海：商务印书馆，1948：1.

地方上对于教育、治安、财务和经济建设等公共事务的管理，并没有被纳入官方的统一行政体系之中。因此，管理地方公共事务的组织，“并非‘官治’县公署的下属分支机构，而是一个与县公署并列的自治性县政系统”①。当时，安徽省各县办理地方经费的“自治”财政机关名目各异，怀宁、贵池、绩溪等县成立“财政局”，英山成立“临时财政委员会”，和县成立“财务监察委员会”，无为成立“财政局审查委员会”与“地方财政委员会”，郎溪、泗县、当涂、舒城、太湖等县成立“地方财政委员会”，霍山成立“地方财务清查委员会”，旌德设立“财政局审查委员会”。②

与各县“自治”财政机构相对的是，各县办理省财政的官方机关是县政府第二科。根据国民政府《县政府办事通则》规定，县政府各科职责如下：

秘书掌管机要、总核文件、承办职员进退、典守印信、县政会议等事项；

县政府第一科掌管公安、教育、地方自治及选举、地方保卫团、禁言、风俗、宗教、典礼、社会救济、著作出版、保存古物、收发文件等事项，并负责考核公安局和教育局；

第二科掌管财政、建设、工商业、度量衡、编制预算决算、保管公物、统计、编存档卷、会计、庶务等事项，并负责考核财政局和建设局。③

当时，安徽省各县政府第二科在财政工作方面，具体承担着省地方赋税的征解、县地方各项附加的带征、中央及本省公债的募集与还本、全县财政预算决算及统计、屯卫垦荒及升科、省有公产保管及其租赁放卖、赋税串票造具文卷表册之保管、田赋秋成、县长交代、社会金融、赋税诉愿等工作。④ 1930年10月，针对当时各县政府征收省税方面存在的种种问题，财政厅专门通过招考录取了62人，常驻各县担任监征委员。⑤

南京国民政府成立以后，中央试图对基层行政进行整顿，将具有一定独立色彩的地方性组织予以一元化整合。20世纪30年代初，国民政府就在部分地区试行保甲制度，目的是加强对基层的掌控，以便“剿共”。当时安徽省是革命活动频繁的地区，因此也为国民党政权重视，采用县、区、联保、保、甲五

① 魏光奇．官治与自治——20世纪上半期的中国县治［M］．北京：商务印书馆，2004：115.

② 吴墉祥．安徽财政之财政机关与经费［A］．中国国民党中央政治学校，南京图书馆编．二十世纪三十年代国情调查报告（第206册）［C］．南京：凤凰出版社，2012：213－214.

③ 县政府办事通则［J］．嘉定县政公报，1930（22），法规：2－5.

④ 吴墉祥．安徽财政之财政机关与经费［A］．中国国民党中央政治学校，南京图书馆编．二十世纪三十年代国情调查报告（第206册）［C］．南京：凤凰出版社，2012：210－211.

⑤ 安徽省政府财政厅民国十九年十月份行政报告［J］．安徽财政公报，1930（2），报告：2－4.

级制，61个县共编225个区，4362联保，34919保，354669甲，[①] 这体现了基层“自治”向“官制”转化。在财政方面，1928年4月，省政府通过《安徽省各县地方财政管理处暂行章程》，于各县设立地方财政管理处，管理除教育经费之外的各种款项。[②] 此后，国民政府颁布《县组织法》，其中规定，县政府设县长1人、秘书1人，并根据事务繁简设置一科或两科，各科有科长1人，科员2～4人；县政府以下设公安局、财政局、建设局和教育局，其中，财政局负责征税、募债、管理公产等事项。[③] 按照中央要求，安徽省政府于1931年元月公布《安徽省县政府财政局组织规程》，将各县地方财政管理处改组为财政局，承财政厅长之命，受县长的监督和指挥，负责全县财政事宜；局内设有两个科以及监察委员数人。[④] 不过，当时与财政局并列的教育局、建设局等，往往存在着独立专款，这就会使相关事权的归属产生冲突。例如，当时教育经费由教育局负责经理，这就和财政局出现了权力重叠。根据《安徽省县政府教育局组织规程》第十二条规定，县政府教育局下设教育经费委员会，负责教育经费的管理和稽核；[⑤] 其具体职责包括：协助教育局增筹教育经费，会同教育局清理教育款产，审核教育局关于全县教育经费预算的支配，稽核教育局每月教育经费收支计算书及其全年决算。[⑥] 但是，按照《安徽省各县财政局监察委员会规则》的要求，县财政局监察委员会拥有检查财政局每月收支账目事项、稽核县地方计算决算事项、监盘财政局长交代事项、举发财政局长及以下职员溺职舞弊事项等权力。[⑦] 因此，教育经费委员会与财政局监察委员会之间难免产生龃龉；来安县就曾对教育经费的稽核权究竟属于教育经费委员会还是财政局监察委员会的问题，请求教育厅给予详细解释。[⑧]

上述一系列问题产生的根源在于“政出多门”。尽管省政府希望各局“同办地方事项，应互相维系，以图发达，万不可为职权之争，致碍事业之集

---

① 魏光奇．官治与自治——20世纪上半期的中国县治［M］．北京：商务印书馆，2004：207.

② 安徽省财政厅编．安徽财政大事记（1667－1989）［M］．皖非正式出版字（92）第065号，1992：42.

③ 县组织法［J］．东方杂志，1929，26（18）：117－119.

④ 安徽省财政厅编．安徽财政大事记（1667－1989）［M］．皖非正式出版字（92）第065号，1992：49.

⑤ 令发县政府教育局组织规程（安徽省政府教育厅训令第六七号）［J］．安徽教育行政周刊，1931，4（5）：7－9.

⑥ 安徽省县政府教育局教育经费委员会章程［J］．安徽教育行政周刊，1932，5（9）：4－6.

⑦ 安徽省各县财政局监察委员会规则［J］．安徽财政公报，1931（10），法规：1－2.

⑧ 安徽省政府教育厅指令（第二七四二号）［J］．安徽教育行政周刊，1932，5（22）：21.

行"①，但解决这一问题的根本方法在于制度的健全。当时"豫鄂皖三省剿匪总司令部"② 就指出：

"现有县地方公款机关，大抵由地方团体任意设置，不但一县境内不相统属，即在一乡一区之内，亦皆人自为政，机关歧出，弊窦丛生，几成为普遍之现象，亟宜使各项公款机关，归于统一，一洗从前散漫无稽之病。"③

在这种情况下，《"剿匪"区内整理县地方财政章程》随即于1932年年底出台，其中规定：各县县政府应将所属机关及所办事业的经费全部划归县财务委员会；财务委员会办理县里教育、团防、自治、慈善等款项以及其他一切县有公款公产，受县长的监督，设有审核和出纳两个组，前者办理文书及稽核预决算等事项，后者办理收入支出及保管事项。④

根据这种"统一收支"的精神，安徽省政府于1933年2月将各县财政局一律改组为县地方财务委员会，原有的县财政局和监察委员会撤销。⑤ 根据省政府要求，除教育专款仍由教育局经理报会审核以外，一切收支均为财务委员会直接收付，但教育局经费仍须向县政府在原定经费内请领，不得迳在专款内扣支。⑥ 各县财务委员会每月经费情况如表3－2所示。

表3－2　　安徽省各县财务委员会月支经费　　单位：元

款别	一等县		二等县		三等县	
	人数	金额	人数	金额	人数	金额
委员长津贴	1	30	1	24	1	18
主任津贴	2	60	2	48	2	36
干事薪水	2	48	2	40	1	16
雇员薪水	2	24	2	24	2	24
勤务工资	2	16	2	16	2	16
办公费		50		38		26
合计		228		190		136

资料来源：安徽省各县地方财务委员会办事通则［J］. 安徽财政公报，1933（20），法规：17.

---

① 指令来安县县政府据呈复据教育局呈以教育经费仍应归教育局经管一案仰即转饬遵照财政局组织规程办理由［J］. 安徽财政公报，1932（15），命令：15.

② "豫鄂皖三省剿匪总司令部"成立于1932年，是国民政府为了围剿苏区而设立的军事机关.

③ "豫鄂皖三省剿匪总司令"阐发整理县地方财政章程要旨原令［J］. 安徽地方政务研究周刊，1933，1（3），法令：44.

④ "剿匪"区内整理县地方财政章程［J］. 安徽财政公报，1933（19），法规：1－5.

⑤ 安徽省财政厅编. 安徽财政大事记（1667－1989）［M］. 皖非正式出版字（92）第065号，1992：58.

⑥ 安徽省各县地方财务委员会办事通则［J］. 安徽财政公报，1933（20），法规：13.

次年8月，省政府常委会又通过《安徽省各县地方税局暂行章程》，按照各县税额多寡和事务繁简的情况，分三等设立地方税局，统一办理田赋、契税、营业税、烟酒牌照税、牙行营业税、牲畜营业税、屠宰税、质业税以及县地方一切税捐的征收事宜。[①]

然而，还有不少问题一直没有得到有效解决。例如，当时包括地方税局在内的各局局长，均由省厅指派，导致“县长高临其上，既非自辟之椽属，复多顾虑其背景，自无从充分行使监督指挥之权。”[②] 因此，为了集中县政府权责，提高行政效率，“军事委员会委员长南昌行营”[③] 决定在鄂、豫、皖、赣、闽等省份进行“裁局改科”。从整体上看，这项改革着眼于晚清以来县一级相互分立的国家行政与“自治”县政的整合，有利于改变行政机关缺乏社会服务职能的弊病。

1936年5月，安徽各县正式实施此项改革，原有各局一律裁并，所有业务都改由县政府各科办理。除了行政督察专员兼任县长的地区之外，其余各县不分等次，一律设置三科，其中，财政事项由第二科掌管。[④] 按照《修正安徽省各县政府组织暂行规程》的规定，县政府第二科负责的具体事项包括12种，分别是：省地方附税征解事项，县地方带征各项附加事项，中央及本省公债募集还本付息事项，全县财政预算决算事项，屯卫垦荒及升科事项，省有公产保管及租赁放卖事项，赋税串票照据文卷表册保管事项，田赋事项，赋税各款交代事项，社会金融事项，赋税诉愿事项，其他一切财政事项。[⑤]此外，根据《修正“剿匪”区内整理县地方财政章程》中关于县政府设立财务委员会以审核县地方财政收支并进行预算决算，设立经征处征收县地方一切税捐，以及设立县金库办理县地方款项的出纳保管等要求，[⑥] 安徽省也进行了相应的机构设置。[⑦] 上述这些举措，使安徽省县级财政机关的组织建设得到了进一步加强。

二、厉行政府预算

政府预算是按照一定的法律程序编制和执行的政府年度财政收支计划，是

---

① 安徽省财政厅编．安徽财政大事记（1667－1989）［M］．皖非正式出版字（92）第065号，1992：61.

② “剿匪”省份各县裁局改科办法大纲·训令［J］．中央周报，1935（347），专载：2.

③ “军事委员会委员长南昌行营”成立于1933年，目的是为了围剿苏区，属于临时性军事机构．

④ 实行各县裁局改科［J］．安徽政务月刊，1936（20），政务实况：1－2.

⑤ 修正安徽省各县政府组织暂行规程［J］．安徽政务月刊，1936（18），本省法规：3.

⑥ 修正“剿匪”区内整理县地方财政章程［J］．安徽政务月刊，1936（17），中央法规：33－35.

⑦ 实行各县裁局改科［J］．安徽政务月刊，1936（20），政务实况：2.

政府组织和规范财政分配活动的重要工具，也是政府调节经济的重要杠杆。一般认为，政府预算具有资源配置和稳定经济的职能，可以反映政府部门的工作状况，反映着政府活动的范围、方向和重点，监督与控制政府部门的收支运作。①

“在人类历史上，传统财政制度向现代财政制度变迁过程中，预算制度的现代化是财政制度现代化的起点和核心内容。”② 中国的现代预算制度始于清末，只是徒具形式而已。民国成立之后，“号为共和，而民权不张，预算之制定者既不生效，而亦不能逐年经国会之制定”③。北洋政府尽管于1914年公布了《会计法》，但“其关于各级机关预算之编制及计算方法，与预算之编审程序及时期，以及预算之执行救济等事项，在该法中均略而为备。”④ 国民政府定都南京之后，全国经济会议和第一次全国财政会议就通过了成立全国预算委员会、厉行预决算制度的提案；国民政府先后制定了《会计则例》《审计法》《预算例言及预算书式》《预算章程》和《办理预算收支分类标准》等章程，并于1931年4月成立主计处。⑤ 超然主计制度的实行，“其目的是要将向来由公务机关行政长官一人独裁包办的财务组织，加以根本改造，使岁计、会计及统计等事务，皆由处于超然地位的专门人员去分别负责办理，这是促进全国政治的科学专门化的必要条件之一。”⑥ 这些都体现了南京国民政府时期政府预算在制度设计上的进步。

（一）省级预算

安徽省在1923年以前，虽有地方预算，但其中问题很多，而且只是在1917年办过决算；1923年以后，连预算编制都归于停滞。⑦ 南京国民政府成立以后，尽管预算得以重新编制，然而，“在民国十九年以前预算列数，均系支多于收，标准既未适当，事实遂益悬殊。”⑧ 1930年，财政厅增设预算决算编审委员会，“虽有一新耳目之观，但铺张过甚，只顾人员之增加，不知效率之改进，卒至与本省财力不能相称，未见其利，先蒙其害。”⑨ 表3－3是1928～

① 陈庆海主编．政府预算与管理［M］．厦门：厦门大学出版社，2014：16－18.

② 邹进文．民国财政思想史研究［M］．武汉：武汉大学出版社，2008：54.

③ 制定国家预算之不可缓［J］．钱业月报，1929，9（9），论著：15.

④ 财政年鉴［M］．上海：商务印书馆，1935：114.

⑤ 项怀诚主编，刘孝诚著．中国财政通史（中华民国卷）［M］．北京：中国财政经济出版社，2006：23－24.

⑥ 陈长蘅．我国创立超然主计制度的用意［J］．铁路杂志，1935，1（6）：137.

⑦ 罗介邱．安徽预算问题［J］．安徽地方政务研究周刊．1934，1（13），专家讲演：34.

⑧ 安徽最近之财政概况［J］．东南大观，1935年，元旦特刊：34.

⑨ 吴墉祥．安徽财政之财政机关与经费［A］．中国国民党中央政治学校，南京图书馆编．二十世纪三十年代国情调查报告（第206册）［C］．南京：凤凰出版社，2012：43.

1937 年度安徽省收支预算与实际收支情况比较。

表 3－3　　1928~1937 年度安徽省收支预算与实际收支情况比较　　单位：元

年份	预算收入	实际收入	收入预算执行比例	预算支出	实际支出	支出预算执行比例
1928	9533347	8403934	88.15%	9759194	6889952	70.60%
1929	13862998	7321027	52.81%	15031202	7208372	47.96%
1930	16169562	9355972	57.86%	16169562	9272728	57.35%
1931	16344870	8351412	51.10%	16344870	8397841	51.38%
1932	10411465	10798678	103.72%	10411465	10798070	103.71%
1933	11328951	11479460	101.33%	11328951	11481474	101.35%
1934	11152644	12372695	110.94%	11152644	12314095	110.41%
1935	11504378	13548733	117.77%	11504378	12816118	111.40%
1936	15422906	21314788	138.20%	15422906	20419322	132.40%
1937	12395845	13404413	108.14%	12390245	13434477	108.43%

资料来源：谢国兴．中国现代化的区域研究：安徽省 1860－1937［M］．台北："中央"研究院近代史研究所，1991：658.

从表 3－3 可知，在 1932 年之前，安徽省预算执行效果不佳，在 1929 年、1930 年和 1931 年，收入预算中有将近一半落空，这也直接影响到实际支出。以 1931 年度为例，由于裁撤厘金和遭遇特大水灾等原因，因此实际收入距离预算有着较大的差距。对于实际收入有限的问题，"有关当局在讨论预算之时，虽以知之，而因环境不易应付，姑相委蛇；或则虚列收数，以求勉强之适合；或则造一不能均衡之预算。留以后减折之地步，而其结果总不出乎经费之缩减，于是积习相沿，以减折为常轨，领款者习焉不察，视为故常，理财者格于环境，遂亦不思由根本上伪列核实之预算，只以减折为渡过难关之不二法门，因循敷衍，盖已久矣。"① 1932 年之后，虽然从数据上看，预算不仅完成，收支还有增加，但纸面之下还是掩盖了不少问题。

（1）1932 年度：该年度预算数原定为 1300 余万元，后来经过核减，降为 1040 余万元。在收入方面，该年度实际举办的借垫款、公债库券、盐斤附捐、米照捐和特种营业税等收入并没有列入预算，这是实际收入超出预算的重要原因。在支出方面，省政府于第六月起实行减政，并补收补支了以前各年度的款

① 吴墉祥．安徽财政之财政机关与经费［A］．中国国民党中央政治学校，南京图书馆编．二十世纪三十年代国情调查报告（第 206 册）［C］．南京：凤凰出版社，2012：275.

项，不过，由于前一年水灾的影响，许多税款没有收齐，盐附等也被裁撤，因此，该年度应支未支之款尚有200万元之上。

（2）1933年度：该年度的预算编制以1932年度的减政案为标准，预算定为1100万元。该年份实际收支超出预算约15万元，但实际收入中包含债款180余万元，中央协款40余万元和杂收入6万元，合计220余万元。而支出的1100余万元中，应支数额仅为700余万元，其余400余万元主要包括补支以前各年度欠费、以前各年度划支之款于该年度由省库转账、垫支各款、特种建设费等，这些支出原本不在预算范围内。因此，该年度依然存在着应支未支和已支而未转账的金额400余万元。①

这一时期，预算方面存在着很多问题，例如，每届预算决定时，年度往往已经过了大半，甚至已经终了，这也就使预算编制失去了价值。此外，追加预算太多——预算中所列的“总预备费”往往在年度尚未过半时就已经动支完了，此后省政府关于“从总预备费下动支”的议案，也就失去了实际意义。②

上述状况从1934年开始得到改善。这一年，国民政府决定对地方上的田赋附加和苛捐杂税展开清理工作，然而，“对于以前捐税，如何核减，以后税额，如何规定，应先从确定地方预算入手”③。据此，中央拟订了办理地方预算的五项标准，其中特别强调：整理地方财政，应以量入为出为主，不得量出为入，以致供求不继，动涉苛扰；各地方办理行政事务，务须斟酌缓急，力祛浮费，以期收支适合；各地方政府，应仰体中央意旨，于不妨碍必要事务范围以内，切实紧缩，编就概算，呈请核定。④

根据中央精神，安徽省随即加强了对地方预算的重视，特别是在杨绵仲担任财政厅长以后，对预算进行了严格的制定和执行，主要包括以下几个环节：

（1）在年度开始前，各机关必须依照法令，编制第一级概算，呈候核定，其中收支必须适合。

（2）在年度中，一切收支必须以预算为准。

（3）每月支出预算，必于一定期限内造具，递呈核销，否则停发次月经费。

（4）临时支出，非依合法程序核准，不得动支。

（5）年度终了，试编决算，以考核有无违背或超过预算的收支数额。至省政府编制第二级概算之标准，为确定岁入，以量入为出为原则，紧缩支出，

① 安徽最近之财政概况［J］．东南大观，1935年，元旦特刊：34.

② 罗介邱．安徽预算问题［J］．安徽地方政务研究周刊．1934，1（13），专家讲演：34.

③ 财部规定办理地方预算标准［J］．安徽民政公报，1934，4（5），附载：4.

④ 财部确定地方预算标准［J］．银行周报，1934，18（18），国内要闻：1－2.

以免虚收实支之弊。①

同时，省政府为审核地方预算，专门成立了二十四年度预算委员会，附设于省政府，由省政府全体委员、秘书长、高等法院院长和保安处处长为委员；委员会主席由省政府主席兼任。② 为了严守预算，省政府做出了多种努力，其中，在增加收入方面，包括厉行征收、派员催提田赋营业税、废除苛捐杂税、减轻田赋附税、举办土地陈报和实行盈收提成等；在减少支出方面，包括清理积欠、从事建设和分区设署筹备经费等。③ 此外，从1936年起，省政府按照收入淡旺时期，编制每月分配预算，令各县遵照，如果收不足额，即扣发行政经费。④

截至全面抗战爆发前，安徽省级预算体系已经基本成型，“凡民、财、教、建四厅所拟具之行政计划，悉与预算相表里，无论继续以往成案，或新兴事业，皆经指拨的款，列入预算，激励避免浮夸虚伪之弊，务符总核名实之旨。”⑤

（二）县级预算

在县一级，预算执行情况更加糟糕。尽管省财政厅在1930年就训令各县政府和财政管理处，编造民国十九年度县地方预算，并于10日内送到省财政厅；⑥ 次年10月又颁布了《安徽省各县地方二十年度预算试办章程》16条，要求各县依照办理。⑦ 但是，当时各县“向来没有办过一次正式预算，有些县份连预算草案恐怕都没有见过。⑧” 1932～1934年，各县预算均未按期送到，其中，1932年全省竟然只有两个县向省财政厅报送了预算。⑨

1934年12月，安徽省政府根据国民政府《订定办理县市地方预算规章要点六项》等文件精神，并结合各县收支现状，制定了《安徽省各县办理现地方预算暂行章程》，对于县级预算的编审原则、编制方法、编审程序和预算执行都做了较为详尽的规定，其中要求：各县各项附加，均不得超过正税；苛捐

---

① 杨绵仲．两年来安徽财政之整理与建设［J］．安徽政务月刊，1937（29），调查・报告：9－10.

② 安徽省二十四年度预算委员会章程［A］．安徽省财政厅编．安徽财政史料选编（第四卷）［C］．皖非正式出版字（92）第065号，1992：354.

③ 皖财政整理概况［J］．银行周报，1935，19（35），国内要闻：4－5.

④ 杨绵仲．两年来安徽财政之整理与建设［J］．安徽政务月刊，1937（29），调查・报告：10.

⑤ 本省二十六年度行政计划总纲［J］．安徽政务月刊，1937（28），计划：2.

⑥ 训令怀宁等六十县县政府、财政管理处编造十九年度县地方预算限文到十日内送厅汇编由［J］．安徽财政公报，1930（1），命令：3－8.

⑦ 令发安徽省各县地方二十年度预算试办章程（安徽省政府训令秘字第七一一六号）［J］．安徽省政府公报，1931（346），本省命令：10－23.

⑧ 罗介邱．安徽预算问题［J］．安徽地方政务研究周刊．1934，1（13），专家讲演：34.

⑨ 本省历年办理各县预算情形表［J］．安徽政务月刊，1937（29），统计：无页码．

杂税、类似厘金等不合法收入以及骈枝机关等不合法支出，不得列入预算；各县第一级预算，应按岁出总额的1%～2%，编列预备费，遇到特殊情况，应由县政府呈请财政厅会商主管厅处核准动支。县地方预算定为两级，第一级由各县编制，第二级由财政厅汇编；各项收支均分为经常门和临时门。① 需要指出的是，安徽省能以单行法的形式对县级预算进行立法，这在当时领先于绝大多数省份。② 次年，省政府又颁布了《安徽省各县编拟二十四年度县地方概算办法》和《安徽省各县地方二十四年度预算执行办法》，要求各县政府及所属机关，对于核定公布的预算，要按照相关章程的规定，切实执行。同时，省政府强调，如违反岁入预算的税目和税率进行增收，则以违法征收论处，并依照刑法第135条规定，进行惩办。③

按照上述规定，安徽省的县级预算于1935年正式开办，各县预算均能按期报送；"安徽能于年度开始之前，成立各县概算，可谓自来之未有之事实。④" 次年元月，省政府又在《安徽省各县编拟二十五年度预算办法》中再次督促各县县长按期报送预算，逾期者依照不同情节，给予申诫、记大过、罚俸或停职等处分。⑤ 各项规章制度的相继出台，以及减轻田赋附加和废除苛捐杂税等整理措施的开展，使得各县预算的制定逐渐趋向合理。安徽省1936年度县级收支预算情况详见表3－4。

表3－4　安徽省各县1936年度预算收支总数及百分数　　单位：元

岁入			岁出		
科目	岁入数	百分数	科目	岁出数	百分数
田赋附加	4481934	51.47%	行政费	3556129	40.84%
契税附加	441472	5.07%	公安费	2047291	23.51%
牙税附加	63109	0.72%	教育费	2216543	25.48%
牲税附加	70102	0.8%	建设费	397091	4.56%
屠税附加	131988	1.51%	卫生费	18195	0.20%

① 安徽省各县办理现地方预算暂行章程［A］. 安徽省财政厅编. 安徽财政史料选编（第四卷）［C］. 皖非正式出版字（92）第065号，1992：351－353.

② 蔡家彪. 县地方预算问题之检讨［J］. 四川经济月刊，1937，8（3），专论：45.

③ 安徽省各县地方二十四年度预算执行办法［A］. 安徽省财政厅编. 安徽财政史料选编（第四卷）［C］. 皖非正式出版字（92）第065号，1992：358－359.

④ 皖财政整理概况［J］. 银行周报，1935，19（35），国内要闻：5.

⑤ 安徽省各县编拟二十五年度预算办法［A］. 安徽省财政厅编. 安徽财政史料选编（第四卷）［C］. 皖非正式出版字（92）第065号，1992：360－361.

续表

岁　入			岁　出		
科目	岁入数	百分数	科目	岁出数	百分数
杂项捐款	88097	1.02%	救恤费	66335	0.76%
县有款产	781589	8.98%	杂支出	159347	1.83%
杂收入	285147	3.28%	总预备费	246420	2.82%
补助费	2363913	27.15%			
合计	8707351	100%	合计	8707351	100%

资料来源：朱兴良．安徽的县地方财政［J］．安徽政治，1941，4（2）：25.

表3－4从大体上反映了这一时期县级财政收入的构成情况。从表3－4可知，这一时期田赋附加是县财政收入的主要来源，田赋附加所占总收入的比例接近50%，这体现了农业收入对于县级财政的重要性，因此，一旦遇到天灾，县级财政收入将大受影响，甚至难以维持。此外，特别值得注意的是，省补助款的数额达到了30%左右，这体现了省财政在解决地方财政失衡方面做出的努力，与中央关于“县预算由省核定，如有不敷，由省库设法补助”① 的精神相符合，当然，这需要建立在省财政状况好转的前提下。在支出方面，行政费、公安费和教育费位列前三项，这与省财政的支出情况基本一致。

当然，这一时期，县级预算还很不完善，很多是由于财务行政制度不健全而导致的。例如，当时县一级缺乏具有超然地位的技术机关与主计人员；1936年春，安徽省财政厅曾派专员出席各区行政会议，进行技术上的指导，然而，由于时间短促，难以起到真正的效果。② 此外，从宏观上来看，当时县级预算的编造和执行方面，还存在着缺乏确切根据、手续过于烦琐、不能满收满支、不能统筹支配和不能收支适合等不足之处。③

三、建设会计制度

政府会计是指各级政府及所属机关，根据会计法规及财务上的一切法令，编定财政实施计划，设定账簿，编制表册，整理岁入岁出的程序和方法。④

① 财部确定地方预算标准［J］．银行周报，1934，18（18），国内要闻：2.

② 蔡家彪．县地方预算问题之检讨［J］．四川经济月刊，1937，8（3），专论：50.

③ 朱博能．县地方预算问题及其改进方法［J］．财政评论，1939，2（6）：62－68.

④ 潘序伦，王澹如编．政府会计［M］．上海：商务印书馆，1933：1.

（一）省级政府会计

北洋时期，安徽省在会计制度建设方面并无建树，在会计账簿、记账法、会计核算等方面，基本沿用清代的传统做法。① 南京国民政府成立以后，在中央改进会计制度的大背景下，省政府于1931年3月拟订了《安徽省暂行会计规程》，分为总纲、预算、收入、支出、决算、审计和附则等7章，共38条；② 同时颁发的还有《安徽省暂行会计规程施行细则》，分为总则、预决算计算之编制、收款之程序、支款之程序、审计及报告、账簿及登记和附则等7章，共51条。③ 不过，在实际操作中，各机关对于这两份章程奉行不力，因此没有取得什么效果。④ 此外，省政府还在财政厅办事细则之内，订立收支程序17条，金库程序4条，并对收支程序、书表格式进行了一定的改革。然而，当时会计科目以及簿记组织均未完备，而且岁入岁出会计的记载基础也仅仅限于现金收支范围，尚不足以显示省财政的整体状况。⑤

1934年3月，为了改进与统一会计制度，财政厅成立了会计委员会，专门负责会计制度的设计工作。由财政厅聘请对会计素有研究和经验的人担任委员，共有7~9人，并由委员推举常务委员一人，打理会内事务。委员会的职责包括会计制度的设计、会计人员资格的审查以及交办案件的审议等。按照规定，委员会每月召开常务会议两次，由常务委员负责召集，在特殊情况下，还可以召开临时会议。⑥ 同年4月，省政府为了改良各县簿记，又在省地方政务研究会内，附设簿记速成班，培训时间为3个月，授课内容包括财政学、租税论、财务行政论、簿记学、现行财政法规和统计学等。学员为省内60县的财政科科长和1名财务委员会委员，共计120人，结业前将被轮流抽调，分赴省会各机关进行实习，考试合格者仍回各县担任原职，不合格者将被取消会员资格和现职。⑦ 省政府希望，这些学员毕业之后回各县工作，能够保持廉洁，只有这样，"这些年政治上的贪污之风，才能为之一变。"⑧ 此外，财政厅还向各

① 关于清代官厅（政府）会计的具体内容，详见郭道扬编著．中国会计史稿（下）［M］．北京：中国财政经济出版社，1988：142－195.

② 安徽省暂行会计规程［J］．安徽民政月刊，1931（28）：37－41.

③ 安徽省暂行会计规程施行细则［J］．安徽民政月刊，1931（28）：41－49.

④ 罗介邱．安徽预算问题［J］．安徽地方政务研究周刊，1934，1（13），专家讲演：34－35.

⑤ 李应熙．安徽会计制度建设之今昔［J］．安徽政治，1942，5（2－3）：72.

⑥ 一月来之财政：成立会计委员会［J］．安徽省政府政务月刊，1935（7），政务实况：155.

⑦ 安徽地方政务研究会附设簿记速成班简章［J］．安徽民政公报，1934，4（4），本省法规：16－17.

⑧ 公务人员当振刷精神励精图治——马厅长在簿记速成班讲演词（五月二日）［J］．安徽民政报，1934，4（5），特载：23.

县分发了一批新式会计账册，如田赋征解支拨日记簿，田赋一成附加、筑路公债基金征解支拨日记簿，田赋滞纳罚金支拨日记簿等；同时，指定专员对各县收支进行稽核和指导。① 以上种种措施，使安徽省会计制度的建设取得了初步成就。

1935 年 1 月，省财政厅内部增设第四科，专门负责会计事宜。此后，省政府先后厘订了安徽省地方总会计制度、省县各款会计规程、省县款收支暂行程序、省县金库暂行章程、省县金库办事细则、省县金库簿记组织、省县地方各级机关编制预算分配表、支付预算书及收支计算书办法、省地方各机关及所属经费款簿记组织、省地方各附属机关及县地方机关经费款簿记组织、县政府岁入款会计规程及簿记组织、县地方财务委员会公款簿记组织和省县各机关簿记通则等。② 在这一系列文件中，有一部分是规章制度，还有一些则是针对当时各县地方机关对许多新技术不能掌握的现实而专门颁布的说明性的文本。例如，《安徽省县地方各机关簿记通则》就对账簿、表单、书册的使用方法进行了逐项说明，以作为记账和编制报表的标准。③ 按照上述规章制度规定，一切省款，均实行统收统支；所有省款会计规程以及各机关预算编制办法与所使用的书表格式，都按照中央颁布的最新规定进行制定，这就使手续严密，稽核便利。省地方各机关所属经费款会计组织，采用复式簿记原理以及权责发生制；除了财务及现金等科目外，还设置了预算科目。④ 此外，省政府又编制月份分配预算，完成应收应付基础，厉行统收统支办法，改善省款收支程序，严格监督造具收支旬报。⑤ 次年，省政府又确立了公务机关单位会计组织，并对公有营业机关会计制度进行改革。⑥

在以上诸项章程中，特别值得称道的是，省地方总会计制度于 1935 年 7 月 1 日实行，领先于中央颁布《会计法》的时间（1935 年 8 月 14 日），这体现了安徽省财政部门负责人在制度建设方面的远见。从其内容来看，具有组织精神之正确、行政效能之注重、预算账之注重、权责发生基础之采用、收支程序之注重、会计科目之完备、收支款项之划清、组织复杂而运用简单、财务行

---

① 李应熙．安徽会计制度建设之今昔［J］．安徽政治，1942，5（2－3）：72.

② 李应熙．安徽会计制度建设之今昔［J］．安徽政治，1942，5（2－3）：72－73.

③ 两月来之财政（七月份）：其他：拟订省县地方簿记通则［J］．安徽政务月刊，1935（11－12），政务实况：76.

④ 一月来之财政（二十五年七月份）：其他：订定安徽省各项会计规程与簿记组织［J］．安徽政务月刊，1936（23），政务实况：26－27.

⑤ 安徽省二十五年度财政计划［J］．安徽政务月刊，1936（20），计划：44－45.

⑥ 本省二十六年度财政计划［J］．安徽政务月刊，1937（29），计划：12－13.

政系统之结合等优点[①]，这是省会计委员会在会计制度设计方面取得的重要成就。其中，以其组织要点为例，主要包括以下几个方面的特点：第一，重视预算限制的范围。一切收支登记基础，必须根据预算；设置预算科目，作为收入准绳，以达到确守预算的目的。第二，重视收支源流的性质，采用收付实现以及权责发生为会计基础。凡税款已收、未收与征收而未纳入，以及经费已付、未付与发生而未支付，均能分别显示。第三，重视现金收支的程序。一切款项出纳，均由金库办理，所有现解抵解以及直放坐支拨付均依照收支程序，由金库按照现金及转账事项，分别收付。凡属金库成立各县，坐支抵解，即予废止，使现金收支能期确实；而其他收支方式，也能够兼筹并顾，不至于出现错乱。在这种情况下，岁入岁出预算数、岁入岁出核定分配数、岁入岁出已收已付数、岁入岁出应收应付数、岁入岁出未收未付数、政府整个财政状况以及现金收支程序均一目了然。[②]

不过，当时这一整套新制度并未得到完善和普及。例如，当时采用的会计年度不是历年制，而是7月至次年6月制，这就导致田赋征收的上忙（春夏季）、下忙（秋冬季）与会计年度之间相错半年，一旦因为灾荒而发生“流抵”问题，收支上就会出现纠纷。[③]

（二）县级政府会计

对于县级政府而言，会计制度的建设比省级政府更为滞后，其最大的弊端在于财务事项是由主管长官处理。在这种情况下，行政长官权责系于一身，缺乏有效监督，难免产生舞弊情形。在会计方法方面，不足之处更多，例如，当时各县政府岁入款、各县财务委员会公款、省地方附属机关以及县地方机关经费款簿记组织暂时还是采用中式收付簿记原则和收付实现制；会计科目也仅设财务及现金等科目而没有设置预算科目。[④]

杨绵仲担任财政厅长以后，省政府在加强省级政府会计建设的同时，也在县一级进行了相关举措。1935年，省政府首先在各县设置会计主任，总管一县计政，其职权为监督财政与记载簿表，其人选以计政专材与办理会计有经验者为标准。各县会计主任由省政府委派迁调，与县长的人事调动无关，这样就可以保证其超然地位。[⑤] 次年，省政府要求各县厘订会计规程，确定簿记组

---

① 汪友明．安徽省地方总会计制度述要［J］．会计季刊，1937，2（3）：153－160.

②④ 杨绵仲．两年来安徽财政之整理与建设［J］．安徽政务月刊，1937（29），调查·报告：11.

③ 罗介邱．安徽预算问题［J］．安徽地方政务研究周刊．1934，1（13），专家讲演：37－38.

⑤ 二十四年度财政计划［J］．安徽政务月刊，1935（11－12），计划：4－5.

织，并在各县营业税征收局内设置稽核一人，实行会计独立。① 此外，针对县级政府计政人才以及其他配套条件缺乏的现实，省财政厅于1936年3月，招考会计人员100名，在财政厅实习3个月，期满考察成绩，并于次年分派到各县政府担任会计。这些人员待遇优厚，并不受县长升免的影响，其目的就是改革和建设县级会计制度。② 次年4月，省政府又设立安徽省会计人员实习所，考选高中学校以上毕业生100人，聘请省内会计界专家进行授课，课程包括普通会计学、政府会计、银行会计、成本会计、现行各种会计制度和现行会计法规等。培训时间为4个月。毕业后，首先分配到怀宁、桐城、舒城、合肥、宣城、和县、芜湖和当涂等8个县的县政府金库与先财务委员会，进行为期两个月的实习；此后，再分别派往省内62个县和31个营业税征收局担任会计主管人员，专门负责岁入款项的登记以及等结存的督催扫解等工作。③

四、推行金库制度

我国近代的金库制度始于清末。④ 金库在民国时期也曾被称为公库；国民政府于1938年6月公布的《公库法》就规定，公库是政府经管现金、票据、证券及其他财务的机关；中央政府、省政府和县政府的公库分别被称为国库、省库和县库。⑤

（一）省级金库

南京国民政府成立之后，安徽省金库由中央银行代理，因此只能在设有分行的安庆、芜湖和蚌埠等三个地区设立金库⑥。其中，省金库设在省城安庆，而芜湖和蚌埠则设有分金库⑦。省政府于1928年10月颁布的《安徽省政府金库统一收支办法》中规定，本省收入支出，根据中央公布的会计则例、审计法以及本省公布本年度预算案，由金库统收统支；财政厅每月要将金库收入、支出各款，呈报省政府备案。该文件对收入、支出、坐支划拨抵解、特别收支

① 安徽省二十五年度财政计划［J］. 安徽政务月刊，1936（20），计划：45.

② 本省二十六年度财政计划［J］. 安徽政务月刊，1937（29），计划：12.

③ 李应熙. 安徽会计制度建设之今昔［J］. 安徽政治，1942，5（2－3）：73.

④ 单学勇. 国库制度——理论分析与运作管理［M］. 合肥：中国科学技术大学出版社，2004：14.

⑤ 公库法［J］. 立法院公报，1938（97），法规：78.

⑥ 杨绵仲. 两年来安徽财政之整理与建设［J］. 安徽政务月刊，1937（29），调查·报告：11.

⑦ 省政府财政厅组织暨职掌系统图［A］. 安徽省政府统计委员会编. 中华民国二十三年度安徽省统计年鉴［C］. 1934：21.

和核销等方面也做了详细规定。[①] 1930年10月，省政府又颁布了《安徽省政府财政厅分金库收款办法》，其中规定：分金库只办理现金收入事项，所有现金支出一律由总库负责办理。分金库所收款项应当随时存入国家银行，由银行在抄报日记账，结存栏内盖章证明，或由银行另开结条随同抄报日记账寄送总金库备查。已经设有无线电台的各分金库，每日应将库存数目按日电告总库。收入科目中的中央专款和地方专款属于代收性质，分金库应当另登账簿并且另制收款证进行办理。[②]

由于当时各县没有银行和金库，省政府便将库款收支的任务交予当地机关兼理，但是流弊甚多。杨绵仲担任财政厅长以后，"鉴于本省经济之亟待发展，各项建设事业须提前举办，与夫省金库之推行，急不容缓，遂以扶助地方经济建设及推行金库制度为主旨，呈由省府咨请财部准予筹设安徽地方银行。"[③] 1935年11月，安徽地方银行筹备处在芜湖徽州会馆成立；经过两个月的筹备，安徽地方银行于次年1月16日正式成立，总行设于芜湖；资本总额为200万元，以半数开业。银行董事长为财政厅厅长杨绵仲，常务董事刘贻燕、吴兴周，董事程振基、陈言、张诒、吴遵明，监察人李运启、江彤侯、丁稚轩，行长程振基，副行长楚湘汇。[④]

安徽地方银行成立之后，又在安庆、蚌埠和屯溪设立分行，并在各县相继设立办事处。[⑤]截至全面抗战爆发前，安徽地方银行"先后成立总行、分行、办事处达五十三所。全省六十二县，除偏僻数县外，几皆有本行机关"[⑥]，这就为省政府设立县金库并统一省县金库制度提供了条件。经省政府第542次常会议决定，省金库于1936年5月1日起，正式改由安徽地方银行代理[⑦]，并将1934年7月与中央银行安庆分行签订的金库合约予以废止，由财政厅会同安徽地方银行前往中央银行办理接收手续，芜湖分库和蚌埠分库的接收事宜，则由财政厅分别委托安徽地方银行总行和蚌埠分行负责办理。同时，委任安徽地方银行总行长程振基为省总金库主任，安庆分行总经理郭子清为副主任。[⑧]

根据省政府于1936年3月公布的《安徽省金库暂行章程》规定，省金库由财政厅委托安徽地方银行代理；省地方一切岁入岁出款项的出纳和保管事

---

① 安徽省政府金库统一收支办法［A］．安徽省财政厅编．安徽财政史料选编（第五卷）［C］．皖非正式出版字（92）第065号，1992：206－208.

② 安徽省政府财政厅分金库收款办法［J］．安徽财政公报，1930（1），法规：15－16.

③⑤ 关棠．安徽地方银行概况［J］．金融知识，1942，1（6），金融特辑：105.

④ 郭荣生．抗战期中之省地方银行［J］．经济汇报，1943，8（6）：99.

⑥ 关棠．安徽地方银行小史［J］．金融导报，1944（创刊号）：20.

⑦ 本省省金库改由安徽地方银行代理［J］．安徽教育周刊，1936（62－63）：6.

⑧ 委托安徽地方银行代理省县金库［J］．安徽政务月刊，1936（20），政务实况：12－13.

务，除法令有特别规定外，均由省金库办理；省金库分为总金库和分金库，总金库直隶于财政厅，分金库隶属于总金库；财政厅对于总分金库、总金库对分金库均拥有指挥监督和随时检查账簿款项的权力；省金库经管库款，对于财政厅负有完全责任；金库支款非凭合法书据及依合法程序，不得支付；金库款项，除存款外，须与银行资金划分，不得混淆；各省款经征机关，在必要时，可由金库派人，查提所收纳税款，径行归库；省金库经费由省财政厅分别补助；分金库应当按时造具收支日报表及月报表，送由总金库连同直接收支款项，汇编日报表及月报表，呈送财政厅；总金库应于每届会计年度终了后一个月内，将上年度收支款项汇编收支总表，呈送财政厅。① 同时，省政府还颁布了《安徽省省款收支暂行程序》，规定各机关经收省地方捐税和其他一切省款收入，其所在地如有金库，则须要于次日上午12时以前解交当地省金库核收；如果所在地没有金库，则当收入款项至多积累至500元时，应汇解临近的省金库核收；如果附近也没有金库，则应汇解总金库核收。各机关所收各项省属专款收入，均应当全数解交省金库，并以专款名义另户存储；此外，该文件还对各机关向省金库解款，总金库、分金库收款，各机关请领经费等事宜进行了规定。②

（二）县级金库

关于县一级金库的设置，国民政府军事委员长行营颁布的《剿匪省份各县金库暂行章程》第二条要求，凡设有省分库的县份，暂时不设立县金库，相关事务由分库代办，在其余各县，应设立县金库，但全年收支省县款项不满2万元的县份，可以呈请省政府核准，免设县金库，由各县县长及财务委员会指定殷实商号，代办县金库事宜。③

根据上述精神，省政府也于1936年先后制定并颁布了一系列相关文件。其中，《安徽省各县县金库暂行规则》规定，县金库经管县地方各种款项，对县政府负完全责任。县金库收到县地方各项款项，应当另户存储，不得擅行挪移；对于暂时不能划分的税款，应当以暂收款列账，等划清之后，再行转账，不得预先凭折支付现款；县金库款项，可以依据其性质之久暂，酌提一部分作为存款，其利率和期限由县政府与代理金库银行商定，须要呈报省政府备案；

---

① 安徽省金库暂行章程［A］. 安徽省财政厅编. 安徽财政史料选编（第五卷）［C］. 皖非正式出版字（92）第065号，1992：210－211.

② 安徽省省款收支暂行程序［A］. 安徽省财政厅编. 安徽财政史料选编（第五卷）［C］. 皖非正式出版字（92）第065号，1992：211－214.

③ 剿匪省份各县金库暂行章程［J］. 四川经济月刊. 1935，6（3），省内经济：12－13.

除了存款之外，县金库款项须要与省分金库款项和代理金库银行的资金划分，不得混淆；财政厅可以随时派员检查县金库账簿和款项；县金库对于未经合法程序的支付书，可以拒绝付款；当接到合法支付书时，如果库款收支相抵无存余，则可以将库存现状报告县长，同时拒绝支付；县政府可以依据一年内的收支情况，向代理金库银行商订透支契约。[①]《安徽省各县县金库办事细则》则对县金库收支款项、会计科目、记账凭证账簿报表、登记账簿与编制报表等事宜进行了细致规定。[②]

据此，安徽省于1936年5月，首先在怀宁、芜湖、宣城、广德、桐城、无为、庐江、当涂、南陵、六安、合肥、舒城、寿县、和县、泗县、宿县、阜阳、亳县等18个县成立了省分库和县金库。[③] 随后，根据《剿匪省份各县政府裁局改科办法大纲》第七条的相关要求，将这些地区由县财务委员会出纳组经管的县款事宜，转交金库办理；省政府为此还专门拟订了《安徽省组设各县金库及结束财务委员会出纳组以前经管县款事宜办法》，规定对于1934年度以前的县款，由各县列具报告，专案呈核；而对于1935年度所有已收未收、已发未发的款项，则限期分别移交当地金库，并将移交情形，由各县会同金库详细具报核查。[④] 同年11月，省政府又在太湖、天长、巢县、蒙城、霍邱、凤台、怀远、凤阳、定远、滁县、全椒、颍上、涡阳、贵池、郎溪、泾县、休宁、歙县等18个县成立省县金库。[⑤]至1939年，全省共设置省县金库52处，芜湖和蚌埠两处分金库为中心分库，办理省县库款的收支事宜。[⑥]

随着各级金库的普遍设置，地方上办理财政过程中的一些习惯性做法也因此得到了改变。例如，各县征收机关经费都是采用坐支拨付的方式，但存在诸多困难。在金库普及之后，省政府随即决定，从1937年1月起，凡成立金库的县份，其县局每月应领经费，由当地的省分库按月直放。[⑦] 此外，省政府还在税额较多的县份，由金库直接收纳税款；在这些地区，经征机关只负责向纳税人下达征税命令、督催纳税以及核算税款，而税款出纳等事宜，则均由金库

---

① 安徽省各县县金库暂行规则［A］. 安徽省财政厅编. 安徽财政史料选编（第五卷）［C］. 皖非正式出版字（92）第065号，1992：217－218.

② 安徽省各县县金库办事细则［A］. 安徽省财政厅编. 安徽财政史料选编（第五卷）［C］. 皖非正式出版字（92）第065号，1992：218－221.

③⑤ 杨绵仲. 两年来安徽财政之整理与建设［J］. 安徽政务月刊，1937（29），调查・报告：12.

④ 就组设之各县金库结束财务委员会出纳组以前经管县款事宜［J］. 安徽政务月刊. 1936（22），政务实况：23－24.

⑥ 安徽地方银行代库情形［A］. 安徽省财政厅编. 安徽财政史料选编（第五卷）［C］. 皖非正式出版字（92）第065号，1992：199.

⑦ 各县分库直放经费［J］. 安徽政务月刊，1937（27），政务实况：28.

负责；这种做法可以使得经征机关与金库之间相互牵制，达到分权的效果。①

在省内整个金库体系中，总金库隶属于财政厅，设立于省政府所在地；分金库隶属于总金库，受财政厅监督，设立于各交通中心地点以及各县政府所在地；各县县金库也受到财政厅的指挥和监督。省金库设立正副库长各一人，分金库设主任一人，分别由由银行行长、分行经理及办事处主任兼任，他们则对相应级别的政府负责。②

由于省县金库由安徽地方银行代理，因此省财政厅每月需要提供补助费：其中，省总金库每月200元，省中心分库每月100元，其他省分库每月50元；县金库补助费则依据该县等级而定，其中，一等县150元，二等县100元，三等县70元。全面抗战爆发后，省总库、分库补助费每月各增加100元；1939年以后，因为战事关系，财政困难，不再发给补助费。在收支库款方面，省金库自1936年4月30日起，至1938年12月31日止，共收支现金3158.6万元，支出现金3161万元，转账收支同为1398.6万元。③

第二节

行政管理体系的健全

根据学术界比较一致的观点，行政管理是指国家依法对国家事务、社会公共事务和政府机关事务的管理活动。④ 政府部门的日常运转离不开经费的支持，因此，许多政府机关事务的管理工作就与财政相关，还有一些行政管理工作则与经费收支、保管直接挂钩。

南京国民政府成立以后，安徽省开展了一系列行政管理工作，在一定程度上健全了政府行政管理体系。其中，与财政有关的主要包括：（1）通过划分省辖各县的等级，以确定各县行政经费的标准；（2）在财务制度不健全的大背景下，清理官员交代案件；（3）加强官员考核，特别是以钱粮赋税的征收成绩为主要考核标准；（4）为了救济农村，采取减轻田赋附加、废除苛捐杂税的举措。

上述工作是这一时期安徽省地方财政体系整理和建设过程中的重要组成部分，特别是在一定程度上有利于规范县级政府的经费运行和赋税征收。

① 本省二十六年度财政计划［J］. 安徽政务月刊，1937（29），计划：15.

② 杨绵仲. 两年来安徽财政之整理与建设［J］. 安徽政务月刊，1937（29），调查·报告：12.

③ 安徽地方银行代库情形［A］. 安徽省财政厅编. 安徽财政史料选编（第五卷）［C］. 皖非正式出版字（92）第065号，1992：199.

④ 张建新，陆新文主编. 行政管理学［M］. 北京：中国农业大学出版社，2009：3.

一、划分各县等级

安徽各县等级原为1914年制定，共分五级，甲等县月经费1000元，乙、丙、丁、戊依次递减，最少者600元，行政、司法、俸费均包括在内。由于事繁款绌，不敷分配，加上经费提给办法不一，最终导致许多开支不得不依靠陋规实现，积弊丛生。南京国民政府成立之后，省政府将各县原支俸费、田赋、杂税、征收费、办公费、奖励金、旧俸等一律取消；同时，根据各县经济水平和钱粮征收状况，将五级改为三级，重新划分了60个县的等级。[①]

如前所述，在南京国民政府于1928年设计的分税制财政体制中，县财政并没有得到明确的划分与认定，作为省财政的附庸，县级政府的行政经费依旧来源于省财政的支出。因此，与北洋时期相比，县级政府的法定财权并没有得到扩张。省政府划分各县等级的目的主要是确立县级经费标准，并将县级经费纳入省级财政预算。不过，在1936年省政府奉命“裁局改科”之前，各县具体负责教育、建设的机构仍然独立于“官治”的行政系统之外，这些部门自然也不由省财政供养，如“教育局经费由县地方教育费项下支给”[②]“建设局经费由县地方款项支给”[③]。

从省政府1928年8月颁行的《安徽各县政府俸费等级凡例》来看，各县的经费分为民政、财政和司法三项，每一项也有等级之别。

（1）民政经费：怀宁等13县为甲等，桐城等25县为乙等，泾县等22县为丙等。其中，甲等县设有2个科，乙等和丙等设有1个科。全省60县每年民政经费共计272352元，如表3－5所示。

表3－5　安徽省60县民政机关设置及经费划分标准　　单位：元/月

等级	甲等	乙等	丙等
县数	13	25	22
科长	100×2	100	100
科员	40×4	40×3	40×2
录事	16×4	16×3	40×2

① 印发改订县政府俸费等级议案暨各种单表令［A］. 安徽省财政厅编. 安徽财政史料选编（第五卷）［C］. 皖非正式出版字（92）第065号，1992：51.

② 安徽省县政府教育局组织规程［J］. 军政旬刊，1934（26），条规：19.

③ 安徽省县政府建设局组织规程［J］. 安徽建设公报，1931（3），法规：11.

续表

等级	甲等	乙等	丙等
办公费	120	100	80
每县经费	544	368	292
合计	7072	9200	6424

资料来源：安徽各县政府俸费等级凡例［A］. 安徽省财政厅编. 安徽财政史料选编（第五卷）［C］. 皖非正式出版字（92）第065号，1992：40－43.

（2）财政经费：宣城为甲等一级，合肥、阜阳为甲等二级，六安等4县为甲等三级，宿松等5县为乙等一级，太湖等20县为乙等二级，霍山等21县为丙等一级，祁门等7县为丙等二级。各县均设有1个科。全省60县每年财政经费共计272208元，如表3－6所示。

表3－6　　安徽省60县财政机关设置及经费划分标准　　单位：元/月

等级	甲等一级	甲等二级	甲等三级	乙等一级	乙等二级	丙等一级	丙等二级
县数	1	2	4	5	20	21	7
科长	100	100	100	100	100	100	100
科员	40×3	40×3	40×3	40×2	40×2	40	40
录事	16×3	16×3	16×3	16×2	16×2	16	16
经征书记	140	120	100	80	70	60	50
催收吏	70	60	50	40	40	30	30
公费	140	120	100	90	80	70	60
每县经费	618	568	518	422	402	316	296
合计	618	1136	2072	2110	8040	6636	2072

资料来源：安徽各县政府俸费等级凡例［A］. 安徽省财政厅编. 安徽财政史料选编（第五卷）［C］. 皖非正式出版字（92）第065号，1992：43－45.

（3）司法经费：合肥等5县为甲等，舒城等18县为乙等，贵池等35县为丙等。各县司法费分为司法与监所两项，全省58县[①]每年司法经费共计274116元，如表3－7所示。

① 芜湖和怀宁两县设有地方法院，这两处地方法院的经费单独列在省财政的司法费预算项下。

表3－7　　安徽省60县财政机关设置及经费划分标准　　单位：元/月

等级		甲等	乙等	丙等
县数		5	18	35
司法	承审员	120＋80	100	80
	书记员	25×2	25	25
	录事	16×2	16＋14	16
	检验吏	16	16	16
	承发吏	10×3	10×2	10×2
	法警庭丁	8×7	8×6	8×5
	勘捕公杂费	60	50	40
监所	管狱员	50	50	50
	主任看守	14×2	14	14
	看守	8×8	8×6	8×4
	医药公杂费	24	20	16
合计		3050	7578	12215

资料来源：安徽各县政府俸费等级凡例［A］．安徽省财政厅编．安徽财政史料选编（第五卷）［C］．皖非正式出版字（92）第065号，1992：39－40.

各县民政、财政和司法经费的等级也是评判各县级别的标准：其中有一项属于甲等者为繁缺，全省共计17县，每个县长俸费300元/月，公费150元/月；有两项或三项属于乙等者则为中缺，全省共计19县，每个县长俸费250元/月，公费125元/月；有一项属于乙等或三项都属于丙等者为简缺，全省共计24县，每个县长俸费200元/月，公费100元/月。根据上述划分情况，全省60个县民政经费、财政经费、司法经费以及县长俸费合计1082376元/年。此外，全省各县每年另有警备队经费242216元、造串费29960元、押犯口粮60120元，囚衣囚粮63000元。因此，全省60县俸、费合计1477672元。①

与北洋时期相比，改订后的县政府经费明显增多，在一定程度上有利于县政府日常工作的展开。省政府强调，“自此次核定以后，如再有收受陋规违法滥罚情事，即以赃私论。其不核实发给者，即以侵吞公款论。均交法院从严治罪，以昭惩儆。”② 当然，在经费的实际划拨中，由于各县具体情况存在差异，

① 安徽各县政府俸费等级凡例［A］．安徽省财政厅编．安徽财政史料选编（第五卷）［C］．皖非正式出版字（92）第065号，1992：37－50.

② 印发改订县政府俸费等级议案暨各种单表令［A］．安徽省财政厅编．安徽财政史料选编（第五卷）［C］．皖非正式出版字（92）第065号，1992：51.

因此各县之间同一等级的某项经费并不完全等同，省政府也规定：“各县赋税如有增加额数时，得按其所加之额进加经费。”① 表 3 －8 为 1929 年度各县政费分类统计表。

表 3 －8　　安徽省 1929 年度 60 县政费分类统计　　单位：元/年

县份	民政		财政		司法		缺级	合计
	等级	经费	等级	经费	等级	经费		
怀宁	甲等	14948	乙二	7274	无		繁	22222
潜山	丙等	9780	乙二	5904	丙等	5628	简	21312
宿松	乙等	11592	乙一	6374	丙等	5628	中	23594
歙县	乙等	11592	丙一	4732	乙等	7752	中	24076
婺源	乙等	12364	乙二	5864	丙等	5628	中	23856
黟县	丙等	9780	丙一	4512	丙等	5628	简	19920
宣城	甲等	16992	甲一	9366	乙等	4284	繁	30642
泾县	丙等	11324	丙一	4642	丙等	5628	简	21594
旌德	丙等	11324	丙二	4192	丙等	5628	简	21144
贵池	乙等	13980	乙二	5924	丙等	5628	中	25532
铜陵	丙等	9780	丙一	4692	丙等	5628	简	20100
秋浦	丙等	13940	丙一	4572	丙等	5628	简	24140
当涂	乙等	14880	甲三	7696	丙等	7752	繁	30328
繁昌	乙等	12236	丙一	4642	丙等	5628	简	22506
无为	乙等	12492	甲三	7896	乙等	7752	繁	28140
庐江	乙等	11592	乙二	5744	丙等	6252	中	23588
寿县	甲等	16992	乙一	5064	甲等	7320	繁	5400
凤阳	乙等	12364	丙一	4582	乙等	10284	中	27230
定远	乙等	13136	乙二	5714	丙等	6252	中	25102
凤台	乙等	12236	丙一	4502	丙等	5628	简	22366
桐城	乙等	12492	乙一	6314	甲等	6816	繁	25622
太湖	乙等	11592	乙二	6044	丙等	5628	中	23264
望江	丙等	9780	丙一	4742	丙等	5628	简	20130

① 安徽各县政府俸费等级凡例［A］. 安徽省财政厅编 . 安徽财政史料选编（第五卷）［C］. 皖非正式出版字（92）第 065 号，1992：38.

续表

县份	民政		财政		司法		缺级	合计
	等级	经费	等级	经费	等级	经费		
休宁	乙等	12364	乙二	5924	丙等	6252	中	24540
祁门	丙等	11324	丙二	4282	丙等	5628	简	21234
绩溪	丙等	9780	丙二	4182	丙等	5628	简	19590
南陵	乙等	13980	乙二	5954	丙等	5628	中	25562
宁国	丙等	11324	丙一	4572	丙等	5628	简	21524
太平	丙等	12168	丙二	4212	丙等	5628	简	22008
青阳	丙等	12168	丙一	4632	丙等	5628	简	22428
石埭	丙等	12168	丙二	4152	丙等	5628	简	21948
东流	丙等	11324	丙一	4572	丙等	5628	简	21524
芜湖	甲等	16148	乙二	5854	无		繁	22002
合肥	甲等	16992	甲二	8496	甲等	6816	繁	32304
舒城	乙等	12364	乙二	5844	乙等	7752	中	25960
巢县	乙等	12364	乙二	5814	丙等	6252	中	24430
宿县	甲等	17764	乙一	6224	乙等	7752	繁	31740
怀远	乙等	13980	乙二	5854	乙等	7752	中	27866
灵璧	乙等	13980	丙一	4572	乙等	7752	中	26304
阜阳	甲等	16992	甲二	8466	甲等	4284	繁	29742
霍邱	甲等	16148	乙二	5664	乙等	7752	繁	29564
蒙城	乙等	12364	丙一	4512	乙等	7752	中	24628
涡阳	乙等	9780	丙一	4172	乙等	6252	中	20204
英山	丙等	9780	丙二	4172	丙等	6252	简	20204
泗县	甲等	17764	乙二	5714	乙等	7752	繁	31230
天长	乙等	12364	乙二	5824	丙等	5628	中	23816
滁县	甲等	15376	丙一	4622	乙等	7752	繁	27750
来安	丙等	10552	丙一	4602	丙等	5628	简	20782
含山	丙等	10552	丙一	4582	丙等	5628	简	20768
郎溪	乙等	13980	乙二	5754	丙等	5628	中	25362
颍上	丙等	10552	丙一	4432	丙等	6252	简	21236
亳县	甲等	16992	乙一	6124	甲等	12144	繁	35260
太和	丙等	11324	丙一	4622	丙等	5628	简	21574

续表

县份	民政		财政		司法		缺级	合计
	等级	经费	等级	经费	等级	经费		
六安	甲等	16148	甲三	7576	乙等	7752	繁	31476
霍山	丙等	9780	丙一	4482	丙等	6252	简	20514
盱眙	乙等	13136	乙二	5804	乙等	7752	中	26692
五河	丙等	11324	丙二	4172	丙等	5628	简	21124
全椒	丙等	10552	丙一	5744	丙等	5628	简	21924
和县	乙等	13264	甲三	7536	乙等	7752	繁	28572
广德	甲等	17764	乙二	5844	乙等	7752	繁	31360
合计		777068		332168		382152		1491388
百分比		52.1%		22.3%		25.6%		100%

注：桐城、宣城、合肥、阜阳因成立县法院，因此上表中这四个县的“司法”经费只包括监所费.

各县经费数据来源：安徽各县十八年度政费分类统计表［A］. 安徽财政月刊，1930（1），图表.

各县等级划分来源：安徽各县政府俸费等级凡例［A］. 安徽省财政厅编. 安徽财政史料选编（第五卷）［C］. 皖非正式出版字（92）第065号，1992：47－49.

此后，随着县政府任务的增多，省政府还对各县经费进行了多次调整。例如，自1932年起，安徽省增设十行政督察专员公署，十位专员兼任县长，驻地分别为太湖、芜湖、六安、寿县、滁县、泗县、阜阳、贵池、宣城、休宁，这10个县（含公署）经费每年共63万元；其余51个县每年经费合计70万元。[①] 从1934年起，除了十区专员兼理的县份外，省政府增加了其他各县的行政经费，并指定加入县政府办公费项下。其中，怀宁等12个一等县，每县增加50元/月；潜山等22个二等县，每县增加40元/月；望江等10个三等县，每县增加30元/月。同时，县长俸费不再由各县等级决定，转而与政绩优劣相挂钩。[②] 1936年，省政府实行“裁局改科”，原先各县教育、财政、建设、公安等局改为县政府各科，这些部门的开支也因此被纳入省财政之中。在这种情况下，当时省内十区专员兼县经费，由552000元增至664932元；其余51县的经费，则由764911元增至1428446元。[③]

然而，尽管省政府强调，“查县政府，为执行一切政令之中坚，其行政经

① 吴墉祥. 安徽财政之财政机关与经费［A］. 中国国民党中央政治学校，南京图书馆编. 二十世纪三十年代国情调查报告（第206册）［C］. 南京：凤凰出版社，2012：288.

② 安徽省政府二十三年八月份民政报告［J］. 安徽民政公报，1934，4（8），行政报告：1－2.

③ 实行各县裁局改科［J］. 安徽政务月刊，1936（20），政务实况：2.

费，自应宽予规定，方足以充实其组织，而增进行政之效能。”[①] 但正如笔者在第二章中所论，与庞大的支出任务相比，当时县级经费太过有限，省政府增加经费的举措无异于杯水车薪，各种附加以及苛捐杂税也就不可避免地逐渐加重。

二、考核官员政绩

在中国传统的政治体制中，“代天子牧民”的州县官员作为地方上的行政首脑，最主要的职责就是维持地方秩序，为国家征收钱粮赋税，审理诉讼案件。[②] 地方官员政绩的优劣，直接影响到地方稳定和政府收入，因此，长期以来受到国家的重视。

如前所述，南京国民政府时期，县长所担负的职责远多于中国古代，不过，财政依旧是这一时期县长施政的重点之一。这其中的原因主要包括两个方面：一是省、县政府的运转离不开财政收入的支持；二是当时田赋等税种已经成为各省的法定收入，因此，地方官员对于相关的征收工作自然更加用心。此外，这一时期，国民政府还企图强化基层控制，包括重建保甲制度、在省县之间建立行政督察专员制度以及在县以下设立区署等措施等，这些举措也为进一步汲取社会资源提供了条件。

基于上述各种原因，中央和省政府自然需要对官员在赋税征收方面的成绩进行考核和奖惩，以便督促和激励官员。这样的工作在南京国民政府统治初期就开始进行，据统计，自1928年5月至7月，全省因完成征收计划受到嘉奖的厘税局长共有69人次，没完成征收计划而受到撤职等处分的局长共有10人次。[③]

田赋是地方财政收入中的最主要来源，因此备受重视。财政部于1927年12月颁布的《征收田赋考成条例》就针对官员征收田赋列出了详细的考核和奖惩办法，按照规定，各省财政厅长为督征官，县长为经征官，民政厅长则负有督催之责。各经征官应于每年十二月征收上忙截限期满之日，将已完和未完实数造具简明清册，还应于会计年度届满总限之前一日，将全年丁、粮、租、课已完和未完实数，以及附近三年实完分数，扣除灾荒蠲缓，汇造收入及比较总册，上述材料都需要报由督征官核明汇报财政部，并分报省政府及民政厅查

① 安徽省政府二十三年八月份民政报告［J］．安徽民政公报，1934，4（8），行政报告：1.

② 瞿同祖著；范忠信，晏锋译．清代地方政府［M］．北京：法律出版社，2003：55.

③ 李俊．南京国民政府初期的安徽财政整顿［D］．合肥：安徽大学，2007：24.

考。在奖励方面，对于经征官而言，如果在截数造报定限以前照额全完，则由督征官上报财政部核准，予以特奖；对于素称征收疲顽之县，如能加意整顿扫数全完者，从优核予特奖；若照近三年实收成分多收至一分以上者，记功一次；二分以上者，记功二次；三分以上者，记大功一次；四分以上者，记大功二次；五分以上者，酌予优奖。各经征官如积功二次或大功一次，督征官可以随时报部请奖劳积金，其数目以多收成数10%为标准。对于督征官而言，如果在截数造报定限以前照额全完，核予特奖；至于带征旧欠缓赋，核计近三年全省实收成分收至一分以上者，记功一次；二分以上者，记功二次；三分以上者，记大功一次；四分以上者，记大功二次；五分以上者，酌予优奖；六分以上者，核予特奖。对于表现优异的民政厅长，财政部也将根据具体成绩进行奖励。在惩戒方面，经征收官于截数造报之日止，额征或应征未完不及一分者，免予惩处；一分以上者记过；二分以上者记大过；三分以上者，减俸20%（两个月）；四分以上者，免职。经征官如果将已征田赋捏称民欠，不仅免职，而且仍须按数追缴；督征官如果知情不报，也将免职，若是失察，则减俸30%（一年）。对造报逾限的经征官而言，一月以上者，减俸10%（三个月）；二月以上者，减俸10%（半年）；三月以上者，减俸10%（一年）；四月以上者，免职。[①]

上述关于田赋考成的一系列规定，体现的是中央意志，自然也是各省需要遵循的政策。不过，由于各省的具体情况不一，因此也就需要在具体环节上予以变通。安徽省政府颁布的《安徽各县征解田赋考核规程》，就对中央文件的一些具体规定进行了修正，两者的主要不同在于考核时间，中央是按年考核，安徽省则是按月考核。[②] 1930年11月，省政府颁布的《安徽整理各县田赋规程》中还专门强调："田赋为本省地方财政命脉，任何军费及其他作正开之款，非奉省政府或财政厅命令不准扣拨，违则以侵挪公款论，严予惩处。"[③]

将赋税征收情况与官员政治前途相挂钩，在当时安徽省颁布的诸多文件中都有体现。例如，安徽省政府于1932年12月颁行的《催征旧欠田赋办法》就明确规定，县委催征欠赋于实行查催届满一个月，由厅考核成绩，征解达三成以上者，县委一并记功；解足二成者嘉奖；不及二成者免议；不及一成者委员

① 征收田赋考成条例［A］. 安徽省财政厅编. 安徽财政史料选编（第二卷）［C］. 皖非正式出版字（92）第065号，1992：32－35.

② 傅广泽. 安徽省田赋研究［A］. 萧铮编. 民国二十年代中国大陆土地问题资料［C］. 台北：成文出版社，1977：8719－8720.

③ 安徽整理各县田赋规程［A］. 安徽省财政厅编. 安徽财政史料选编（第二卷）［C］. 皖非正式出版字（92）第065号，1992：43.

撤换；县长记过；其三个月均能征解三成以上者，特别给奖。①

当然，文件上的规定只是一方面，实际操作起来则另当别论。这一时期，省内各县由于灾害、兵火等原因，常常影响赋税的征收，此外，农村经济凋敝、人民贫穷的现实，更是给相关工作带来了极大困难。因此，省政府在考核官员政绩时，往往会对既定规则酌情放宽一二。试以官产垦荒为例，南京国民政府成立以后，财政部曾经在安庆设立安徽官产屯垦总局，进行办理；1933 年 1 月，财政部将此项工作划归地方，由各省在荒地较多的县份设立专局办理。② 因此，随着官产垦荒成为省地方财政的收入来源时，这项工作自然得到省政府的重视。根据省政府 1933 年 8 月 22 日公布的《安徽省各县办理官产垦荒人员奖惩规则》要求，对于各县县长、局长和委员的考核分为季考和年考，前者自办理之日起，每三个月举行一次；后者则是一年期满时举行。③ 然而，由于各县局开办官产垦荒之时，调查筹措，手续繁杂，加之地方上阻力横生，疏解开导需要时日，因此，首次考核延长至五个月。在考核中，考虑到当时特殊的社会、经济与自然原因，除了对个别成绩恶劣者略施薄惩以外，余者大多搁置免议，被归到第二届中并案考核。④ 此次考核与奖惩的具体情况详见表 3－9。

表 3－9　　安徽省各县局办理官垦第一届三个月成绩考核

局、县别	姓名	开办时间	考核与奖惩的结果
怀望产荒局	局长胡培蔚	1933.9.7	以上各局均收有少数价款，虽较产荒额数相差甚远，但念值此开办伊始，进行不无困难，姑予从宽免议，并分别严令催办，第二届期满时，再行并案考核
芜繁产荒局	局长丁健军	1933.9.8	
宣宁产荒局	局长常汝谦	1933.9.8	
贵东产荒局	局长吕　斌	1933.9.10	
盱嘉产荒局	局长茅延椿	1933.9.17	
寿凤产荒局	局长许乃光	1933.9.25	
凤怀产荒局	局长许慕沛	1933.9.14	以上各局均未收款报解，姑予记过一次，以示薄惩，而观后效
泗五产荒局	局长孙景西	1933.9.18	

① 催征旧欠田赋办法［A］．安徽省财政厅编．安徽财政史料选编（第二卷）［C］．皖非正式出版字（92）第 065 号，1992：46.

② 官产官租概况［A］．安徽省财政厅编．安徽财政史料选编（第二卷）［C］．皖非正式出版字（92）第 065 号，1992：384－385.

③ 安徽省各县办理官产垦荒人员奖惩规则［A］．安徽省财政厅编．安徽财政史料选编（第二卷）［C］．皖非正式出版字（92）第 065 号，1992：428.

④ 呈省政府呈报考核官产垦荒成绩过劣之局长委员县长等分别记过申诫徐从宽免议归入第二届一并考核请鉴核备案由［J］．安徽财政公报，1934（30），公牍：3－4.

续表

局、县别	姓名	开办时间	考核与奖惩的结果
桐城县	委员查耘生 县长虞育英	1933. 9. 16	以上各局均未收款报解，除县长从宽申诫外，委员均予记过一次，以示薄惩，而观后效
宿松县	委员蒋宽 县长陶俊	1933. 9. 7	
天长县	委员姚大朋 县长常振颖	1933. 9. 15	
南陵县	委员周应云	1933. 9. 17	该县需要先从升科入手，因此免于置议
当涂县	委员卢谟	1933. 9. 21	以上三县虽未呈解地价，但已据呈报，处分产荒数处，正在收款报解，从宽免于置议，归入第二届内，并案考核
铜陵县	委员楼文钊	1933. 9. 13	
歙县	县长石国柱	1933. 12. 20	
和县	县长刘广沛	1933. 9. 14	以上各县均交由县长自行兼办，或因情形特殊，或因产荒较少，虽在此第一届三个月期间均未办有成效，但其情可原，姑予从宽免于置议，仍分别严令催办，统归入第二届内并案考核
无为县	县长余维之	1933. 9. 16	
合肥县	县长郭平	1933. 9. 5	
滁县	县长沈鹏	1933. 9. 4	
郎溪县	县长丁炳烺	1933. 9. 15	
广德县	县长周崇颐	1933. 12. 1	
庐江县	县长汪培实	未报开办	
含山县	县长陈志雄	未报开办	
霍邱县	县长王书馨	1933. 12. 25	
颍上县	县长卢子明	未报开办	
青阳县	县长胡权之	1933. 11. 20	
泾县	县长叶粹武	1933. 12. 20	
休宁县	县长刘秉粹	1933. 11. 1	
石埭县	县长吴云峯	未报开办	
旌德县	县长彭树煌	1933. 11. 4	
太平县	县长刘笃培	1933. 9. 19	
太湖县	县长徐沛南	1933. 9. 21	
全椒县	县长王琳	1934. 1. 13	
来安县	县长戴会锡	1933. 9. 11	
巢县	县长洪子远	1933. 12. 21	
灵璧县	县长黎在符	1933. 9. 18	

资料来源：呈省政府报考核官产垦荒成绩过劣之局长委员县长等分别记过申诫徐从宽免议归入第二届一并考核请鉴核备案由［J］. 安徽财政公报，1934（30），公牍：4－11.

根据考核的情况对官员进行奖惩，其根本目的在于督促官员积极行政，以便提高政府的收入，但是，这样的机制也往往导致官员为了完成任务而不恤民情。以芜湖县为例，“自二十年大水灾后，全县圩堤，如凤林、麻浦、西江、善瑞、埭南、万春等，莫不溃决殆尽，受灾之惨，过于汉皋，农村经济，早已破产，迄今尚未恢复。历任县长不恤民艰，勒完田赋，差役如狼似虎，动辄带县拘押。奄奄垂毙之灾黎，只得忍痛完纳。”①

然而，即使这样，官员在赋税征收方面取得的实际政绩，也难称乐观。除了当时农村经济凋敝，民众贫困的原因之外，另一个原因在于当时县长的弱势以及政府征收能力的低下。“国民党执政后，虽然创造了一个新的上层机构，却未能建立一个健全的低层机构。国民党政权乃成为上下两个极不一致的机构的组合体：上层是由一批受过良好现代教育的文官群体组成的领导层；下层却是被精英遗弃，而由一批土豪劣绅、地痞流氓所控制的基层组织。”② 县长作为衔接上下层之间的纽带，实际上生存于夹缝之中，需要面对各方而来的压力，因此，他们难以使民间有效地遵从于官方意志，征收赋税自然阻力重重。以田赋征收为例，截至1934年，各县积欠不下300万元；其中的原因多种多样，如隐匿不报、祖庙公产、拖延抗拒等。③ 蒋介石在给安徽省主席刘镇华的训令中就指出：“皖省赋税之弊，全在册书，侵蚀公款，而恃大户为护符，自不得不袒庇大户。……皖省士绅，派别复杂，为县长者，首鼠两端，冀保禄位，以至县政无从进行。”④ 这表明当时国民党政权对基层掌控和组织动员能力还十分不足，由此可见，“县级基层政治，在很大程度上仍是中国传统胥吏政治形态的延续和发展，而非近代政治的过渡和转型。”⑤

三、清理交代案件

长期以来，中国县政的运行采用“承包体制”，县衙内的许多工作人员并非由上级政府任命，而是由行政长官自行招募。其中，清代州县官员延聘的幕

① 孙晓村编．苛捐杂税报告［J］．农村复兴委员会会报，1934（12）：126.

② 王奇生．革命与反革命：社会文化视野下的民国政治［M］．北京：社会科学文献出版社，2010：386.

③ 皖财厅整理旧欠田赋［N］．申报，1935-10-28（9）.

④ 蒋委员长指正皖省革除积弊［N］．申报，1934-2-28（12）.

⑤ 王奇生．革命与反革命：社会文化视野下的民国政治［M］．北京：社会科学文献出版社，2010：393.

友主要包括刑名、钱谷、挂号、书启和账房等；① 这些人的薪俸主要是由州县官员负责。官员离任时，必须造具“四柱清册”，将任期内的钱粮收支情况向继任官员移交清楚，这一过程被称为“交代”（交盘）。“四柱清册”分为旧管、新收、开除、实在等四项，其计算方法为：旧管＋新收－开除＝实在。② 其中，“实在”是指移交给继任官员的结余钱粮；一旦其不足以抵补欠解藩库之数，便形成了“亏空”，按规定需要由官员个人进行填补。历史上，由于官侵、吏蚀和民欠等原因，导致州县亏欠现象十分常见。③

民国初期，安徽省新式会计制度尚未建立，各县财务人员多为前清时期遗留下来的“绍兴师爷”，他们处处把持，积弊丛生。离任官员进行交代时，继任者往往尽力挑剔，双方互相咨驳中所常引用的名词包括应交、递交、增交、补交、删交、原交、欠交、原抵、应抵、悬抵、递抵、增抵、删抵等。④ 因此，当时财务状况混乱不堪，并无秩序可言。在这种情况下，亏欠现象自然难以避免，甚至更为严重。南京国民政府成立之后，安徽省竟有59个县发生亏欠，涉及264名知事（县长），欠款高达792540元。⑤ 例如，五河县长孙旭初于1927年9月26日到任，同年11月11日离职，在不到两个月的任期内就亏欠正杂税款1690.14元。⑥

鉴于以上情况，安徽省政务委员会早在1927年4月就颁行了《安徽省征收人员交代暂行条例》，共计23条，要求卸任人员自到任之日起，截至卸任前一日止，应会同监盘员一起，将任期内所管理的各项收入数、各款已解未解数、经费实领实支及余存数、票照存根及未用票照、政府委托办理税收债务之各种有价证券、官有财产暨物品以及各种文、卷、表、册、簿移交接任人员；接任人员未到任或者交代未清之前，卸任人员不得擅离任所。移交之事不得任意拖延，其中，县长自卸任之日起，以15日为限，各征收机关以10日为限。接任人员收到现款后，限于3日之内如数代解到库，不得任意留存；同时，会同监盘员一起，对表册进行逐项盘查，一旦发现其中有舞弊情节，需要向省政务委员会检举揭发。盘查清楚之后，接任人员须要造册，并会同监盘员出具交

① 魏光奇．有法与无法——清代的州县制度及其运作［M］．北京：商务印书馆，2010：111.

② 贺永生，祁永彪编．工业企业财务会计辞典［M］．北京：工人出版社，1987：78.

③ 贾允河，李瑛．清朝吏治与钱粮亏空［J］．河北师范大学学报（哲学社会科学版），1998（2）：113－118.

④ 安徽公务员之交代［A］．安徽省财政厅编．安徽财政史料选编（第五卷）［C］．皖非正式出版字（92）第065号，1992：281.

⑤ 为清查历任知事交代亏欠暨清理办法令［A］．安徽省财政厅编．安徽财政史料选编（第五卷）［C］．皖非正式出版字（92）第065号，1992：297.

⑥ 通缉安徽五河县逃县长孙旭初［J］．广东省政府公报，1932（191）：85.

代清楚且结交予卸任人员，同时，呈报省政务委员会备核。对于在限期之内无法造册移交的卸任人员，最多宽限15日，如果逾期仍未移交，接任人员和监盘员须要据实结报，即行记过停委；对于无法缴清款项的卸任人员，须要查封其私有财产，以便抵偿，不足的部分仍然须要依法追缴。当接任人员出具交代清楚切结之后，如果再查出卸任人员有漏交的款项，则由接任人员完全负责。[①] 同年8月，省财政厅又颁布《为清查历任知事交代亏欠暨清理办法令》，规定北洋时期各县交代亏欠人员，应当于9月30日之前来省清理，否则即认定为实在亏欠，须要在10月30日之前悉数清缴。对于置若罔闻、不解不复的个人，则须动用行政手段予以对待。其中，在职者押解来省；查无下落者，通缉捉拿，并查封财产。[②]

从客观上看，上述规定不可谓不严格，在执行中，财政厅还将截止时间延后了三个月，然而，清理的实际效果并不乐观。尽管当时的确有一些前任官员前来清算，或者以书面形式陈述交代情形，但真正能够缴清欠款者为数甚少；置之不理而遭到通缉者竟达55名之多。[③] 1930年5月，财政厅长孙绳武到任时，省财政状况很差，政费和临时费已欠80万元，各县县长亏欠公款者，有400余起之多；当时全省每月收入只有40余万元，因此只能设法向银行借款。[④] 在这种情况下，省政府为了追缴积欠，专门于1930年底成立清理处，[⑤] 并先后颁行了《清厘暨整顿各县县长新旧交待办法十条》（1930年6月）、《清理各县旧案交待程序》（1930年12月）、《安徽省各县县长交代章程》（1931年1月）、《安徽省各县县长接收交待须知》（1931年1月）、《财政厅清理各县旧案交待办法》（1931年1月）等一系列章程，[⑥] 修订完善了各项具体办法。其中，为了激励本省办案人员的工作积极性，省政府还制定了奖励方案——如交代案件发生于1927年4月1日之前，则每百元提成6元；如发生于1927年4月1日之后，则每百元提成4元。[⑦] 此外，由于两年前遭到通缉的

---

① 安徽省征收人员交代暂行条例［A］. 安徽省财政厅编. 安徽财政史料选编（第五卷）［C］. 皖非正式出版字（92）第065号，1992：294－296.

② 为清查历任知事交代亏欠暨清理办法令［A］. 安徽省财政厅编. 安徽财政史料选编（第五卷）［C］. 皖非正式出版字（92）第065号，1992：297.

③⑤ 安徽公务员之交代［A］. 安徽省财政厅编. 安徽财政史料选编（第五卷）［C］. 皖非正式出版字（92）第065号，1992：283.

④ 皖财教两厅长来芜［N］. 申报，1930－6－18（10）.

⑥ 安徽省财政厅编. 安徽财政史料选编（第五卷）［C］. 皖非正式出版字（92）第065号，1992：298－310.

⑦ 财政厅清理各县旧案交待办法［A］. 安徽省财政厅编. 安徽财政史料选编（第五卷）［C］. 皖非正式出版字（92）第065号，1992：310.

55任县长中，只有刘钦诰（无为、繁昌、南陵）、傅天弼（宿松）、罗经猷（涡阳）、何熙尧（宁国）、王熙（和县）、王醴陵（涡阳）、林斯高（潜山、太湖、歙县）等7人将欠款缴清或只剩数百元尚待结清，余下的48人仍然对清缴亏欠的命令置之不理，因此，省政府再次下文对这批人进行了通缉（见表3－10）。①

表3－10　　1930年9月安徽省政府通缉亏款县长清单

姓名	任职县份	亏欠数额	籍贯
程　鉴	寿县	47500元	江苏江宁
尹之训	当涂	32000余元	直隶阜城
谢宗夏	和县	16800余元	河南商丘
俞庆澜	宿松	15200余元	江苏淮阴
孔宪煌	霍山	14500余元	安徽合肥
蔡尧曦	怀远	14300余元	
刘以臧	宁国	12100余元	福建
邹斯岱	庐江	9600余元	山东淄川
张增纯	寿县	9200余元	安徽无为
刘汝详	怀远	9000余元	山东费城
臧荫梓	盱眙	8600余元	江苏宿迁
徐荣桂	潜山	8200余元	浙江绍兴
吴殿芳	怀远	7800余元	江西奉新
陶祖武	涡阳	7700余元	江苏武进
王鸿年	蒙城	2000余元	安徽英山
蓝锦文	秋浦	2600余元	陕西西安
刘士翘	蒙城	2400余元	安徽六安
吴炳荣	繁昌	2400余元	湖南龙山
童佐良	滁县、颍上、宿松	2400余元	江苏江都
裘应和	桐城、宿松	2200余元	江西颍建
陈　鼎	英山、繁昌	1100余元	安徽巢县
蒋士敏	泗县	1900余元	

① 省政府通令各县局严缉亏款各县知事由［J］.安徽财政月刊，1930（5），命令：7－11.

续表

姓名	任职县份	亏欠数额	籍贯
刘景范	广德	1500余元	安徽宣城
吴宝棣	怀宁、桐城、泗县	1500余元	湖南武陵
刘　蕃	繁昌、广德	1500余元	湖北安陆
王儒镜	涡阳	1400余元	
范景荣	六安	1400余元	
王履占	潜山	1300余元	直隶定兴
张和宾	黟县	1300余元	河南沁阳
张绍芝	霍邱	1200余元	
邱在元	宿松、天长、巢县	5900余元	福建长乐
王骥	东流	5600余元	浙江绍兴
李富煜	东流	5000余元	安徽铜陵
王以骥	宿县、泗县	4900余元	江苏萧县
胡德修	巢县	4600余元	江西南丰
周鸿襄	霍山	4400余元	福建闽侯
郭曾深	绩溪	4200余元	福建闽侯
刘昂	宿松	4000余元	江西宜丰
章伯衡	凤台	3000余元	
唐豫桐	定远	3700余元	浙江绍兴
包允荣	宿县、滁县	3300余元	江苏丹徒（寄居青岛）
张浍	望江	3000余元	湖北武昌
许福赓	怀宁、太平	3000余元	江苏盐城
洪迺文	宁国、庐江	2900余元	江苏江宁
孙方坚	灵璧	2600余元	安徽寿县
张镜寰	凤阳	1000余元	直隶冀县
许复	黟县	1000余元	安徽桐城
修恩永	婺源	1000余元	江西金溪

资料来源：通缉亏欠公款县知事［J］. 江苏省政府公报，1930（508），司法：24－27.

值得注意的是，上述被通缉的县长均任职于北洋时期，大多系外省人士。因此，安徽省政府还请求各省当局予以协助追缉，并请求原籍地官员查封他们的私产。[①]

然而，这次清理亏欠的效果依旧不佳，“尤其是十六年（1927）以前未清交代任数及欠款数字，毫未减少”[②]，这意味着潜逃他处的官员并没有补偿亏欠。1930 年之前，国内政局混乱动荡，南京国民政府能有效控制的省份十分有限，连中央政令在许多地区都难以生效，更不用说某一省份的通缉令了。当时各省政坛内讧不断，军政要员更迭频仍，许多地方还有战事，在这种情况下，自顾尚且不暇，何谈认真协助他省办理政务？因此，尽管江苏等其他省份即行转发了通缉令[③]，但通缉工作并没有起到实质性的效果。

如果说上述发生在北洋时期的官员亏欠，由于政权更迭、年代久远和官员病故等因素而不易追讨，那么，发生在北伐军入皖之后的官员交代案件，也大多难以得到有效清理。据统计，从 1927 年 4 月到 1932 年 10 月期间，安徽省内各县县长共变更 541 任，没有办理交代或未经盘查具复者，有 193 任；即使在已经造具册折呈报有案的 348 任中，只有 61 任清结完毕，42 任正在复核，多达 245 任没有能够核明清结。这其中的原因主要包括以下几种：

(1) 因为战事的原因，受地方驻军委托，卸任后没有办理交待即随军潜逃，后来虽然进行通缉，但尚未缉获。

(2) 因为失陷城池，损失税款，案件悬而未结。

(3) 因为垫拨军饷或军事费用，尚未得到中央拨还，以致未能结束。

(4) 因为逾时已久，前任与后任之间款项套搭，纠缠不清，迄未清缴。

(5) 任意亏欠，屡次催延不交。[④]

需要指出的是，除了上述这些直接原因之外，当时县长更替频繁的现实也给清理工作带来了一定的难度，这主要表现为旧的交代案件尚未理清，新的交代案件接踵而至。20 世纪二三十年代，安徽省每年县长的更迭率平均高达 114.9%，还曾出现过某县一年之内更换四位县长的情况；1927～1939 年，安徽省有 42% 的县更换了 16～20 位县长，另有 40% 更换了 11～15 位县长。[⑤] 这一时期安徽省各县县长任期情况详见表 3－11。

---

① 省政府通令各县局严缉亏款各县知事由［J］. 安徽财政月刊，1930（5），命令：7－11.

② 安徽公务员之交代［A］. 安徽省财政厅编 . 安徽财政史料选编（第五卷）［C］. 皖非正式出版字（92）第 065 号，1992：283.

③ 通缉亏欠公款县知事［J］. 江苏省政府公报 . 1930（508），司法：24－27.

④ 提议整理本省各县县长交代办法案［A］. 安徽省财政厅编 . 安徽财政史料选编（第五卷）［C］. 皖非正式出版字（92）第 065 号，1992：313.

⑤ 王奇生 . 革命与反革命：社会文化视野下的民国政治［M］. 北京：社会科学文献出版社，2010：363－364.

表3-11　　1926～1938年安徽省各县县长任期情况

任期（月）	县长数	百分比
1～5	298	34.4%
6～10	317	36.6%
11～15	121	14.4%
16～20	60	6.9%
21～25	27	3.1%
26～30	18	1.7%
31～35	7	0.8%
36～40	11	1.3%
41～45	4	0.5%
46～50	2	0.2%
51～55	1	0.1%

资料来源：王奇生．革命与反革命：社会文化视野下的民国政治［M］．北京：社会科学文献出版社，2010：363.

在这种情况下，省政府只得于1932年10月再度订立清理办法，并决定对1927年4月以前的官员亏欠搁置不问。同时，将发生在北伐军入皖之后的交代案件分为三期进行清理：以1931年1月1日至1932年9月30日为第一期，1929年1月1日至1930年12月31日为第二期，1927年4月1日至1928年12月31日为第三期。截至1933年年底，第一期143起中已有129起复核定案，追起欠款约3万元；第二、第三期则由于时间久远，完全清理结案者寥寥无几。次年，省政府又将1932年10月1日到1934年6月之间的定为新案，1927年4月至1932年9月之间的定为旧案，再次展开清理工作，但成效不大。①

这一时期，安徽省对于官员交代案件的清理工作一直持续进行。根据全面抗战爆发前的统计情况来看，从1927年4月1日至1936年12月底，全省县长交代案件共计861起（不含英山等十个县因为战事原因导致案卷散失而无从查报的特殊情况），已经核追清结474件，正在核办38件，剩下的349件属于

① 安徽之公务员交代［A］．安徽省财政厅编．安徽财政史料选编（第五卷）［C］．皖非正式出版字（92）第065号，1992：283-284.

未清案件。需要指出的是，在未能清理的案件中，有80%发生在1930年之前，其主要原因在于当时政治局势混乱和财务制度不健全。因此，随着政治局面稳定，各项事业步入正轨，特别是会计、金库等配套措施的落实，发生在1930年以后的交代案件，大多数得到了有效清理。①

四、清理地方捐税

如前所述，在南京国民政府成立之后采取的中央与地方两级财政体制，形成了“实省虚县”的状况，县一级没有明确的收入来源，但却承担着繁重的行政事务，也由此加剧了基层苛捐杂税和各项附加的泛滥。于是，农村经济日益凋敝，广大民众在贫困线乃至饥饿线上挣扎，这种状况不仅有违国民党的执政理念，还加剧了地方的不稳定。民间的反抗行为催生并强化了政权的基层治安力量，而保安团之类的暴力机器又需要依靠捐税与附加来维持。在这种恶性循环之中，“官民矛盾”② 日益加剧，国民政府的合法性不断下降。

为了解决上述问题，南京国民政府于1934年7月开始进行减轻田赋附加、废除苛捐杂税的工作。“行政院”强调，地方上不得再以任何急需、任何名义增加田赋附加；现已超过正税者，应限期递减。③ 此外，对于妨害社会公共利益、妨害中央收入来源、复税、妨害交通、为一地方之利益对于他方货物输入为不公平之课税或各地方物品通过税等苛捐杂税，都应予以废除。④

这一时期，安徽省的田赋附加和苛捐杂税情况非常严重（详见第二章第一节）。根据中央指示，省财政厅着手开展了第一期赋税整理工作。截至1934年年底，安徽省已废除田赋附加14种，款额286891元，废除苛捐杂税131种，款额184979元⑤；清理工作取得了初步成效，详情如表3-12~表3-14。

---

① 本省二十六年度财政计划［J］. 安徽政务月刊，1937（29），计划：18.

② 长期以来，“主佃冲突”被认为是我国历史上的主要矛盾，以及导致天下大乱和政权更迭的主要原因。然而，通过对众多历史个案的考察后发现，用“官逼民反”来解释王朝兴衰似乎更加准确。在1930年代，国民政府重新恢复了中国古代的“保甲制”，主要用于征收钱粮赋税；这一举措加剧了官民矛盾。到了抗战期间，“田赋征实”政策进一步恶化了官民之间的关系。

③ 减轻田赋附加原则六项［A］. 安徽省财政厅编. 安徽财政史料选编（第五卷）［C］. 皖非正式出版字（92）第065号，1992：216.

④ 孔祥熙呈送全国财政会议通过之苛杂范围及其整理办法［A］. 中国第二历史档案馆编. 中华民国史档案资料汇编·第五辑·第一编·财政经济（二）［C］. 南京：江苏古籍出版社，1994：518-519.

⑤ 孔祥熙. 全国各省市减轻田赋附加废除苛捐杂税报告书［M］. 1934：23.

表 3－12　安徽省裁减各县田赋附加　单位：元

县别	名称	数目	县别	名称	数目
太湖	农村学校经费	1938	霍邱	扩充保安队及积欠饷项	26345
桐城	各邻区中小学校	10000	全椒	保安队经费	7500
宿松	偿还地方积欠	8200	嘉山	保安队经费	6000
当涂	保安保甲教育等经费	85352	灵璧	保安队经费	14780
庐江	保安队经费	32986	亳县	保安队经费	15570
六安	保安队经费	31245	宁国	地方各项政费	15526
合肥	地方各项政费	31449	宿县	地方经征费	10000
共计		286891			

表 3－13　安徽省废除各县杂税附加细目　单位：元

县别	税捐名称	裁减成数	征收概数
太湖	契税公安附加	正税一元附加三角	1800
	契税财务附加	正税一元附加五角五分	3300
	牙税财务附加	正税一元附加二角	160
	屠税公安附加	正税一元附加一角	312
桐城	屠税中学补助费		1980
繁昌	契税教育附加		36
	牙税教育附加	原二角减三分三厘	200
铜陵	牲屠税公安附加	每帖二元	1080
巢县	契纸地方附加	正税一元附加五分	120
六安	契税普教附加	原三角三分三厘减一角六分六厘	500
寿县	契税普教附加	原附加五角减三角三分四厘	2330
	牲税公安附加	原附加五角减二角五分	1700
	屠税普教附加	原附加四角减二角五分	1700
霍邱	契税保安附加	正税一元附加二角五分	16800
凤台	牙税建设附加	正税一元附加八分	397
	牲税公安附加	正税一元附加八分	220
	牲税建设附加	正税一元附加八分	220
	屠税公安附加	正税一元附加八分	222
	屠税建设附加	正税一元附加八分	222
凤阳	契税义教附加	原八角三分三厘减四角一分六厘七毫	6125
	契税普教附加	原三角三分三厘减一角六分六厘	2440
	契税地方公益附加	原五角减二角五分	3675

续表

县别	税捐名称	裁减成数	征收概数
定远	契税普教附加	原附加五角减三角三分四厘	1052
	牲税普教附加	原附加五角减三角三分四厘	1000
	屠税普教附加	原附加五角减三角三分四厘	1000
滁县	契税公益附加	共一元一角六分六厘减一角六分六厘	1200
天长	契税图书、育婴附加	共一元六角六分六厘减六角六分六厘	678
	牲屠教育附加		2000
含山	牙税普教附加	正税一元附加二角	960
	牲税公安附加	正税一元附加一元	600
	契税自治附加	每张一元至五元	1500
和县	契税保安附加	每正税一元附加三角三分三厘	12794
	契税义教附加	附加八角三分三厘五毫减三角三分五厘	12794
	契纸教育附加	每张二角	282
	契纸保安附加	每张杜一角，典五分	170
	契纸地方附加	每张杜一角，典五分	170
泗县	契纸公安附加	每张一角五分	180
	牲税公安附加	正税一元附加一角	1200
	屠税公安附加	正税一元附加一角	800
盱眙	杂税附加		8200
五河	杂税附加		1500
灵璧	牙税教育附加	正税一元附加二角	1090
颍上	契税教育附加	原五角减一角六分六厘七毫	1000
	契税建设附加	原五角减一角六分六厘七毫	1000
	契税保安附加	原五角减一角六分六厘七毫	1000
	契税义教附加	原八角三分三厘减二角七分七厘七毫	6500
	契纸慈善附加	每张五角	200
	契纸建设附加	每张一角二分	50
涡阳	契纸教育附加	每张征一元	2400
太和	契纸教育附加	每张四角	600
贵池	契税建设附加	每正税一元附加一角六分六厘	1240
	牙税建设附加	正税一元附加一角	976
	生屠税普教附加	原一角九分二厘二毫减一角二分二厘二毫	848
	牲屠公安附加	原一角九分二厘二毫减一角二分二厘二毫	848
	牲屠建设附加	原一角九分二厘二毫减一角二分二厘二毫	848

续表

县别	税捐名称	裁减成数	征收概数
太平	牙贴救济院附加	每帖一张附征二元	120
	屠税公安附加	正税一元附加一角	264
休宁	契税保安附加	正税一元附加四角	1600
	屠税保安附加	正税一元附加三角	1088
绩溪	屠税地方附加	正税一元附加五角四分五厘	1680
	屠税教育附加	正税一元附加一角五分五厘	476
合计			117347

表3－14　　安徽省废除各县杂捐细目　　单位：元

县别	税捐名称	每年征收概数	县别	税捐名称	每年征收概数
桐城	烟叶捐	3000	盱眙	草捐	96
	茧捐	40	五河	契纸捐	80
芜湖	米捐	3276		河下陆陈行捐	80
	荆山石灰窑捐	360		陆陈捐	6000
庐江	茶捐	300	宿县	转运业公益捐	1800
	教育茶捐	200		拖运业公益捐	400
	矾捐	500		缝包业公益捐	300
凤阳	集厘捐	120	蒙城	汽车捐	84
	车厘	360	阜阳	汽车捐	96
	粮厘	360	涡阳	绅富捐	无定额
	人力车捐	720	亳县	牛行执照捐	50
	屠宰捐	630		帚把行乐捐	180
	轮船捐	288	石埭	茶篓捐	100
	柴捐	60	东流	窑捐	60
	粮厘附加	无定数	至德	茶捐	700
怀远	汽车捐	88		户捐	12000
	小轮捐	72		柴炭捐	120
滁县	粮药麻捐	3500		兵防捐	1200
	狩猎照费	40	宁国	香菇捐	600
全椒	盐斤慈善附加	2000	旌德	丝茧捐	50
	盐斤灾荒附加	4000	休宁	茶叶香菇水碓等捐	6000

续表

县别	税捐名称	每年征收概数	县别	税捐名称	每年征收概数
和县	牲畜附加	187	婺源	竹木排捐	25
	保卫捐	1600	祁门	木排捐	100
	棉花出口捐	900		屠捐	120
	麦出口卷	1000		百货捐	无定额
	商铺捐	3020	歙县	茶捐	700
	棉花出口捐	800	绩溪	香菇出产捐	100
	米出口捐	1680		松板出产捐	80
	稻出口捐	150		拚树及水碓捐	1800
	趸船捐	500	霍山	扫帚捐	无定数
含山	毛竹米粮契纸喜庆房屋等捐	6000	铜陵	茶捐	30
合计		67632			

资料来源：孔祥熙．全国各省市减轻田赋附加废除苛捐杂税报告书［M］. 1934：43－51.

安徽省第二期赋税整理工作从1935年4月开始进行，共废除田赋附加108种、税款额1206388元，苛捐杂税313种、税款额607517元，并拟继续废除苛捐杂税283997元。① 截至1935年7月，根据官方的说法，各县附加税都基本控制在正税以内，具体情形详见表3－15。

表3－15　1935年7月安徽省各县附加税（每正税一元附加税额）一览表

单位：元

县别	契税附加	牲畜税附加	牙税附加	屠宰税附加
太湖	0.05	0.30	0.20	
怀宁	0.50		0.80	0.5068
桐城	0.50		0.20	
潜山	0.50	0.30	0.20	0.30
宿松	0.50	牲屠0.30	0.20	
望江	0.50		0.20	0.50
芜湖	0.50	牲屠0.30	0.20	
当涂	0.50		0.20	

① 一年来整理地方财政之经过［J］. 四川经济月刊，1935，4（1），国内经济：72.

续表

县别	契税附加	牲畜税附加	牙税附加	屠宰税附加
繁昌	0.50	牲屠 0.60	0.20	
南陵	0.50	牲屠 0.30	0.20	
铜陵	0.50	牲屠 0.30	0.20	
无为	0.50	牲屠 0.30	0.20	
庐江	0.50	0.30	0.40	0.30
巢县	0.50	牲屠 0.30	0.20	
六安	0.50	牲屠 0.30	0.20	
合肥	0.333	牲屠 0.30	0.20	
舒城	0.2166	0.30	0.20	0.30
霍山	0.10	0.30	0.20	0.30
立煌				0.50
寿县	0.50	1.00		1.00
霍邱	0.50	牲屠 0.30	0.20	
凤台	0.50	0.38	0.28	0.38
怀远	0.50	牲屠 0.30	0.20	
凤阳		0.80	0.20	0.80
定远	0.50	0.30	0.20	0.30
滁县	0.50	0.30	0.20	0.50
天长	0.50	牲屠 0.30	0.20	
来安	0.50	牲屠 0.30	0.20	
全椒	0.50	牲屠 0.40	0.30	
含山	0.50	牲屠 0.50	0.15	
和县	0.50	0.30	0.20	
嘉山	0.50	牲屠 0.60	0.30	
泗县	0.50	牲屠 0.60	0.30	
盱眙	0.333	0.30	0.20	
五河	0.50	0.30	0.20	
灵璧	0.50	0.30	0.20	0.50
宿县	0.50	牲屠 0.40	0.30	
蒙城	0.50	0.80	0.20	0.80
阜阳	0.50	牲屠 0.30	0.20	

续表

县别	契税附加	牲畜税附加	牙税附加	屠宰税附加
颍上	0.50	牲屠 0.08	0.20	
涡阳	0.50	0.30	0.20	0.30
亳县	0.50	牲屠 0.40	0.20	
太和	0.50	0.40	0.20	0.40
临泉	0.50	牲屠 0.756	0.30	
青阳	0.50	牲屠 0.80	0.40	
太平	0.50		0.20	0.30
石埭	0.50		0.20	0.20
东流	0.50	0.30	0.20	0.30
至德	0.50	0.30	0.20	0.30
宣城	0.216	0.30	0.20	0.30
郎溪	0.50		0.40	0.25
广德	0.50	0.30	0.20	0.30
宁国	0.50		0.20	0.30
泾县	0.50	0.30	0.30	0.40
旌德	0.50	0.30	0.20	0.30
休宁	0.50		0.50	0.60
祁门	0.50	0.30	0.20	0.30
歙县	0.50		0.20	
黟县	0.50	0.62	0.62	0.59
绩溪	0.50		0.20	0.30

资料来源：安徽省各县附加税一览表［A］．安徽省工商税收史料选编（上辑·第二册）［C］．合肥：安徽省人民政府税务局，1987：888－890.

然而，这一系列清理地方捐税的举动，并不是“治本”之策，而且其“治标”作用也并不长久。“所谓废除苛杂，实际上不过将赋税之名目加以统一而已。……于民众本身，卒未得若何之实惠也。”① 地方上繁杂的行政工作离不开可观的经费支持，由清理捐税而导致的收入锐减并没有得到真正有效的

① 转引自陈昭桐主编．中国财政历史资料选编（第12辑·上·国民党政府时期部分）［C］．北京：中国财政经济出版社，1990：318－319.

弥补：当时国民政府曾设想将烟酒牌照税和部分印花税划归地方，但根据1932年的实收数据来看，安徽省仅分得236129元，可谓“杯水车薪”。[①] 因此，在民众缺乏谈判能力、现代政治模式未能构建的情况下，苛捐杂税注定无法被完全清除，仍然将会成为县级政府经费的主要来源之一，甚至还会通过其他形式（如行政规费和摊派）再次出现。

历史事实也证明了这一点，两年之后，全面抗战爆发。安徽省内的主要城镇，如安庆、芜湖、合肥、蚌埠等相继沦陷，这些地区是省内的工商业重镇，而国民政府能够控制的地区，社会经济发展水平则相对落后。截至1939年9月，安徽省已经有20个县城沦陷，还有7个县的境内有敌踪活动，国民政府能完全控制的只有35个县。[②] 在这种情况下，省财政的收入无疑受到巨大影响，省库1938年下半年的收入只有2384629元，与1937年超过1300万的岁入相比，落差极大。[③] 当时的官方文件也声称，“皖省夙有贫瘠之称，历年岁计，颇多亏绌。抗战军兴后，复以地居要冲，战祸特深，财政困难，更十百倍于往昔。”[④] 于是，1935年被国民政府在一定程度上减轻的人民负担再一次卷土重来。据统计，当时有些县的摊派总额，竟然超出合法税额的五六倍。例如，临泉县富户捐一项，就高达六万余元；蒙城县的编遣费也达到十万余元。[⑤] 抗战初期安徽省各县非法摊派情况，详见表3－16。

表3－16　　抗战初期安徽各县非法摊派

县份	摊派种类
宿松	壮丁捐、筑路捐、拆路捐、后备队经费，联保壮丁及保丁费、自卫队给养、自卫队枪弹费、堤工捐、夫马费、担架队经费
望江	区署办公费、临时费、酒席费
无为	商富捐、自卫队给养及各项临时费
庐江	枪支费、壮丁训练费、兵差费、巡查费、招待费、夫役费、壮丁费
巢县	抗敌后援会捐款、临时抚恤费、招待费、犒赏费、枪支费、富户捐、壮训费、毁路工费

① 陈明远．废除苛捐杂税案的剖视［J］．汉口商业月刊，1934，1（12）：37.

② 宋霖，房列曙主编．安徽通史·民国卷（下）［M］．合肥：安徽人民出版社，2011：727.

③ 安徽省政府统计室编．安徽省二十八年度统计年鉴［C］．1939：164.

④ 安徽战时财政秩序之建立［A］．安徽省财政厅编．安徽财政史料选编（第四卷）［C］．皖非正式出版字（92）第065号，1992：38.

⑤ 朱兴良．安徽的县地方财政［J］．安徽政治，1941，4（2）：2.

续表

县份	摊派种类
六安	壮丁巡查队给养、夫草捐、壮丁生活费、特别费、联保队丁及保丁费、区署联保招待费、自卫队服装费、兵差费、运输费、联防费
舒城	警备班补助给养费、门户捐、锅台捐、牛头捐、寨捐、长短夫捐、夫役捐、联防捐、自卫队给养
立煌	保甲三块捐（每石种三元）
寿县	自卫军第一路军衣借款、夫役费、招待费、临时费、自卫队给养、兵役费、联保队丁及保丁费、自卫队枪弹费、筑路费
霍邱	第四支队及常备壮丁队给养、联保队丁及保丁费、区署经费、联保招待费、自卫队枪弹费及各项临时费、赌捐、三斤米粮捐、雇请及征送壮丁费、指户捐、筑路捐、兵差费、夫马费
凤台	常备队经费、区署经费、联保招待费
凤阳	区署经费、联保壮丁及保丁费
定远	联保捐、壮丁费、民夫捐、招待费
全椒	军政临时维持费、自卫队枪弹费
涡阳	常备队伙食费、征收商人特别利润、自卫队枪弹费
亳县	富户筹借第六支队经费、壮丁费、招待费、剿“匪”费、后备队伙食费、自卫队枪弹费及鞋袜费、区丁服装费、骡马费、社训壮丁训练费、房捐、夫草费
太和	县预备队伙食捐、枪械服装捐、各区巡护队捐、自卫军给养捐、抽提壮丁捐、殷富捐
临泉	军需借款、麦豆捐派、富户捐、招待费、联保队丁及保丁费、欢送壮丁费、伤兵医药费、枪支登记费、枪支派款、联保招待费、自卫队给养费、壮训费、托儿所经费、雇请及征送壮丁费、区署经费
至德	地方临时兵差费、地方临时费
郎溪	游击经费、联保壮丁及保丁费、自卫队给养
旌德	壮丁常备队给养、担架队及常夫给养
黟县	壮丁给养服装费、毁路费
滁县	区动委会
霍山	联保壮丁及保丁费、联保招待费、自卫队给养兵差费、夫马费、自卫军枪弹及服装费、米捐、置产教育二分捐、教育、产捐
怀宁	区署经费、自卫队给养、保甲会议费

续表

县份	摊派种类
太湖	自卫队给养
潜山	自卫队给养、自卫军枪弹费、社训壮丁训练费、雇请壮丁费
盱眙	自卫队给养
来安	田亩捐、牛头捐、招待费、柴草捐、子弹捐、壮丁费、自卫队给养、月捐、串票捐
和县	自卫队给养、联保队丁及保丁队服装费、富户捐、兵差费
泗县	改编保甲经费、区署经费、自卫队给养及服装费
五河	壮丁常备月捐、后备队经费、壮丁伙食费、雇壮丁费、区署警士饷捐，招待费、会费、富户捐
蒙城	自卫队给养、筹派编遣费、联保壮丁及保丁费、区署经费阜阳自卫军给养、自卫队枪弹费
颍上	联保壮丁及保丁费、区署经费、联保招待费、自卫队给养、户捐、人头费、征送壮丁费
绩溪	自卫队给养
桐城	自卫队给养、保甲会议费
宣城	自卫队给养
合肥	自卫队枪弹费、米捐、筑路费
岳西	自卫队枪弹费、五二亩捐
贵池	富户捐

资料来源：朱兴良．安徽的县地方财政［J］．安徽政治，1941，4（2）：26－28.

战争时代人民负担增加固然在所难免，但中央政府在制度设计方面也难辞其咎。南京国民政府成立之后，中央尽管也不乏发展地方经济、加强地方建设的想法，但却以政治安全作为优先选择，因此始终不肯过多下放财权。通过中央补助等方式进行的转移支付，不仅力度不够，而且只能下放到省一级，与基层无涉；而且，一旦遇到突发事件，补助款的发放往往大受影响。同样，在地方财政的框架内，省政府依靠政治上的优势地位，控制了财权，因此不得不默许下属各县另辟财路；在这种情况下，人民负担自然越来越重。此外，从经济上看，这一时期，广大农村地区经济凋敝，这也就意味着税源潜力不足，难以为基层建设提供充足的经费，更何况当时县一级政务、公安等方面的开支居高不下；地方政府除了对人民加大汲取力度之外，别无他法。因此，面对中央政府减轻田赋附加和取消苛捐杂税的煌煌明令，地方上只能阳奉阴违、敷衍办理。更为重要的是，“纳税问题的实质是公民与国家的关系问题，它表面上是个财政概念实际上却是个政治范畴。”① 自古以来，官员贵为“民之父母”，人民只不过是地位低贱的“黔首”“布衣”。在广大人民的权利长期被漠视的大环境中，无论是什么样的“减负型”改革，都只不过是“黄宗羲定律”的重演。因此，正如时人所论，“在政治组织没有合理化，财政制度没有根本的改造以前——也许单是政治的改善问题——想从废除苛捐杂税以减轻农民的负担，那无疑地是一种富有趣味的幻想。”②

① 秦晖．“黄宗羲定律”与税费改革的体制化基础：历史的经验与现实的选择［J］．税务研究，2003（7）：5.

② 蔡斌咸．中国目前废除苛捐杂税的总检阅［J］．申报月刊，1935，4（1）：78.

第四章

安徽地方财政主要收入项目与社会负担（1927～1937年）

1927～1937年，仅就省一级而言，安徽地方财政收入比北洋时期要高出不少。如前所述，北洋时期安徽省财政收入约为600万元，年年入不敷出；南京国民政府成立之后，安徽地方财政收入在整体上呈现出递增的态势。而且，作为中央有效控制的少数省份之一，每年都得到了中央的财政补助款，以维持开支；这项收入在1932年以后，基本上都超过省库年度收入的20%。在税收收入结构方面，20世纪30年代中央裁厘改税之后，地方上形成了以田赋和工商税收为主的财政收入体系。这一时期，安徽地方财政收入主要可以分为以下几个部分。

（1）田赋。作为地方上最重要的收入来源，平均每年占省库总收入的30%左右。① 由于各县的开支也大多依靠田赋附加来实现，因此，田赋在安徽省整个财政体系中的作用极为重要。

（2）工商税种。包括营业税、契税、车船捐、房捐等各项捐税在内，占总收入的20%以上，这也在一定程度上体现了当时安徽工商业的发展水平。值得注意的是，当时安徽省收入细目中还有“其他收入”一项，数额不小，在许多年份的比例都超过省库总收入的10%，这项收入“实际上是一些难以公开的鸦片税、赌博税和妓院税等，反映出地方财政的丑恶和黑暗”②。因此，如果这笔捐税也统计在内，那么工商税收的数额足以与田赋相媲美。

（3）债务类收入也是省财政收入来源之一，不过，在大多数年份，其地位并不显著。值得一提的是，“‘债款收入’与‘补助款收入’之和，实际上就代表了该年度的预算赤字”③。

---

① 谢国兴．中国现代化的区域研究：安徽省1860～1937［M］．台北：“中央”研究院近代史研究所，1991：660.

② 孙文学．中国财政史［M］．大连：东北财经大学出版社，1997：275.

③ 杨荫溥．民国财政史［M］．北京：中国财政经济出版社，1985：87－88.

（4）非税收入。主要包括地方财产收入、地方事业收入、地方营业收入、地方行政收入。

20世纪30年代前中期，安徽省库主要收入情况详见表4－1。

表4－1　　1931～1937年安徽省库主要收入项目情况　　单位：元

项目	1931年	1932年	1933年	1934年	1935年	1936年	1937年
田赋	2626117	3553368	3871692	3191623	3466165	6913658	3174811
工商税收	2692124	3717455	2470818	4360877	4830907	6723423	4573291
债务类收入	473316	76579	1846510	1944190	1600600	190000	200600
中央补助款	1294000	690000	2579481	2162939	2261999	3326463	3596629
非税收入	1270973	577513	661064	708063	1591851	4458869	1664640
经收国家各款	42450	2273763					
省库总收入	8398980	10798678	11479463	12372692	13751542	21612413	13193571

注：表中“工商税收”一栏的数字，是契税、营业税、房捐、车船捐和其他收入等5项收入之和。

资料来源：各省地方财政收支［J］. 统计月报，1942（67－68）：9－33.

第一节

田赋

南京国民政府实行中央与地方两级财政体制之后，田赋成为地方当局最为倚仗的收入来源。不仅是安徽等农业大省，即使是工商业最为发达的江苏省，也是以田赋收入为大宗。[①] 这一时期，县级政府则主要是依靠田赋附加来维持行政开支，农民缴纳的田赋附加，甚至比正税还要多。表4－2为这一时期安徽省田赋预算及省库实收情况。

表4－2　　1928～1937年安徽省田赋预算及实收情况　　单位：元

年度	预算收入	指数	实收数额	指数	预算执行率	占省库总收入比重
1928	4070792.00	100.00	3459709.04	100.00	84.99%	41.17%
1929	4842000.00	118.94	2456671.09	71.01	50.74%	33.56%
1930	4300000.00	105.63	2928222.87	84.64	68.10%	31.30%
1931	5602500.00	137.63	2626117.18	75.91	46.87%	31.45%
1932	3907500.00	95.99	3407689.23	98.05	87.21%	31.56%

① 孙晓村编．苛捐杂税报告［J］. 农村复兴委员会会报，1934（12）：24.

续表

年度	预算收入	指数	实收数额	指数	预算执行率	占省库总收入比重
1933	4169240.00	102.42	3871691.48	111.91	92.86%	33.73%
1934	3745795.00	92.02	3367251.43	97.33	89.89%	27.22%
1935	3990644.00	98.03	3466193.47	100.19	86.86%	25.58%
1936	6038546.00	148.34	6327053.07	182.88	104.78%	29.68%
1937	3585771.00	88.09	3588850.17	103.73	100.09%	26.77%

资料来源：安徽省政府统计室编．安徽省二十八年度统计年鉴［C］．1939：178.

由表4－2可知，在这一时期的绝大多数年份，省政府对于田赋的实际征收情况不佳，基本上都没有达到预算，税收缺口①很大。导致这一现象的原因是多方面的，最为重要的是以下三点。

（1）农业生产受气候影响甚大，1931年，全国发生严重水灾，地处江淮流域的安徽省损失尤其严重。从当时金陵大学农业经济系的调查结果来看，皖南24个县被淹耕地8679700亩，占耕地总面积的62%，受灾农家613200户，平均每户经济损失513元；皖北19个县被淹耕地23767800亩，占耕地总面积的60%，受灾农家767000户，平均每户经济损失316元。② 在自然灾害下，农民生活困苦；无为县的一户农家，因为干旱无收，最终全家八口全部跳河自尽。③ 而长期以来，政府对受灾地区的田赋，都制定了相关蠲免、缓征的政策，国民政府于1934年颁行的《修正勘报灾歉条例》规定，地方勘报灾伤，将灾户原纳正赋作十分计算，按照灾情呈请蠲免。④ 同年，省政府颁行的《安徽省各县勘报灾歉办法》规定，各县成灾田亩，专办蠲免，不办缓征；被灾十分者全免，灾在九分以上者，蠲免正赋80%，灾在七分以上者，蠲免正赋50%，灾在五分以上者，蠲免正赋20%，收成在五分以上者，不办蠲免。⑤ 这种恤民政策在一定程度上有利于缓解灾民困难，但也直接导致了税收减少，1931年田赋实收还不及预算的一半，成为1928～1937年间预算执行情况最差的一年。需要指出的是，除了确实因为受灾而导致征收受损的情况之外，还有一些地方则谎报或者夸大灾情，以图蠲免。例如，怀宁等30余县就经常妄报

① 税收缺口（tax gap），是指应征数与实际征收数的差距。

② 中华民国二十年水灾区域之经济调查［J］．金陵学报，1932，2（1）：223－224.

③ 钱俊瑞．目前农业恐慌中的中国农民生活［A］．陈翰生等编．解放前的中国农村（第2辑）［C］．北京：中国展望出版社，1987：200.

④ 修正勘报灾歉条例［J］．安徽民政公报，1934，4（3），中央法规：5－8.

⑤ 修正安徽省各县勘报灾歉办法［A］．安徽省财政厅编．安徽财政史料选编（第二卷）［C］．皖非正式出版字（92）第065号，1992：248－249.

重灾，请求减赋，甚至减数未定，延不启征，减数既定，匿不公布；对于减缓田赋，并不按照灾情分别减免，仍然笼统征收，以至于真正受灾之户得不到蠲免，土豪劣绅反而进行抗欠。①

（2）农产品的价格以及整体经济形势都会影响农民的处境，进而影响田赋征收的效果。这一时期，世界性的农业萧条和通货紧缩也波及中国，由于政府是以货币（银元）的形式征收田赋，一般情况下，就价格下跌的速度及程度而言，农产品要高于其他生活必需品。以宿县为例，“1932 年 6 月至 1934 年 6 月，农民所得物价计跌 58%，而所付物价仅跌 42%。农民在 1934 年出售之产物，较 1930 年物价关系通常时，须多 38%，始能购得与 1930 年同量之衣食燃料等物品。”② 另外，在风调雨顺的丰收年景，会因粮价下跌而出现“谷贱伤农”的情况。这固然与交通不便、运费过高、洋米充斥以及地方保护主义有关，但从根本上来讲，还是由于丰收引起了供给量的增加，进而导致价格下降，但农产品的需求弹性较低，价格的下降幅度大于需求量的上涨幅度，因此，农民的实际收入反而降低。1932 年，媒体针对长江中下游流域丰收后的情况做过如下报道，“见新未及一周，米价骤跌一元，不到一月，价跌竟达二元有余。计自糙米八元五角，跌至五元至六元。农民虽称丰收，但每亩收获，亦不过一石六七斗，全数粜去，以六元计算，只得九元稍零。佃农连还租在内，以及工资等项，每亩需本洋十二元，则种租田一亩，亏本几达两元之多。”③

（3）田赋拖欠现象严重。长期以来，“各县豪绅巨室，每以不完田赋为私人应享之权利，甚或包揽他人侵吞入己，一任催科，抗不缴纳。官吏摄于威势，碍于情面，熟视无睹，未能依法严追。缘是日积月累，愈欠愈多，竟有一县之大，积欠至数十万而无可催追。”④ 基于上述种种原因，田赋预算难以达成。根据《安徽省地方赋税及县地方附加杂捐报告书》显示，当时省内只有宣城、南陵、泾县、宁国、旌德、太平、石埭、芜湖、宿县、阜阳、亳县、蒙城、太和、涡阳、泗县、滁县和六安等 17 个县能够足额征收，其余 40 多个县都有欠数，其中，无为、合肥、和县、黟县和当涂等 5 个县尤为严重。⑤

除了税收缺口之外，田赋方面存在的另一个问题就是征收过程中存在种种积弊，这不仅影响到政府收入，更给纳税人造成了严重的损失。北洋时期，安徽省民田征收分为地丁、糟米、杂耗、加捐等项，卫田情形尤其复杂；南京国

---

① 二十四年度财政计划［J］．安徽政务月刊，1935（11－12），计划：11.

② 安徽宿县农民所付及所得之物价［J］．经济统计，1937（7）：290.

③ 姜解生．一九三二年中国农业恐慌底新姿态——丰收成灾［J］．东方杂志，1932，29（7）：9.

④ 财政部严令整理全国田赋银行周报［J］．银行周报，1928，12（47），杂纂：4.

⑤ 毛龙章．安徽省地方赋税及县地方附加杂捐报告书［M］．1934，一田赋：3.

民政府成立之后，再一次实行并税式改革，将这些名目合并计算，定为每亩征收银币若干，对于卫田也陆续办理缴价升科（详见第三章第三节）。但是，在田赋正税得到逐步规范的同时，田赋附加现象却极为普遍和泛滥，每个地方都有名目繁多的附加；这也就给征收人员提供了上下其手、中饱私囊的机会，征收成本由此大幅度提高，税收损失尤其严重。此外，当时还存在各种各样的逃税手段，如将自己的田地伪报在他人名下，被称为“诡寄”；地主勾结官府，将田地赋税化整为零，分洒到其他农户的田地上，被称为“飞洒”，这些情况普遍地存在于各县。以当涂县为例：

“当涂田赋在民国二十二年以前为包征制度，故流弊丛生，细民重困。当时粮区，全县分为十三直半，每直有一经管，下有直书共四百五十余家，此外并有催粮吏八十余人，均无薪给，全赖催费陋规以得裕优之生活。故飞洒诡寄，浮收捺串，亦由而生。国家税收，年征得实征数只五六成，余均被中饱吞没。直书帮同催粮造册，常持由费单费陋规以侵蚀人民，例如陋规规定由单费每亩三分，事实收取每亩在二角五分以上，惟城中士绅之由单费亩给三分或四分，乡间士绅亩给一角五分，与普通农民即有分别，此在于六、八、十诸区行之。在一、二、四各区，由单费即曰催费，陋规与前同。至在第五区，特别又为一种包封制，因该区小农占多数，在耕作完毕每多出外工作，常在十二月返乡，遇正月即去，于是册书收取钱粮，亦在正二月间，每亩索八角犹不给串，如需串票，则须纳一元，此种收钱捺串，即朦报官厅为荒绝死亾，殊足痛恨！此外尚有所谓敛粮费，亩约数分，种种陋规，不一而足。”①

当时各县田赋正税、附加税以及人均负担情况如表4－3所示。

表4－3　20世纪30年代安徽省60县田赋正税、附加税以及人均负担情况

县别	人口	税率（元/亩）			田亩数（单位：亩）	田赋总额（单位：元）	人均负担（单位：元）
		正税	附加	合计			
怀宁	641373	0.3860	0.3085	0.6945	340789	236678	0.3690
桐城	942900	0.3780	0.3880	0.7660	339421	259996	0.2757
潜山	378272	0.4109	0.4052	0.8161	252787	206299	0.5450
太湖	420635	0.3489	0.3489	0.6978	370860	258786	0.6152
宿松	354884	0.3113	0.2525	0.5638	439632	247865	0.7000
望江	236620	0.3292	0.3292	0.6584	300854	198082	0.8370

① 陈少书．镇江当涂和县实习调查日记［A］．萧铮主编．民国二十年代中国大陆土地问题资料［C］．台北：成文出版社，1977：83712－83713.

续表

县别	人口	税率（元/亩）			田亩数（单位：亩）	田赋总额（单位：元）	人均负担（单位：元）
		正税	附加	合计			
歙县	282638	0.2722	0.2638	0.5360	215827	115683	0.4090
休宁	173096	0.2240	0.1941	0.4181	359512	150312	0.868
婺源	177592	0.1912	0.1618	0.3530	515116	181836	1.0238
祁门	90474	0.1955	0.1078	0.3033	214219	64568	0.7137
黟县	61093	0.2441	0.2453	0.4894	165259	80878	1.3239
绩溪	89138	0.2381	0.1832	0.4213	107426	45259	0.5077
宣城	481910	0.2502	0.2500	0.5002	1031110	515761	1.0700
南陵	246631	0.2478	0.2475	0.4953	459350	227516	0.9225
泾县	205015	0.3299	0.3299	0.6598	202453	133578	0.6516
宁国	142307	0.2343	0.3085	0.5428	207595	112683	0.7920
旌德	54002	0.2472	0.2919	0.5591	100972	65453	1.2120
太平	74244	0.3250	0.3177	0.6427	92749	59610	0.8030
贵池	279699	0.5980	0.7317	1.3297	172349	229172	0.8190
青阳	140675	0.3228	0.6472	0.9700	107813	104579	0.7430
铜陵	161874	0.5661	0.6225	1.1886	130997	155703	0.9600
石埭	48403	0.4800	0.6651	1.1451	43515	49829	1.0290
至德	110524	0.6061	0.4849	1.091	85608	93398	0.8450
东流	106781	0.8018	0.3857	1.1875	69046	81992	0.7680
当涂	304767	0.2403	0.3397	0.5800	716084	415329	1.3600
芜湖	333436	0.3169	0.3099	0.6268	261107	163662	0.4900
繁昌	213835	0.2965	0.3439	0.6404	207016	133573	0.6240
合肥	1270512	0.0698	0.0667	0.1365	3030036	413600	0.326
无为	722965	0.1323	0.2525	0.3848	1280844	492869	0.681
舒城	488696	0.1356	0.3834	0.519	694877	360641	0.457
庐江	547271	0.0744	0.0859	0.1603	1028574	164879	0.3012
巢县	358732	0.0997	0.1397	0.2394	768124	183889	0.5136
凤阳	422024	0.0874	0.0434	0.1308	699704	91390	0.2160
怀远	483620	0.1914	0.1579	0.3493	505176	176458	0.3630
寿县	693915	0.0518	0.0777	0.1295	2374905	307550	0.4430
宿县	966740	0.0430	0.04300	0.0860	3039251	261376	0.2700
定远	333519	0.0681	0.0919	0.1600	1058948	169432	0.5080

续表

县别	人口	税率（元/亩）			田亩数（单位：亩）	田赋总额（单位：元）	人均负担（单位：元）
		正税	附加	合计			
灵璧	517544	0.0440	0.0200	0.0640	1179474	75486	0.1458
凤台	448454	0.0471	0.0604	0.1075	792683	85213	0.1740
阜阳	1792467	0.0706	0.0686	0.1292	2929394	407772	0.2275
颍上	348200	0.0653	0.1019	0.1672	448719	75026	0.2154
霍邱	433414	0.0278	0.0326	0.0604	131788	7960	0.0183
亳县	534327	0.1187	0.2485	0.3672	7031969	258214	0.4830
蒙城	433779	0.0559	0.0998	0.1557	749408	116683	0.2690
太和	584441	0.5660	1.5230	2.0890	18632	28922	0.0666
涡阳	572077	0.0614	0.1264	0.1878	746994	140285	0.2451
六安	651584	0.0913	0.1700	0.2613	1493438	390235	0.5990
霍山	193607	0.1191	0.0690	0.1881	302401	56882	0.2930
泗县	545357	0.2014	0.1821	0.3835	376396	144358	0.2646
盱眙	249002	0.5955	0.6551	1.2506	284398	355668	1.4280
天长	205662	0.9115	0.7589	1.6704	281842	470789	2.2405
五河	119996	0.2508	0.1690	0.4198	75228	31571	0.2631
滁县	157061	0.1320	0.1518	0.2838	258576	63384	0.4030
全椒	193518	0.4059	0.3425	0.7484	361858	270815	1.400
来安	112593	0.3751	0.3059	0.681	284531	193966	1.7226
和县	296230	0.2640	0.2484	0.5124	564824	289416	0.9777
含山	216622	0.2704	0.2704	0.5408	222728	120451	0.5560
广德	179927	0.1876	0.2205	0.4081	504306	205807	1.1440
郎溪	136275	0.2137	0.2137	0.4274	374368	160005	1.1740
嘉山	91647						
合计	22093000	147286				11179072	0.5080

资料来源：姜启炎．安徽人民之田赋负担［J］．政衡，1934，1（3）：52－57.

需要指出的是，表4－3中所列的人口数字，为各县总人数，包括非农业人群。根据相关学者的估计，“中国19个省中，城市居住了10%的户数，市镇为11%（包括部分乡村人口），村庄为79%。”① 当然，城镇与农村每户的人口规模不尽相同，但差异可能并不十分巨大；换言之，农村户数所占比例，

① 侯杨方．中国人口史（第6卷，1910～1953）［M］．上海：复旦大学出版社，2001：483.

与农村人口或农业人群所占比例之间，应该不会相差过远。这一判断可以从这一时期怀宁县的统计资料中得到印证：当时该县农村每户人口平均为6.5人，而城市每户平均为6.2人，农村人口为73763户，共计481674人，户数所占比例为74%，人数所占比例为75%；农村每户年收入147.73元（约含30%的非农产收入），人均年收入为22.73元。① 而从当时对安徽省41个县和芜湖等城镇的统计情况来看，农业人口也超过60%。② 因此，保守地估计，这一时期，安徽省农村人口所占比例至少不会低于2/3。

从上述数据以及相关分析可知，当时安徽省各级政府应从田赋中获得的年收入总额约为1120万元，其中，正税约500万元，附加税约600万元，附加税率约为120%，农村人均负担约在0.75元。实际上，当时每年田赋实收只有300万元左右，按照120%的附加税率计算，附加税收入大约是360万元，合计实收不过660万元，这样算来，人均负担还不到0.5元。单看纸面数据，农业税所带来的负担并不会对农民生计造成决定性影响，这一结论可以通过与这一时期安徽省农民的人均收入水平对比而得到证实。例如，当时安徽宿县的男性雇农，年收入在10～32元之间，女工在6～15元之间。③ 又如，芜湖县东南乡461家农户的平均年收入为164.81元（约含8%的非农产收入），④ 无为县每户农家平均收入为214元（约含23%的非农产收入），霍邱县每户农家平均收入为225元（约含22%的非农产收入）。⑤ 当时农户中各收入层次所占比例可参见表4－4。

表4－4　　20世纪30年代安徽农户年收入分组表　　单位：元

年收入	百分比	年收入	百分比	年收入	百分比
25以下	5.05%	150～199.9	10.03%	400～449.9	1.3%
25～49.9	15.22%	200～249.9	6.62%	450～499.9	0.8%
50～74.9	18.28%	250～299.9	3.6%	500～999.9	2.5%
75～99.9	12.03%	300～349.9	2.86%	1000以上	0.43%
100～149.9	18.03%	350～399.9	1.63%	不详	1.62%

资料来源：戴惠珍等著．安徽现代史［M］．合肥：安徽人民出版社，1997：286.

① 余醒民．安徽怀宁县农村经济概况调查［J］．中国经济评论，1934，1（4）：57－63.

② 杨子慧．中国历代人口统计资料研究［M］．北京：改革出版社，1996：1383.

③ 尹天民．安徽宿县农业雇佣劳动者的生活［J］．东方杂志，1935，32（12）：108.

④ 转引自谢建．民国时期江南农民收支状况研究（1920～1937）［D］．南京：南京师范大学，2007：22－23.

⑤ 实业部中国经济年鉴编纂委员会．中国经济年鉴·上册［M］．上海：商务印书馆，1934：380－381.

按照上述数据进行计算，不难得知，当时农业税给农民带来的负担在3%左右。但是，真正的问题在于，以上所论只是基于公开数据，与真实情况差别很大。实际上，这一时期，农民生活困苦不堪，很多农户入不敷出；一部分原因是大量生活必需品的消费无法减免，更重要的则是看似轻徭薄赋的农业税实际带来的负担其实很沉重。而生活必需品的消费和税收负担都属于刚性支出，因此，在农民收入不高的情况下，这样的压力足以导致普通农民破产。据时人估计，五口之家的农户，每年生活所需的最低限度，要在130～140元之间；[①]也有人将贫穷线的标准定为150元或250元，如此则安徽分别有68.61%和85.26%农户身处饥寒交迫之中。[②]

这一时期，特别是对于无权势的自耕农而言，名义负担与实际负担严重不符，官府征税给他们带来了沉重的压力，主要原因包括以下几个方面。

（1）册书、里书等征收吏役的舞弊行为。美国学者杜赞奇（Prasenjit Duara）在考察20世纪前期华北地区的乡村社会时，曾经提出了“赢利型经纪”和“保护型经纪”的概念，他把在乡村中带有贪婪和掠夺色彩的吏役称为“赢利型经纪”，与维护村社利益的“保护型经纪”相对，随着官府加大社会资源的汲取力度，“保护型经纪”逐渐被“赢利型经纪”所取代[③]；这一概念在很大程度上也适合于安徽当时的情况。更为严重的是，“皖省各省书吏粮差之多，恐为他省所未有，一县之中，册书人数，有多至一二千名以上者，最少亦且百数十人。”[④] 例如，南陵县的经征书记和催收人员（户书生）每年除了收取工食等费5000元之外，还违规索取的规费2万元以上。[⑤] 庐江县人士陈绍岩，因其祖父在太平天国时期获得地籍册簿册，于是世代担任册书头目，其手下还有若干小册书；1929年还曾经假造县印，代为税契；1933年经县政府调查，此人共侵吞公款数十万元。而当花户出现滞期完粮的情形时，县政府起初下发催票，该县警吏则借着下乡催告的机会，以纸烟费、辛苦费、茶钱、酒钱、饭钱、车钱甚至大烟钱等名目，起码勒索两元以上方才了事；如果县政府

① 王鉴余．中国农民经济困难之原因［J］．安徽省立第二中学校刊，1933（3）：8.

② 戴惠珍等著．安徽现代史［M］．合肥：安徽人民出版社，1997：286.

③ （美）杜赞奇著；王福明译．文化、权力与国家——1900～1942年的华北农村［M］．南京：江苏人民出版社，1996：37－51.

④ 姜启炎．安徽财政之收入［A］．中国国民党中央政治学校，南京图书馆编．二十世纪三十年代国情调查报告（第206册）［C］．南京：凤凰出版社，2012：500.

⑤ 吴耀椿．调查南陵县田赋征收弊端情形及改革意见［J］．安徽地方政务研究周刊，1934，1（11），会员论文：23－24.

下提票时，则要勒索十元以上。[①] 繁昌县也存在着征收人员把持征册、浮收需索、侵蚀灾缓、诳报民欠和隐熟捏荒等情形。[②] 可见，当时政府获得的660万元农业税收入并不等同于农民实际缴纳的数额，额外支出其实大多是被各级征收吏役侵吞。

（2）田亩统计不实。自明神宗之后，安徽省的农田就没有进行清丈，经过数百年间的战乱，变化很大。当时所谓的全省3900余万亩的农田数目，只是在太平天国运动之后，凭借着以前征收旧册或者书吏私抄底本，零星凑集而成，与实际情况相差甚远。由于官府无法得到真实数据，也就给了各级征收官吏贪墨舞弊的机会。例如，当时省内所谓的荒田有436万亩，按照税率计算，可以为政府带来210万元的财政收入；但实际上关于这些荒地的统计并不准确，很多田亩早已得到开垦，农民也照章纳税，只是这些田亩不在官府的应税名单之内，所以收入全数落入私囊。当时有人估计，全省约有6000万亩土地承担着赋税，比应税亩数要多2000余万亩，但这些却没有成为政府的财政来源。[③]

（3）权贵地主进行负担转嫁。当时南昌总司令部在给安徽、江西等六省主席的电文中就指出，"各地显达豪强，凡拥有多数田产之地主，率多恃势滞纳，催科人员固莫敢谁何，地方官吏亦多所畏徇。……甚至彼辈之宗族亲属，亦皆托其包庇，假借势力随同抗征。遂致积欠愈巨，影响税收甚大。故无论正供附加，只由薄田无多之驯弱小民独户苛重之负担，而豪猾不与焉。此种现象几成各省通病，不特为地方财用枯窘之源，尤为农村破产民生憔悴之主因。"[④] 此外，由于田赋是计田征税，无地的佃户本来只需要向地主交租，并不承担国家税收，但是很多地主反将纳税任务分派给佃户。在盱眙县，"地方捐由地主佃农两方面斟酌完纳，名称有月捐、枪捐、壮丁费……等，如壮丁费每月由地主完纳五角至一元，佃农纳五分至两角。"[⑤] 而当时安徽省佃农的租额本就很高，其中，租旱田须缴40%，租水田须缴70%。[⑥]

上述种种因素导致农民苦不堪言，也给政府造成了严重的财政损失，据估

① 傅广泽．安徽实习调查日记［A］．萧铮主编．民国二十年代中国大陆土地问题资料［C］．台北：成文出版社，1977：83535－83538．

② 吴耀椿．调查繁昌县田赋征收积弊情形及改革之意见［J］．安徽地方政务研究周刊，1934，1（11），会员论文：20－23．

③ 姜启炎．安徽人民之田赋负担［J］．政衡，1934，1（3）：59．

④ 蒋令六省严催强豪欠赋［N］．申报，1933－11－17（8）．

⑤ 冯和法．中国农村经济资料续编（上）［M］．上海：黎明书局，1935：87．

⑥ 张光业．安徽垦殖问题［A］．萧铮主编．民国二十年代中国大陆土地问题资料［C］．台北：成文出版社，1977：24493．

计，“皖省人民对于田赋真正所失，至少当较政府现实所得，超过四倍以上。①”陈翰笙先生当时就毫不讳言地批评道：“在中国与其说赋税是公家财政的基本，毋宁说它是公开掠夺的代名。”② 当时，有人还曾经对此编成了歌谣：

“民国如今廿一载，年年天下不太平，百姓过活不容易，农民更是苦中人。……又有贪官和污吏，纳税苛捐重收征。三五成群小差卒，来到乡村乱横行，借账抵押把招待，汾酒白饭肉几斤。典卖一空无怯想，手燎脚烤上衙门，不管三七二十一，打了屁股抽背筋。天下多少不平事，世间最苦是农民。”③

省政府当然知道上述问题的存在，并在查挤隐荒、改化册亩、平均税率、禁革例灾、剔除积弊、严定考成、试办地价税等方面进行了一些努力。④ 具体情况以1934年度为例，详见表4－5。

表4－5　安徽省1934年度田赋设计进度

第一期 1934年 7～9月	1. 督饬各县，严革秋成例灾恶习，如果确系被灾须于本期内勘报定案； 2. 督饬各县，实行改良簿记； 3. 严饬各县，裁减柜书； 4. 严饬各县，剔除征收田赋各项积弊，并检举陋规； 5. 办理土地陈报； 6. 督饬严催节年欠赋，限本期内，照摊征数，征解四分之一； 7. 督饬各县，组设推收事务所，限本期内成立具报； 8. 催办新垦升科，限本期内办竣； 9. 督饬各县，催缴田产权责
第二期 1934年 10～12月	1. 督饬各县，催征本年新赋，并按月解划具报； 2. 继续督饬催征欠赋，限本期内，征解四分之一； 3. 督饬催缴卫田产权费； 4. 筹备改良串票； 5. 续办土地陈报
第三期 1935年 1～3月	1. 继续督饬各县催征本年新赋，并按月解划具报； 2. 继续督饬催征欠赋，限本期内，征解四分之一； 3. 继续督饬催缴卫田产权费； 4. 续办土地陈报

① 姜启炎．安徽人民之田赋负担［J］．政衡，1934，1（3）：58.

② 陈翰笙．中国农民担负的赋税［A］．陈翰生等编．解放前的中国农村（第2辑）［C］．北京：中国展望出版社，1987：35.

③ 杨逸农．歌：苦农民［J］．安徽农学会报，1932（2）：99.

④ 二十四年度财政计划［J］．安徽政务月刊，1935（11－12），计划：10－13.

续表

第三期 1935年 4～6月	1. 督催各县，将应征新赋，于本期内扫数征解； 2. 督催各县，将摊征欠赋，于本期内征解足额； 3. 督催各县，于本期内一律缴清； 4. 续办土地陈报

资料来源：安徽省二十三年度财政计划［J］. 安徽财政公报，1934（32），丛录：4－5.

然而，正如笔者第三章第三节所言，在全面抗战爆发前，由于土地清丈和陈报工作的缓慢进度，官方对于准确的田亩数据不得而知，因此，在当时广大农村地区没有被有效纳入行政体系的大背景下，政府根本无法对抗地方上的信息优势，田赋的整理工作也就难以取得真正有效的成绩。到了抗战时期，由于东南沿海地区的沦陷，南京国民政府大宗税源尽失，再加上滥发法币而导致的通货膨胀，最后不得不对田赋改征实物。1941～1945年，安徽省共征粮食9324615市石，年平均征起率达106.35%，远高于全国平均水平。[①] 然而，在这一过程中，贪污腐败、危害乡里的恶性事件数不胜数，民间的不满情绪持续增加，国民政府的执政合法性进一步降低。

实际上，从税制设计方面来说，农业税[②]与现代社会的价值取向是相抵触的："农业税不是个人所得税（没有起征点），不是营业税（不区分生产的营利性），不是资产税（土地不是农民的私产），而是一种典型的'身份性税赋'。只要脱不了'农村户口'，农业税就如影随形地跟定农民，活到老，缴到老。"[③] 因此，农业税正是千百年来农民政治身份低下的真实写照。[④]

第二节

工商税收

与田赋不同，工商税种作为间接税，征税对象普遍，税源丰富，课征方便，但是，由于存在着税负易于转嫁的特点，因此其最大的弊端在于收入越低，实际税负越重。此外，政府一旦提高税率就容易使价格上涨，抑制需求，

① 陈雷. 抗战时期安徽的田赋征实［J］. 安徽农业大学学报（社会科学版），2013（7）：131－136.

② 我国历史上的农业税主要就是田赋，直到民国后期，才建立了包括田赋在内的土地税体系。

③ 崔立勇. 取消农业税：农民减负不是全部［N］. 中国经济导报，2011－03－03（B01）.

④ 2005年12月29日，第十届全国人大常委会第19次会议经表决决定，《农业税条例》自2006年1月1日起废止。同日，国家主席胡锦涛签署第46号主席令，宣布全面取消农业税。

在一定程度上还会导致税收减少。随着近代中国走向开放以及商品经济的不断发展，工商税种在政府收入中扮演的角色愈加重要。1930年裁厘之后，中国的工商税收体系得到整顿和完善，这一体系包括当时中央财政所依赖的关、盐、统三税以及地方财政收入中的营业税、契税等。从裁厘之后到全面抗战爆发之前，安徽省的工商税收状况如表4-6所示。

表4-6　1931～1937年安徽省库工商税种收入情况　单位：元

年份	1931	1932	1933	1934	1935	1936	1937	合计
营业税	685375	1311547	1233375	1593691	1876736	2204101	1363114	11.21%
契税	318648	401185	328998	932814	1200567	2165546	747627	6.65%
房捐			389128	187585	30011	247135	156065	1.10%
车船捐		61087	140192	303527	252377	460780	221992	1.57%
其他收入	1688101	1933636	379125	1348260	1471216	1645861	2081493	11.51%
省库总收入	8398980	10798678	11479463	12372692	13751542	21612413	13193571	100%
比例	32.05%	34.43%	21.52%	35.25%	35.13%	31.11%	34.66%	32.05%

资料来源：各省地方财政收支［J］. 统计月报，1942（67～68）：9-33.

由表4-6可知，工商税收在这一时期安徽省库收入中，平均份额约为30%，几乎和田赋旗鼓相当。营业税和契税是其中最主要的两个税种，表中的"营业税"是工商税种中所占比例最大者，总比例超过10%。不过，根据南京国民政府1931年6月颁行的《营业税法》第10条规定："各省市原有牙税、当税、屠宰税及其他应依法取缔或寓禁于征之营业税，得暂照原有税率分别改征营业税。"① 因此，表4-6中"营业税"一项除了普通营业税之外，也包括上述税目。另外，如前所述，"其他收入"中包括各种各样难以言明的捐税，例如，仅在1932年，"安徽北部二十余县，本年栽种之烟苗，约达四十万亩以上。以宿县一县论，农民有地五十亩者，官绅即劝种二、三十亩至三、四十亩，每亩烟正税十元，官绅附税约十元，三月间烟苗捐总额达780万元。"② 可见，官方对于"其他收入"的统计远逊于真实情况，而且，以上所论只是就省库收入而言，各县的收入并不计算在内。实际上，尤其是在1934年之前，县一级除了田赋附加之外，难以确切统计的各种苛捐杂税也主要附着于工商税种进行征收（各县征收情况详见本章第二节）。因此，如果加上这些部分，那

① 营业税法［A］. 中华民国工商税收史编写组、中国第二历史档案馆编. 中华民国工商税收史料选编（第五辑）·地方税及其他税捐［C］. 南京：南京大学出版社，1999：395.

② 杨荫溥. 民国财政史［J］. 北京：中国财政经济出版社，1985：84.

么工商税收在这一时期的安徽地方财政收入中所占比例和重要性都将进一步上升。

一、普通营业税

在这一时期的各种工商税收中，最为重要的是营业税，这是以纳税人从事经营活动的营业额为课税对象的税种，与关税同属流转税的范畴。在我国历史上，类似的商税古已有之，不过，“若以一般营业行为作为普通之征课对象，其肇源实始于民二十年开征之营业税”[①]。需要指出的是，这里所谓的“普通营业税”，并不包括20世纪30年代之后被归入“营业税”征收体系之中牙税、当税、屠宰税等。换言之，“普通营业税”与这些税目是相互并列的关系。

（一）普通营业税的征收情况

1931年1月，安徽省遵照中央命令，颁发《安徽省营业税规程》16条，正式开办营业税。省政府要求，凡中外商民在皖省境内营业者，除照中央法令已经纳税及免税各事外，均须缴纳营业税。[②] 营业税每年分为4月、10月两期征收。在课税标准方面，按营业收入额征收者包括物品贩卖业、交通业、转运业、营造业、包作承揽业、装潢裱画业、洗染业、电气业、饭菜茶酒馆业、浴堂业、客栈旅馆业、理发业、西装业、租赁物品业、娱乐场业、照相业、镶牙业、证券业和保险业。按营业资本额征收者包括制造业、书籍具业、印刷业、货栈业、钱庄汇兑信托业和蛋庄业；税率分为4‰、8‰和10‰三种。[③] 对于全年收入额不满1000元和资本总额不满500元者，免征营业税。[④] 同时，将全省划为28个区，每区设征收处，并按照工作繁简程度划拨每月经费，范围在250元至650元之间，分为9级，每级之差为50元，全年经费合计144000元。为了提升征收人员工作积极性，还将营业税收入的10%充作奖金，征收处获得七成，县政府、公安局和商会各得一成。[⑤] 此后数年间，财政厅又对征税机构进行了一系列调整，具体情况如表4－7所示。

---

① 朱炳南，严仁赓．中国之营业税［J］．社会科学杂志，1935，6（3）：345.

② 修正安徽省营业税征收章程［J］．安徽财政公报，1934（29），法规：6.

③ 财政年鉴（下）［M］．上海：商务印书馆，1935：2159－2160.

④ 修正安徽省营业税征收章程［J］．安徽财政公报，1934（29），法规：9.

⑤ 营业税的沿革［A］．安徽省财政厅编．安徽财政史料选编（第三卷）［C］．皖非正式出版字（92）第065号，1992：183－185.

表4-7　全面抗战爆发前安徽省营业税征收机关名称沿革

时间	机关名称	数目	主管职衔	备　考
1931.1	营业税征收处	28	专员	皖南10区、皖北18区
1932.11	营业税局	14	局长	皖南5局、皖北9局，其余由县长兼办
1934.1	营业税局	20	局长	全省20稽征区，皖南8区、皖北12区
1934.9	地方税局	59	局长	皖南20局，皖北39局（不含立煌县）
1935.4	茶叶营业税局	12	局长	皖南7局，皖北5局，专办茶叶营业税
1936.7	营业税征收局	31	局长	皖南8局，皖北23局，其余由各县经征处代征
1937.7	整理营业税委员团	10	主任委员	全省共10行政区，皖南4区，皖北6区

资料来源：安徽省财政厅编．安徽财政史料选编（第三卷）[C]．皖非正式出版字（92）第065号，1992：187.

营业税是国民政府取代厘金的产物，因此也受到官方的重视。作为新生的税种，其征收细节设计难免有欠完善。例如，根据《修正安徽省营业税征收章程》第四条规定，“凡临时开设庄号，收买出产物品贩运他处或由总厂于出产地临时设立分号收买物品者，其收买物品之价值应作为营业之资本额，一律征收营业税。”① 在《安徽省营业税征收章程解释办法》中则对这一条有着详细说明：“临时开设庄号，收买出产物品贩运他处者，系指收买本省产品贩运出省而言。各庄号应于开始营业时，将收买资本额，申报该管征收机关查明核定应缴税额，并依照营业经常或临时情况，订明征收期限，通知照缴。至收买物品，并不运往他省，仍在本省境内贩卖者，由收买地方征收机关查明，免照第四条收买价值课征，即由贩卖业所在地征收机关课征贩卖业营业税，各临时庄号收买出产物品，如资本额当时不能确定，由征收机关查明进货账簿，按收买价值作为资本额，满足五百元者，依率课征营业税，但不准拦河设卡，对货征收。”② 然而，上述规定在执行中可能会出现漏洞，当时就有人对此提出质疑：“收买土产物品，本系贩卖出省，而在收买地方则称运至口岸贩卖；一经到达口岸，本省税章规定不得对货查征，往往零星售运，以致无法征税。口岸征收机关如查出饬令纳税，则称一再内地完过，往返咨询，又未免耽搁商运，纷争由此而起，致难解决。”③ 对于这样的问题，其解决方法在于完善办理手续，详细登记查核，以便切实掌握商人运销的实情。

① 修正安徽省营业税征收章程［J］．安徽财政公报，1934（29），法规：6.
② 安徽省营业税征收章程解释办法［J］．商业月报，1937，17（7），工商业法令解释汇编：24-25.
③ 费同泽．安徽之营业税问题［J］．安徽政务月刊，1937（28），论述：43-44.

营业税在办理的过程中，其内容设计方面存在的不足之处逐渐暴露出来；省财政厅也曾经根据各地商会的呈请，提议对营业税征收章程中的部分条款进行修正。① 不过，与征收细则设计的不完善相比，营业税征收的主要问题在于以下几个方面。

（1）安徽省征收营业税是以资本额或收入额为依据，而当时各商户的申请书往往并不照实填写，因此，政府查账工作就显得尤为重要。但是，商店账簿一向不示人，一方面是由于不希望外人窥探虚实，有碍营业；另一方面则担心以实道实，税额日增。所以一遇查账，往往进行抗阻。还有些人则打着公会商会的名义，名为维持同业，实际上居间兜揽，渔利自肥。经征人员鉴于查账不易，遂不惜委屈迁就，改用认摊包估等办法，以至于弱者重累，黠者轻逃，造成不公。

（2）商户的纳税能力与其财力息息相关，大商店每年所纳税额多至千元以上，少则数百或数十元；中小商人则相形见绌。对于纳税大户，经征人员往往有所顾忌，在办到六七成之时，即认为适可而止，由此，税收便受到影响。

（3）由于营业税设有起征点，因此许多资本微薄的小商贩并不需要缴纳。但是，税警下乡时，往往对这些贫民进行课征。此外，税棍还常常串通胥吏，辗转包揽，不管是否达到起征点，任意勒收；既无税票，亦无定额，使得小商贩痛苦不堪。②

针对上述问题，财政厅一直在设法进行整顿。例如，在考察税源方面，不仅督促各县局经征官吏认真整理查报税额，还要求其对各县幅员大小、户口稀密、生产消费物品数量、市镇位置、商户概数、交通状况等相关信息进行切实考察。此外，还在经征、稽核等制度等方面进行了一系列改革和完善。③

营业税开办之初，并没有严格准照《安徽省营业税规程》的分类要求进行办理，当时只有茶、蛋两项是依据资本额课征20‰的税率，其余的都是按照收入额课征2‰；省政府将比额设定为100万元，但1931年全年的实际收入只有24万元。次年春天，受“一·二八”事变影响，中央协款停拨，省政府遵照中央就地筹款的指示，决定提高税率，对收入额的征收税率增加到10‰，对资本额的征收税率增加到20‰；但是，各县商会受到水灾的影响，表示难以承担，因此争执激烈。同年9月，省政府仿照江浙成案，重新修订了章则，

① 财政厅提议修正营业税征收章程第五条条文请公决案［J］. 安徽财政公报，1933（19），提案：42－43.

② 安徽省二十五年度财政计划［J］. 安徽政务月刊，1936（20），计划：54－55.

③ 本省二十六年度财政计划［J］. 安徽政务月刊，1937（29），计划：10－11.

将依据收入和资本课征的税率均减为4‰、8‰、10‰三等；随后，又将比额从100万元减为50万元，该年份实际收入为36万元。但此后，比额多次上涨。[①] 以1933～1934年各县短期营业税[②]比额变化为例，详见表4－8。

表4－8　安徽省营业税局1933～1934年度比额变化　单位：元

局名	县别	原比额	1933年查报数	1934年比额
怀桐局	怀宁	40000	18777	46000
	桐城	6000	4224	8000
	合计	46000	23001	54000
凤定局	凤阳			66000
	定远		28520（蚌临凤）	4000
	合计	60000	35520	70000
芜湖局	芜湖	80000	5067	110000
铜青局	铜陵			28000
	青阳			7000
	合计	30000		35000
休歙绩黟婺局	休宁			30000
	歙县	40000	34847	14000
	绩溪			4000
	黟县	2000	2807	3800
	婺源	2000	306	4500
	合计	44000	40960	56300
亳涡蒙局	亳县	30000	11020	30000
	涡阳	4000	3953	8000
	蒙城	2000	1825	7000
	合计	36000	16798	45000
合舒局	合肥	40000	14844	40000
	舒城	5000	4644	10000
	合计	45000	19488	50000

① 毛龙章．安徽省地方赋税及县地方附加杂捐报告书［J］．1934，二营业税：1－3．

② 当时，安徽省普通营业税分为短期和长期两种：短期营业税分四季征收；长期营业税是指芜湖、蚌埠粮食业，各县茶叶、蛋业，按照收买价值一次征收。

续表

局名	县别	原比额	1933年查报数	1934年比额
寿凤霍怀局	寿县	12000	4670	14000
	凤台	4000	1474	4000
	霍邱	3000	请缓	3000
	怀远	3000	3029	6000
	合计	22000	9173	27000
阜颍太局	阜阳	20000	14081	26000
	颍上	2000	2326	4000
	太和	4000	4088	6000
	合计	26000	20495	36000
宣当局	宣城	30000	20255	40000
	当涂	10000	10806	14000
	合计	40000	31061	54000
宿灵泗五局	宿县	5000	6301	10000
	灵璧	2000	908	2000
	泗县	5000	2056	5000
	五河	4000	2428	4000
	合计	16000	11693	21000
滁来天嘉盱局	滁县	8000	7801	10000
	来安	3000	1220	3000
	天长	4000	4363	6000
	嘉山	2000	1636	3000
	盱眙	3000	2119	3000
	合计	20000	17139	25000
太望宿潜局	太湖	4000	3183	6000
	望江	1500	1538	2500
	宿松	1500	1921	2500
	潜山	5000	4000	6000
	合计	12000	10642	17000
泾旌太石局	泾县	7000	6139	10000
	旌德	3000	2751	3000
	太平	1500	1486	2000
	石埭	1500	787	1500
	合计	13000	11163	16500

续表

局名	县别	原比额	1933年查报数	1934年比额
贵至东祁局	贵池	6000	4836	7000
	至德	2000	1402	2000
	东流	2000	973	2000
	祁门	3000	3649	4500
	合计	13000	10860	15500
南繁局	南陵	7000	7278	10000
	繁昌	4000	3612	6000
	合计	11000	10890	16000
和含全局	和县	10000	10647	15000
	含山	5000	3603	6000
	全椒	4000	3606	5000
	合计	19000	17856	26000
巢无庐局	巢湖	10000	5603	12000
	无为	10000	8638	14000
	庐江	4000	3512	6000
	合计	24000	17753	32000
广郎宁局	广德	12000	4524	12000
	郎溪	8000	7025	10000
	宁国	3000	2756	4000
	合计	23000	14305	26000
六立霍局	六安	8000	4000元请由商会承办	
	立煌	6000	暂缓	
	霍山	2000	570	
	合计	16000	4570	16000
各局总计		596000	387384	748300

资料来源：毛龙章．安徽省地方赋税及县地方附加杂捐报告书［J］．1934，二营业税：3－8.

需要指出的是，营业税比额的变化，主要不是以税源变化为依据，而是因为当时省政府在办理预算时，常常收不抵支，因此只有提高比额。例如，省政府1933年度编造概算时，将比额定为60万元，但经过“豫皖鄂三省剿匪总司令部”查核，发现收不敷支，因此将比额提高到90万元。[①] 在比额增加的情

① 安徽省二十三年度财政计划［J］．安徽财政公报，1934（32），丛录：6.

况下，各县局为了完成任务，只有提高税率：此前，依照收入额课征的第一级税率原为4‰，现增加为6‰。如此一来，这笔收入也就从42万元增加为60万元。①

从税收理论上来说，营业税属于间接税，其税负可以转嫁，因此，对于生活必需品而言，政府的增税行为，其实给广大消费者带来了进一步的负担，特别对于穷人而言，生活将受到较大影响。在这种情况下，税收不仅没有起到调节贫富差距的作用，反而从实质上加大了这种分化。

（二）“变相厘金”的复活

实际上，在国民政府“裁厘改税”之后，真正给人民造成影响的是“变相厘金”的复活。如前所述，营业税是南京国民政府裁撤厘金之后地方财政的替代税种。当时，国民政府废除了“所有全国厘金及由厘金变名之统税、统捐、专税、货物税、铁路货捐、邮包税、落地税及正杂各税捐中之含有厘金性质者、海关之50里外常关及其他内地常关（陆路边境所征国境进出口税除外）、子口税、复进口税等”②。可见，虽然厘金已经被划为国税，但是裁厘也使地方上失去了很多收入。当时安徽省损失了随厘附加之一成义务教育捐、一成建设公债基金、安庆木排捐、芜湖等处米捐，以及各县历年由常关拨给的教育、慈善、公益等收入；这笔款项几乎和全省的厘金正额相当，总计200万元以上。③ 这样一笔巨额收入的骤然失去，立刻使省财政捉襟见肘。同时，新开办的营业税遇到了很多问题：一是征收成本过高，1931年和1932年，光是征收经费就分别占到收入的78.3%、43.5%④；二是各县商会认为税负过重，纷纷请求降低税率，因此未能全面开征；三是全省遭遇特大水灾，严重影响了各项财政收入。此外，商人在申报资本额或收入额时，由于经营上的利害关系，往往不以真实账目示人，地方商会团体对此也是把持甚力，影响了官方的清查。⑤ 综上可见，营业税在短时间内无法有效抵补省财政由于裁厘而出现的缺额。

在这种情况下，“变相厘金”很快复活。实际上，仅就税制本身而言，当时营业税是针对资本额或收入额课征，而不是对增值部分课征，因此与许多种

---

① 毛龙章．安徽省地方赋税及县地方附加杂捐报告书［J］．1934，二营业税：2.

② 金鑫等主编．中华民国工商税收史纲［M］．北京：中国财政经济出版社，2001：174.

③ 本省征收特种货品营业税照原案办理［A］．安徽省财政厅编．安徽财政史料选编（第三卷）［C］．皖非正式出版字（92）第065号，1992：205.

④ 朱炳南，严仁赓．中国之营业税［J］．社会科学杂志，1935，6（3）：405.

⑤ 第二次议题：会员沈潸发言［J］．安徽地方政务研究周刊，1934，1（13）：12.

类的厘金（如坐厘）并无根本上的不同，也同样存在着对流转额重复课征的缺陷；用营业税取代厘金类收入，在一定意义上只是把以往对于商品税的征收工作有序化、条理化，特别是通过降低法定税率和减少收费环节等方式来整顿工商业的课税体系。然而，在民众缺乏谈判能力的情况下，一旦政府经费紧张，还是会开征各种名目的税捐，这种做法无异于厘金的重现。

新制度经济学中的路径依赖[①]理论，就很好地解释了这种现象。通过加税方式弥补收入的不足，在历史上就是官府惯用的招数；在科层化的行政体系中，并非终身任职的官员摆脱了血缘伦理的束缚，与治下百姓之间的关系更加淡漠。非民主体制导致了官员侵害民众利益的行为难以得到有效惩处，更何况增加税收的行为本来就有利于官府的短期利益，会得到官方的暴力支持。因此，对于官员来说，这种低成本、高收益的行为具有难以抗拒的吸引力。尽管扩大经济总量才是增加财政收入的根本途径，但是这需要安定的社会环境以及中央与地方相配套的发展措施，但这些条件在当时都无法达成。更为重要的是，发展经济需要长期的努力，很难在短期内取得效果，官员在任期内的努力很可能是“为继任者作嫁衣裳”。相反，加税可以在增加收入方面起到立竿见影的作用，这就使官员群体成为既得利益集团，他们与加税制度共荣共存，因此会锁定这种路径。

这一时期，安徽省工商业面临的加税情形，就是上述理论的真实体现。早在南京国民政府成立伊始，安徽省就创办了糖捐，并在芜湖设立总局，各县遍设分局，定于1928年7月1日开征。当时厘金尚未裁撤，又增加新的捐税，且税率超过厘金数倍；民间认为糖类与盐、米同为日用必需品，因此群起反对，旅外的安徽同乡也发起声援。[②] 从税收原理上来看，在厘金没有裁撤的情况下，再征收糖捐等于是重复收费，况且厘金本身就已经有了重复课征之嫌。此外，对于商品课税会提高售价并减少销量，使一部分潜在购买者离开市场，导致了效率的降低，造成社会的超额负担[③]。商品的需求弹性越大，就意味着消费者对价格的变化越敏感，决策被扭曲的可能性也就越大。因此，根据税收反弹性法则，有效率的税种应当尽可能小地扭曲决策，于是，单从效率角度出发，就应当对需求弹性较少的商品，课征较高的税率，如生活必需品等。在这种情况下，即使商品价格上扬，消费者也不得不进行承担，而销售者也可以成

---

① 路径依赖是指人类社会中的技术演进或制度变迁均有类似于物理学中的惯性，即一旦进入某一路径（无论是“好”还是“坏”），就可能对这种路径产生依赖。一旦人们做了某种选择，惯性的力量会使这一选择不断自我强化。

② 皖省府创办糖捐之反响［N］. 申报，1928－7－9（11）.

③ 超额负担，也被称为福利成本或无谓损失，是指社会福利的损失大于政府税收收入。

功地将税负转嫁到消费者头上。换言之，在税率提高的情况下，商品的需求弹性越低，则销售量减少的越小，而消费者承担的税负就越大。按照上述思路，政府征收糖捐应当说是满足了效率的要求，在不过分影响市场规模的情况下，增加了收入。然而，对于合法的政府而言，效率只是影响征税决策的一个方面，另一方面则是要兼顾公平。一般说来，税制应当具有纵向公平，即经济能力或纳税能力不同的人应当承受不同的负担，支付能力更强的人应该承受更多的税负。对于穷人而言，生活必需品占用了他们更多的收入，对这种商品进行高额征税，会让穷人难以承受；相反，生活必需品的提价对富人的影响较小。在现代社会中，出于对人们基本生活水平和基本生活权利的尊重和保障，往往应当对生活必需品实行低税甚至免税，因此，征收糖捐损害了社会公平，违反了现代社会的公共法则，自然遭到人们的反对。

进入20世纪30年代，随着厘金等相关捐税的裁撤，地方收入锐减，“变相厘金”更是层出不穷，这等于是在法定的营业税之外，又给人民增添了新的负担，“黄宗羲定律”也再次体现；这种情况在米照捐的征收上表现得最为典型。芜湖被誉为中国“四大米市”之一，清末官府曾设卡征收厘金；1926年7月，省政府又设立安徽帆运出境米捐局，并成立定埠、和尚港、采石矶以及华阳等分处，征收米捐。然而，就在南京国民政府宣布裁厘，也几乎是在米捐被废除的同时，安徽省就用“米照捐”取而代之——省政府以米粮出境便于稽考为借口，规定凡出口者须有财政厅发给护照，因此酌收费用。① 省政府规定米每石征收六角，稻及杂粮每石征收三角，并在芜湖设立轮运米照稽查总处，大通、安庆设立分处；大胜关设立帆运米照稽查总处，定埠、华阳、天长、五台、怀远、滁县、陈家浅等地设立分处，这种变相厘金超过厘金数倍。② 当时，安徽省每石米不足5元，而米照捐就征至6角，严重阻碍了市场流通，也影响民众生活③，因此，从征收实质来看，米照捐比米捐带给民众的负担还要沉重。然而，面对中央撤销米照捐的命令，地方上不仅不照办，反而枪击请愿的船民。④ 此举不仅影响到芜湖米市，也波及了邻省，上海、广州等地商会纷纷要求废除米照捐。⑤ 然而，一年之后，省政府又成立粮食出境委员会，以筹措筑路经费为由，再次对出境粮食征税，税率为12%。除了蚌埠之

① 吴墉祥．安徽财政之财政机关与经费［A］．中国国民党中央政治学校，南京图书馆编．二十世纪三十年代国情调查报告（第206册）［C］．南京：凤凰出版社，2012：113－114.

② 皖省创征米粮出口护照费［N］．申报，1931－1－11（16）.

③ 皖省米照捐取消［N］．申报，1932－12－9（10）.

④ 皖米照捐风潮剧烈［N］．申报，1931－3－6（9）.

⑤ 粤帮米商力抗皖省米照捐［N］．申报，1931－4－2（7）.

外，还在皖南的芜湖与大胜关成立了管理局，芜湖总局专收车运，大胜关总局以及定埠、盱眙、陈家浅、界首集等分局，专收帆运，蚌埠总局以及亳县分局、乌衣分局兼收帆、车两运。后来，虽然由于各方反对而停办，但和县等地仍然征收米棉学厘。[①] 值得一提的是，时任安徽省主席吴忠信在陈调元主政时担任监察委员，曾审查米照捐一案，指摘尤力；但等到他主政时，也为入不敷出而棘手，不得不再次开征捐税。[②]

除了开征“变相厘金”以外，省政府还扩大了某些捐税的征收范围，如盐斤附税。当时，尽管盐税收入被划归中央财政，但各省都征收了随盐附加，这笔收入对于地方上来说作用很大，或担保省债，或用于教育建设。此前，安徽省的盐税附加只及皖岸，未对皖南、浙岸引地各县和淮北引岸各县开征。1930年冬，省政府扩大了盐税附加的征收范围，在皖南的屯溪和皖北的蚌埠设立专局，对皖南的浙盐、皖北的淮盐、鲁盐征收所谓的“省防附捐”，每石二元四角，用来抵补财政收入不足。按照当时情形估计，皖南各县年销浙盐8万石左右，每年可征收附税约20万元；皖北各县每年销盐110～120万石，附税收入可达240～250万元。[③] 但是，此举遭到民间的一致反对。[④] 由于安徽省此举与中央政令相违背，财政部也下令撤销，然而，省政府对于中央的命令却阳奉阴违。[⑤] 经过民间屡次抗议和中央的屡次严令之后，才最终停止征收。但是，由于财政上的压力依旧存在，加税仍将成为政府的选择。次年春天，由于中央协款停拨，省政府竟然再次祭出了开征省防盐税附加的旧案，但很快又被中央否决。[⑥]

提高税率也是省政府增加收入的重要手段。茶叶是安徽传统的经济作物，茶类营业税自然也是省政府收入的重要来源之一。1932年，省政府将茶类营业税率从4‰增加为15‰，当时全省计有十余县的百万人口指望产茶生活，重税令他们泣血无从。[⑦] 同时，在产茶各县开设茶类特税，税率竟高达20%，由于茶商集体反对，便改照民国十九年成案，每引百斤收税一元一角二分，最终也在茶商的反对下被迫撤销。[⑧] 除此之外，财政厅还将普通商店营业税税率一

---

① 章有义编. 中国近代农业史资料（第三辑）1927－1937［C］. 北京：生活·读书·新知三联书店，1957：134.

② 安徽各公团反对米照捐［N］. 申报，1932－10－23（14）.

③⑥ 盐税、盐斤加价及盐税附加的沿革［A］. 安徽省财政厅编. 安徽财政史料选编（第三卷）［C］. 皖非正式出版字（92）第065号，1992：65.

④ 皖北增收盐斤附捐［N］. 申报，1931－1－16（10）.

⑤ 皖人再请撤销盐附捐［N］. 申报，1931－2－4（9）.

⑦ 李雪纯. 在死亡线上挣扎的中国茶业［J］. 新中华杂志，1934，2（16）：36.

⑧ 皖茶商反对赣征徽茶过境产销捐［N］. 申报，1932－9－17（10）.

律提高——依营业收入课征者，统征 10‰，依资本额课征者，统征 20‰；并对竹木、茶、棉、麻、丝茧、蛋、粮食、油、纸等 8 类出产货物举办特种货品营业税。[①] 全省共设有营业特税局 27 个以及堵卡百余处，星罗棋布；征税之货物课额，与昔日厘金相比，甚至更为苛繁。[②]

特种货品营业税的开办引起了社会的普遍抗议，但是，省政府为了自我开脱，竟然声称“本省特种货品营业税之举办，原系根据中央公布各省征收营业税大纲第三条，对于特种营业税得按照资本额或以其他计算方法为课税标准。又大部修正本省营业税章程第十八条规定，得征短期营业税。……于全省交通扼要地点设局征收特种营业税一道，通行全省，概不重征，实与通过税性质迥不相同，自不得认为厘金之变相”[③]。通过“新瓶装旧酒”的方式，避实就虚，玩起文字游戏，使一些苛征在名称上合法化，正是官府惯用的手段。前面所提到的米照捐，其实就是北洋政府时期征收的米捐，后来因为类似厘金而遭到裁撤；省政府遂将其改名为“出境米粮护照费”，企图以行政收费的名义继续征收。[④]

可见，尽管厘金有“恶税”之名，而营业税被公认为现代税种，但是，在制度不良、积弊严重的环境中，所谓的“特种营业税”又与厘金有什么本质区别呢？更何况，在当时营业税的征管体系中，还存在着“监督者抱办理厘金之观念，……征收人员怀办理厘金之观念，……征收人员多系昔日办理厘金之人”[⑤] 的现实。面对着财政窘境，貌似先进的营业税不仅不能真正而彻底地取代厘金，反而还会出现营业税、变相厘金叠加的情形。为了应对裁厘之后的财政窘境，诸如江苏这样的经济发达省份也曾在“特种营业税”上做文章。[⑥]

国民政府实行裁厘改税时，安徽省正处于陈调元主政时期。陈氏出身旧军阀，本就毫无现代政治精神，再加上遇到财政困难，于是便不择手段疯狂敛

---

① 营业税沿革［A］．安徽省财政厅编．安徽财政史料选编（第三卷）［C］．皖非正式出版字（92）第 065 号，1992：184.

② 章有义编．中国近代农业史资料（第三辑）1927－1937［C］．北京：生活·读书·新知三联书店，1957：136－137.

③ 安徽省政府陈述举办特种营业税缘由与财政部往来咨［A］．江苏省中华民国工商税收史编写组，中国第二历史档案馆编．中华民国工商税收史料选编·第五辑·地方税及其他捐税（上册）［C］．南京：南京大学出版社，1999：1242－1243.

④ 米厘捐费的沿革［A］．安徽省财政厅编．安徽财政史料选编（第三卷）［C］．皖非正式出版字（92）第 065 号，1992：48－49.

⑤ 第二次议题：会员张隆祐发言［J］．安徽地方政务研究周刊，1934，1（13）：14.

⑥ 苏省将举办特种营业税［J］．纺织周刊，1932，2（22）：571.

财。1930年11月，他率领未经中央收编的两旅两团来皖，名为省防军，实际是其私家军。每月光是饷银就有18万元，再加上其他费用，每月要开支25万元。[①] 为了筹集收入，他不仅要求恢复粮食查验所征收登记费，[②] 还公然设立安徽特税处开征鸦片税；该处分派大批人手，在各县勒索催缴，仅在宿县就逼死了52人。1932年2月，特税处改为皖南、皖北两处；皖北特税处处长范某就明令，各县烟苗税总数为780万元，不论民间是否种植，也不论民众能否负担，必须足额征收。此外，还有驻军的额外征收以及贪官污吏和土豪劣绅的敲诈勒索，征收时稍有不顺便将民众毒打；在这种情况下，抗税暴力纷然而起。是年一月，正阳关农民武力驱逐特税处人员；三月，涡阳农民与驻军发生战斗；八月，萧县、铜山农民发生暴动；其中宿县惨案和灵璧民变轰动全国。[③]

上述一系列害民的行为当然和陈调元个人的品行素质有着紧密关系，然而，主政者易人之后又能如何呢？前面曾经论及，吴忠信接任省长之后的行为与陈调元如出一辙。当时民间也曾讥讽道："皖省府主席吴忠信及诸委员，皆为文人，惟兹观其施政，则视武人的陈调元，似属相类。呜呼，孰谓长衫同志必胜于皮带同志哉！"[④] 由此可见，财政问题的根本与其说是经济问题，不如说是政治问题。没有现代政治制度的保证，民众负担增加的局面就不会得到根本性的扭转。例如，安徽省的经济发展水平本就不如江浙，但诸如棉纱等部分行业的营业税率反而更高，使得纱商不堪重负，省纱业同业公会多次向当局呈请降低税率均无效果。[⑤] 1937年3月16日，省财政厅组织的营税整理委员团对芜湖商户进行武装查账时，与商民发生冲突，当场就将百姓抓捕并进行游街；早就苦于苛政的芜湖工商业阶层，立刻进行全埠罢市，要求官府降低税率。[⑥] 可见，在专制政体中，政府并不将民间的疾苦放在心上。

当然，就整体趋势而言，国民政府裁厘改税的行为还是富有积极意义的，只是由于"治标不治本"，最终成为"黄宗羲定律"的又一轮重演。不过，值得关注的是，这一时期，省政府希望通过加税的方式解决经费问题，但由于这

---

① 皖省财会重要决案［N］. 申报，1932－6－27（8）.

② 陈调元为皖省灾情严重请准予恢复粮食查验所征收登记费致宋子文电［A］. 江苏省中华民国工商税收史编写组，中国第二历史档案馆编. 中华民国工商税收史料选编·第五辑·地方税及其他捐税（上册）［C］. 南京：南京大学出版社，1999：1233.

③ 章有义编. 中国近代农业史资料（第三辑）1927－1937［C］. 北京：生活·读书·新知三联书店，1957：1016.

④ 凤凰. 皖省特税决不撤销［J］. 礼拜六，1932（457）：104.

⑤ 皖纱业力争减税率［N］. 申报，1937－2－4（4）.

⑥ 芜湖全埠罢市真相［N］. 申报，1937－3－20（9）.

种做法往往有违于中央精神，因此也就给民间提供了抗议的理由和空间。例如，1931年5月，针对休歙绩区营业税征收处宣布对洋庄茶叶资本额按20‰课税一事，祁门茶商公会和休宁县茶叶公会就先后请求财政部下令安徽省财政厅予以免征；中央最终决定将税率定为5‰。[①] 相比农民而言，工商业阶层拥有较为通畅的信息渠道和广阔的人脉关系，这令他们提升了与政府讨价还价的能力，社会各界纷纷也利用自身的声望地位与社会资源为他们的利益得失鼓与呼。[②] 以上行为在一定意义上体现了近代中国工商业阶层的成长，政府对于民间诉求的有限回应也反映了政治现代化的趋势。

不过，包括工商业阶层在内的民间诉求毕竟只停留在劝说阶段，由于缺乏有效的政治参与，因此往往并不能实质性地影响上层决策。面对财政窘境，即使是国民政府中的政治高层也常常践踏法律，置民意于不顾。前面所提到的特种货品营业税，由于违背中央颁布的《营业税法》，令民间群起反对，一致要求中央下令裁撤，并得到财政部的批准；但蒋介石竟以安徽省财政困难为由，电令宋子文暂缓撤销。[③] 可见，在政治高层眼中，财政问题的紧迫性远远高于国民生计，前者关系到行政机构的运行，须臾不可延误，相比之下，后者的重要性就可以退而次之了。这也正是国民党政权的一个真实面相。

二、契税

契税始于东晋，是指土地、房屋等不动产的产权转移时向官府缴纳的赋税。光绪33年（1908年），安徽省共征收契税正银172401两，耗银17139两。1921年，因契纸价每张加洋1元，全省每年的契税比额为84万元；北洋时期，这一比额基本可以征收完成。[④] 南京国民政府成立之后，安徽省契税税率为卖六典三[⑤]，与当时全国大部分省份相同；官契纸也分为典、卖两种，均

---

① 休宁县茶叶公会请免征出口华茶营业税呈及财政部批［A］. 江苏省中华民国工商税收史编写组，中国第二历史档案馆编. 中华民国工商税收史料选编·第五辑·地方税及其他捐税（上册）［C］. 南京：南京大学出版社，1999：1232－1233.

② 救济农村消息汇志：各方反对皖米照捐［J］. 交行通信，1932，1（15）：11.

③ 财政部赋税司以蒋介石电令暂缓撤销皖省特种营业税应否呈由行政院令准一事致部次长签呈［A］. 江苏省中华民国工商税收史编写组，中国第二历史档案馆编. 中华民国工商税收史料选编·第五辑·地方税及其他捐税（上册）［C］. 南京：南京大学出版社，1999：1241－1242.

④ 田房契税的沿革［A］. 安徽省财政厅编. 安徽财政史料选编（第三卷）［C］. 皖非正式出版字（92）第065号，1992：304.

⑤ 卖六典三是指卖契价1元，收银币6分；典契价1元，收银币3分。

由财政厅印制，每张定价银币 1.45 元，印刷费 5 分，印花费 2 分。[①] 以每亩买价 50 元的田地为例，交易一亩需要按照 6% 的税率缴纳正税 3 元，此外，还有契税附加以及相关费用，共需要缴纳 7.2 元[②]；其中具体费用详见表 4－9。

表 4－9　　1930 年前安徽省每亩田产（50 元/亩）交易所需加纳的各项费用情况

单位：元

费　　用	金　　额
草契纸费	5 分
监证人书契费	50 分
官契纸费	50 分
契税	300 分
契税附加	300 分
推收费用	15 分
合计	7 元 2 角

资料来源：傅广泽．安徽省田赋研究［A］．萧铮主编．民国二十年代中国大陆土地问题资料［C］．台北：成文出版社，1977：8350.

然而，由于这时政局不稳，各县田产买卖有所减少，再加上政府推行验契[③]等原因，激起民怨，导致每年契税收入不及比额的一半。1930 年，财政厅改订章则，又将比额增加 20 万元，并派出监征员前赴各县严催，但由于税率过重，反而导致民间对土地抵押和典当进行隐瞒，加之水灾和地方苛捐杂税等影响，次年全省契税收入只有 30 余万元，还不到比额的 1/3。针对这种情况，财政厅于 1932 年通令各县，对于逾期典买旧契，无论远年近年，一经投税，一概免于处罚；随后，经省政府议决，又通令各县，限期三月，凡持新旧典买未税未验契约，在规定期限以内投税者，依照征税税率，一律减半征收。[④] 然而，这种做法其实并未取得太大成效，1933 年，全省契税年收入依然只有 30 余万元，各县具体情况如表 4－10 所示。

① 安徽省契税暂行章程．安徽省财政厅编．安徽财政史料选编（第三卷）［C］．皖非正式出版字（92）第 065 号，1992：311－312.

② 这是指正项费用，不包括各地额外的勒索。

③ 验契是指官府调验平民不动产所有权的契据，需要征收费用。北洋政府时期，安徽省就出现过反对验契的群众抗议活动。

④ 田房契税的沿革［A］．安徽省财政厅编．安徽财政史料选编（第三卷）［C］．皖非正式出版字（92）第 065 号，1992：303－304.

表4－10　　1933年安徽省各县契税收数盈绌　　单位：元

县别	比额	实收	短绌	县别	比额	实收	短绌
怀宁县	11400	6787.11	4612.89	桐城县	9600	2212.28	7387.72
潜山县	4200		4200	太湖县	9600	1225.45	7374.55
宿松县	3840	993.48	2846.52	望江县	3600	882.08	2717.92
歙　县	3720	1460.44	2259.56	休宁县	10200	2890.04	7309.96
婺源县	1800	403.60	1396.40	祁门县	1560	606.77	953.23
黟　县	4800	1786.29	3013.71	绩溪县	2040	682.61	1357.39
宣城县	40800	17667.25	23132.75	南陵县	19800	4934.73	14865.27
泾　县	10800	3708.57	4691.43	宁国县	8400	3771.29	7028.71
旌德县	2040	534.08	1505.92	太平县	3000	1189.01	1810.99
贵池县	7440	2779.26	4660.74	青阳县	10320	2176.40	8143.60
铜陵县	6000	1923.98	4076.02	石埭县	1200	571.45	628.55
至德县	1680	702.99	977.01	东流县	2400	751.76	1648.24
当涂县	25200	6310.36	18889.64	芜湖县	34800	9753.95	25046.05
繁昌县	11400	1474.98	9925.02	合肥县	48000	23825.15	24174.85
舒城县	24000	3075.21	20924.79	庐江县	22800	2556.03	20924.97
无为县	20400	2536.93	17863.07	巢　县	25800	3168.00	22632.00
凤阳县	20400	12954.75	7445.25	怀远县	7680	3144.62	4535.38
寿　县	37200	18375.16	18824.84	宿　县	30480	6719.18	23760.82
定远县	12880	5318.15	7561.85	灵璧县	7200	1104.28	6095.72
凤台县	6000	3609.73	2390.27	阜阳县	43440	20032.08	23407.92
颍上县	26400	5411.90	20988.10	霍邱县	67200	5728.51	61471.49
亳　县	26400	3333.52	23066.48	蒙城县	11280	4209.30	7070.70
太和县	9000	2324.49	6675.51	涡阳县	14400	5672.77	8727.23
六安县	25200	8167.10	17032.90	嘉山县	8180	2897.42	5282.58
霍山县	12480	2534.17	10945.83	泗　县	19200	2523.52	16676.48
五河县	7200	3910.93	3289.07	盱眙县	16200	2420.47	13779.53
天长县	31560	17329.12	14230.88	滁　县	26100	7140.44	18959.56
来安县	14640	6472.34	8167.66	全椒县	16800	8060.45	8739.55
和　县	38400	6664.83	31735.17	含山县	16800	11114.19	5685.81
广德县	33600	8420.10	25179.90	郎溪县	24000	4846.18	19153.82
合　计	1002960	302781.23	700178.77				

资料来源：毛龙章．安徽省地方赋税及县地方附加杂捐报告书［M］．1934，三契税：2－6.

由表4-10可知，该年份各县不仅全部未能足额征收契税，而且短绌严重，无一例外，全省实收总额也只有比额的三成。当然，与田赋的征收一样，由于积弊严重，政府的收入远远小于民众的实际负担。当时，各县不仅在契税正额之外开征附加税，而且还有进一步浮收。例如，涡阳县在征收契税时，除去正附税、契尾费之外，另外收取手续费洋4元。此事被省政府派驻该县的监征委员杨君寿查获，但县长罗宝录竟然遣人强索证据，省政府随后依法将罗氏撤职查办。①

综合来看，影响契税收入的因素有很多。一是民间对于不动产交易行为的隐瞒，这种做法的直接目的在于逃避赋税。当时在安徽省政务研究会举办的专题讨论中，就有会员针对契税收入短少的问题认为，“民间瞒价匿税或尤为原因中之一。”② 需要指出的是，民间明知隐瞒不动产交易的行为，会导致产权失去保障，这就说明民间逃税行为的出发点不仅在于逃避正税，更主要的是不堪忍受完税过程中的敲诈勒索，如所谓的“红印钱”等陋规。③ 二是官方对于地籍簿册管理的失控。这里要涉及两个概念，分别是“推收”和“税契”。推收是指地权转移时，报请官府办理产权和赋税的过户手续；税契是指民间田宅典当买卖的契约成立后，新业主持白契向官署交纳契税的行为，一经税契，白契即可换成红契，并办理过户手续。两者对于厘清地籍，确定产权有着重要意义。当时地方上的地籍簿册多由里书、册书等把持，因此各县推收工作不得不依靠它们完成，官方在无法准确掌握地籍信息的情况下，契税收入自然受到影响。政府也有将推收工作收归官办的想法，但却存在着许多现实问题：首先是县政府方面存在困难，如官厅中无详实地籍册可稽，业户真名无从查考，人民不信任府吏等；其次是里书、册书联合反对，这些人将地籍簿册视为生计的保障，自然不愿交出，为此还雇佣老妪，撞头肇祸，无所不用其极。各县政府只得采取变通的方法，如成立推收所，任用册书为推收生或助理员，仍然让其从事相关工作。④ 这样的做法体现了各县政府对于现状的无奈和妥协，这批吏役在给政府造成财政损失的同时，也侵害了纳税人的利益。“国家政权不仅没有克服偷税漏税问题，而且依赖吏役的账簿也阻碍了国家政权与纳税人之间建立

① 安徽省政府财政厅训令——涡阳县罗宝录浮收契税撤职查办安徽省杂项捐税概况［A］. 安徽省人民政府税务局编. 安徽省工商税收史料选编（上辑·第二册）［C］. 1987：731-733.

② 第二次议题：会员叶秋湖发言［J］. 安徽地方政务研究周刊，1934，1（10）：17.

③ 傅广泽. 安徽省田赋研究［A］. 萧铮主编. 民国二十年代中国大陆土地问题资料［C］. 台北：成文出版社，1977：8348.

④ 傅广泽. 安徽省田赋研究［A］. 萧铮主编. 民国二十年代中国大陆土地问题资料［C］. 台北：成文出版社，1977：8311-8318.

直接的、没有中介人的关系”①。

由前述可知，当时契税征收体系积弊重重，因此，只有进行大规模的整顿，才有可能在一定程度上改善政府实收不足的情况。此后，省政府又有关于将契税划为教育专款的计划，② 因此亟待对契税进行整理。1934 年 4 月，省政府委员常会通过《安徽契税整理处组织章程》，设立安徽省契税整理处，整理全省契税，并于各县设立契税局。③ 契税整理处设有处长一人，下设总务科、秘书和稽核科。61 个县的契税局中，由县长兼任局长者，有太湖、望江、宿松、六安、霍山、立煌、定远、和县、五河、太平、石埭、东流、至德、旌德、祁门、歙县和绩溪等 17 个县；剩下的 44 个县则设有专局。④ 根据《安徽契税整理处各县契税局组织章程》规定，各县契税局设助理员一至四人，办事员书记若干人，必要时还可以增设临时催税员。在经费方面，各县契税局从每月征收的正税中留支 12% 作为办公费用，另有 2% 作为县政府盖印协助办理案件的费用。⑤ 为了督促地方上的契税整理工作，省政府还同时制订颁发了《安徽契税整理处各县契税局长奖惩规则》，对奖励和惩戒的具体情况进行了细致规定，具体情况详见表 4－11。

表 4－11　　安徽契税整理处各县契税局长奖惩条件

奖惩类型		奖惩条件
奖励	嘉奖	1. 遵行章令，勤慎无误者 2. 处事明敏，因应得宜者
	记功	1. 征收成绩，超过比额连续三个月者 2. 遇有困难事项，特别出力着有劳绩者
	进等	1. 征收成绩，超过比额二成以上，连续六个月者 2. 记功三次，并无记过抵销者
	呈请省政府优予奖叙	1. 全年税收超过比额二成者 2. 整顿税收特着成效者

① （美）杜赞奇著；王福明译．文化、权力与国家——1900～1942 年的华北农村［M］．南京：江苏人民出版社，1996：39.

② 主席提议据财政厅呈为遵谕指定契税作为教育专款设处整理拟具章程及预算表请鉴核施行案［J］．安徽财政公报，1934（31），提案：15－16.

③ 安徽省财政厅编．安徽财政大事记［C］．皖非正式出版字（92）第 065 号，1992：59.

④ 安徽省政府统计委员会编．中华民国二十三年度安徽省统计年鉴［C］．1934：25.

⑤ 安徽契税整理处各县契税局组织章程［A］．安徽民政公报，1934，4（5），本省法规：33－34.

续表

奖惩类型		奖惩条件
惩戒	记过	1. 呈送契照表册逾限者 2. 公文错误，未经查觉者
	降等	1. 税收连续三个月，不及比额七成，查无特别原因者 2. 废弛职务者 3. 填造契照表册，错误屡戒不悛者 4. 解款无故延缓者
	免职	1. 税收六个月，平均不及比额七成，查无特别原因者 2. 记过三次，并未记功者
	呈请省政府惩办	1. 呈报不实，希图幸奖者 2. 违法作弊者

资料来源：安徽契税整理处各县契税局长奖惩规则［J］. 安徽民政公报．1934，4（5），本省法规：34－36.

省政府对于契税采取的整理办法主要包括四个方面：

（1）当时民间隐匿白契现象严重，未税者位数甚多，如果严格查挤，可能会发生纷争，所以为了鼓励人民纳税，省政府决定对于年代久远的白契延展期限，只税不罚。

（2）当时各县契税局均已设置交易监证人，对于不动产的转移，无论典卖，均须领用官草契纸，并由监证人到场填写，限期投税。因此，省政府督饬各局对交易监证人严密考察，如有要挟勒索的情形，一经查实，立予重惩。

（3）对契纸价实行照章减征。长期以来，安徽省的契纸价不分典卖，每张征收1.45元；省政府根据中央相关精神，决定从1935年度起，将契纸价改为0.5元。

（4）减轻附加税。由于当时契税附加过重，人民无力负担，这也成为当时隐匿不动产交易的一个重要原因。基于这种情况，省政府决定将契税附加一律减至正税的一半，以便培养税源。①

经过一系列整理，很快取得了实效：截至次年4月，实收已达80余万元，超过了全年概算一倍以上，② 这表明降低税率、减少契纸价等利民举措取法得当。从表面上看，政府从每个纳税人身上获得的收入降低了，但由于纳税人的

① 二十四年度财政计划［J］. 安徽政务月刊，1935（11－12），计划：16－17.

② 田房契税的沿革［A］. 安徽省财政厅编．安徽财政史料选编（第三卷）［C］. 皖非正式出版字（92）第065号，1992：305.

数量大幅增加，最终使得总收入提升；换言之，在这种状态下，税率与总收入成反比，这种现象在一定程度上可以用拉弗曲线来表示。[①] 美国学者阿瑟·拉弗阿瑟·拉弗（A. B. Laffer）指出，在一定的税率范围内，政府的税收随税率的升高而增加，一旦税率的增加越过了某一转折点，政府税收将随税率的进一步提高而减少。这意味着，提高税率并不总会增加税收：一旦税率过高，纳税人将退出市场，经济活动和征税对象随之减少，政府收入由此受到影响。因此，在理论上，只有当税率达到一个最优值时，实际税收才是最高的。“拉弗曲线”示意图如图4－1所示。

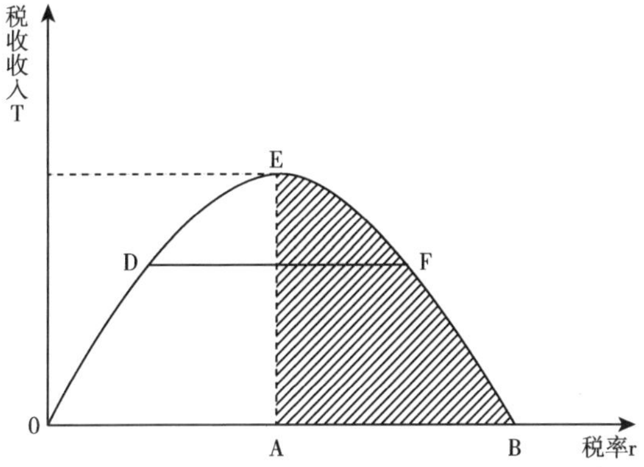

图4－1　拉弗曲线示意图

在1934～1935年安徽省政府整理契税的实践中，对年代久远的白契延展期限，只税不罚，以及严惩交易监证人要挟勒索的做法都表现为纳税人支出的减少，降低税率、减少契纸价的做法更是直接产生这种效果。因此，当时省政府采取的四种方法其实都可以引申为税率的降低。大批纳税人在减负的激励下，放弃了此前隐匿瞒报的选择，由此而呈现出总收入上升的趋势。在图4－1中，能产生最大收入的税率为A，因此，只有在图像的右半边，即税率较高时，才能表现为税率与税收收入的反相关，这也从侧面表现了安徽省此前契税负担过重的现实。

实际上，无论是附加税过重还是交易监证人要挟勒索的行为，从根本上来说都在于人事不修。当时就有人总结道：“我国现行之弊政，其在法者十之

① 笔者在这里之所以用“一定程度上”这样的限制性定语，是因为学术界一直存在关于“拉弗曲线”局限性的讨论，具体可参看胡绍雨，姚敏华．税收与税率的关系——对拉弗曲线适应性的评析[J]．山东工商学院学报，2015（2）：51－57．但是，“拉弗曲线”中体现的“轻税赋、宽税基”的思想，对于分析和批判民国时期苛捐杂税过重的历史事实，则是极具意义的。

四，其在人者十之六。果人肯负责，不事敷衍，则弊已去大半。契税特其一例而已。”① 根据表4－6数据可知，1934年，全省契税收入已接近百万元，几乎是前一年度的3倍；1935年则达到120万元，1936年更是超过200万元。上述数据说明契税整理处的工作取得了明显的成果，绝大多数县份都有明显增收。整理前后的对比情况详见表4－12。

表4－12　安徽契税比额实收及民国二十一、二十三两年度实收比较　单位：元

县别	比额	实收数		增收		减收	
		21年度	23年度	数额	百分比	数额	百分比
太湖	9600	2437	972			1465	60
怀宁	11400	8841	39333	28492	322		
桐城	9600	2660	18008	15348	577		
潜山	4200	2155	5501	3346	157		
宿松	3840	957	4991	4034	421		
望江	3600	1566	3219	1653	106		
芜湖	34800	13062	41721	28659	216		
当涂	25200	12024	33739	21715	181		
繁昌	11400	2314	10356	8042	348		
南陵	19800	9872	16599	6707	69		
铜陵	6000	2097	7449	5352	256		
无为	20400	4196	48475	44279	1055		
庐江	22800	3796	16373	3577	331		
巢湖	25800	8166	28764	20598	252		
六安	25200	7738	13278	5540	72		
合肥	48000	22954	50967	28013	122		
舒城	24000	4355	23926	19571	449		
霍山	1248	1656	2533	877	53		
立煌	该县数字未列入统计						
寿县	37200	19579	34644	15065	77		
霍邱	67200	5425	16143	10718	198		
凤台	6000	7582	3457			3825	50

① 傅广泽．安徽实习调查日记［A］．萧铮主编．民国二十年代中国大陆土地问题资料［C］．台北：成文出版社，1977：83549.

续表

县别	比额	实收数		增收		减收	
		21年度	23年度	数额	百分比	数额	百分比
怀远	6780	6445	14410	7965	124		
凤阳	20400	18531	20413	1882	10		
定远	12880	6757	25284	18527	276		
滁县	26100	12018	9123			2895	24
天长	31560	30957	30806			151	5
来安	14640	9715	10113	598	4		
全椒	16800	11308	14059	2751	24		
含山	16800	18252	13587			4665	23
和县	28400	11748	41947	30199	260		
嘉山	8180	3740	8320	4580	123		
泗县	19200	3897	10867	6880	172		
盱眙	16200	4944	17730	12786	259		
五河	7200	3853	9566	5713	148		
灵璧	7200	2135	6866	4731	175		
宿县	30480	13861	21614	7753	56		
蒙城	11280	7625	8731	1106	15		
阜阳	43440	22687	26074	3387	18		
颍上	26400	9160	37485	28325	305		
涡阳	24400	11508	14041	2534	22		
亳县	26400	5793	18935	13142	227		
太和	9000	6955	6890			65	9
贵池	7440	3387	4400	1013	29		
青阳	10320	6453	10887	4434	69		
太平	3000	2291	1817			474	19
石埭	1200	1059	802			257	24
东流	2400	1733	815			918	53
至德	1680	978	256			722	74
宣城	40800	29365	50053	21688	76		
郎溪	24000	11141	6135			5006	44
广德	33600	16342	16428	86	5		

续表

县别	比额	实收数		增收		减收	
		21年度	23年度	数额	百分比	数额	百分比
宁国	8040	8102	5513			2589	32
泾县	10800	7036	7416	380	5		
旌德	2040	782	2248	1466	188		
休宁	10200	5877	5816			60	1
祁门	1560	883	309			574	65
歙县	3720	3264	2044			1220	37
黟县	4800	3064	1338			1726	56
绩溪	2040	1619	1079			540	33
临泉	无报告		5583				
婺源	1800	746	120			626	
合计	1002960	468553	903084			27778	

资料来源：傅广泽．安徽省田赋研究［A］．萧铮主编．民国二十年代中国大陆土地问题资料［C］．台北：成文出版社，1977：8353－8358．

此外，当时有可能导致契税收入增长的另一个原因就是20世纪30年代前中期地权变动频率的增加，因为田产交易行为的发生是官方征收契税的依据。这一时期，由于出现世界性经济危机和特大水灾，导致农民生活日益贫困，农户负债比例也大幅度攀升；为了维持生计，一部分农民只能抵押、典当甚至绝卖土地，这意味着自耕农比例的下降和佃农比例的升高。从当时的报道来看，“安徽年来水旱频仍，富绅趁小农求生不得之际，以低价广事收买田产，故‘水旱一过，富绅之田产，必随以大增，而自耕之小农，咸一变而为佃农’。”① 据统计，30年代前期长江中下游地区典押土地的农户比例上升，有40%左右的农户典押了田地。② 例如，当时对合肥南乡和北乡180家农户的调查显示，该样本中自耕农、自耕农兼佃农、佃农、地主兼自耕农、地主兼佃农的所占比例在1930年分别为25.57%、2.27%、70.45%、0.57%和1.14%，而到了1935年，这五项比例已经变为22.77%、2.22%、73.33%、0.56%和1.1%；③

① 达生．灾荒打击下的农村［J］．东方杂志，1934，31（21）：40．

② 徐畅．农家负债与地权异动——以20世纪30年代前期长江中下游地区农村为中心［J］．近代史研究，2005（2）：87．

③ 赵世昌．合肥租佃调查［A］．萧铮主编．民国二十年代中国大陆土地问题资料（第58辑）［M］．台北：成文出版社，1977：29826．

中央政治学校地政学院在调查中也发现，皖北地区大量出现自耕农因负债而典当土地的情形。[①] 然而，在总体上，安徽省 41 个县的佃农、自耕农和半自耕农的比例，却从 1931 年的 45%、34% 和 21% 变为 1935 年的 42%、35% 和 23%。[②] 这说明，土地买卖并没有使地权过于集中，土地并非只是简单地“由贫到富”单向流动。这主要是由于农民将土地视作生计之源，即使一时典卖土地，他们也会在条件允许的情况下尽可能地将其赎回。此外，由于“‘赤区’的存在，以及各省各县农民抗租抗捐行动的频发，对于田产的转移，已经给予严重的威胁。在此场合，那些身居乡村，和外界缺少联络的‘土地主’们，因为外援不强，没有什么坚固的政治地位，因此非但不敢买进田产，倒反尽力将自己所有的田地相机出卖。”[③] 因此，在相反趋势的抵消下，地权尽管仍然呈现分散的态势，但土地交易行为的发生，却为官府契税的增收提供了前提。

三、牲屠税、牙税

牲屠税、牙税有着悠久的历史，可以溯源到汉唐时代。民国成立之后，两者都在地方收入中占有一席之地，但即使是在收入最高的年份（1932 年），两者之和也不过 80 万元，仅占该年份安徽省财政总收入的 7.5%。1931 年以后，遵照国民政府《各省征收营业税大纲》和《营业税法》的规定，牲屠税和牙税等均被纳入营业税体系进行征收（见表 4－13）。

表 4－13　　1928～1937 年安徽省牲屠税、牙税收入情况　　单位：万元

<table>
<tr><th colspan="2">名目</th><th>1928</th><th>1929</th><th>1930</th><th>1931</th><th>1932</th><th>1933</th><th>1934</th><th>1935</th><th>1936</th><th>1937</th></tr>
<tr><td rowspan="2">牲屠税</td><td>牲畜税</td><td>6.4</td><td rowspan="2">20.1</td><td rowspan="2">18.6</td><td>10.1</td><td>19.8</td><td>12.1</td><td rowspan="2">53.8</td><td></td><td></td><td>6.1</td></tr>
<tr><td>屠宰税</td><td></td><td>22.7</td><td>41.9</td><td>30.3</td><td>17.8</td><td>13.2</td><td>13.0</td></tr>
<tr><td colspan="2">牙税</td><td>18.2</td><td>12.6</td><td>10.9</td><td>12.4</td><td>19.6</td><td>17.3</td><td>25.3</td><td></td><td></td><td>13.6</td></tr>
</table>

资料来源：民国时期安徽省工商税收收入数字［A］. 安徽省人民政府税务局编. 安徽省工商税收史料选编（上辑·第二册）［C］. 1987：1022－1023.

牲屠税是牲畜税与屠宰税的并称，前者是对牲畜买卖征税，后者是对牲畜屠宰课征。1915 年，安徽省牲屠两税的比额为 30 万元，但实际收入只有六七

① 郭汉鸣，洪瑞坚. 安徽省之土地分配与租佃制度［M］. 南京：正中书局，1936：46－47.

② 章有义编. 中国近代农业史资料（第三辑）1927－1937［C］. 北京：生活·读书·新知三联书店，1957：728－730.

③ 钱俊瑞. 中国现阶段的土地问题［A］. 陈翰生等编. 解放前的中国农村（第 2 辑）［C］. 北京：中国展望出版社，1987：195.

成。此后，比额逐渐升高，亏欠依旧，尽管各县曾经试行招商承包，但效果不佳，1932年6月，改由财政厅直接招包。从省政府批准施行的《安徽招商认定各县牲屠两税办法》来看，采取商办的各县可在原定比额的基础上增加15%作为商人经征费，县长应得的5%催督费仍在旧额内支给；各县商人认办定期以一年为限，依照全年认额预缴20%税款，余者按月摊出；申请认办的商人经财政厅批准后，即被委任为该县牲屠税专员。①

仅从财政收入的角度来看，这套包征制取得了良好的效果（见表4－14）。1933年，全省牲屠税预算为60万元，共有46个县进行商办，认额就已经达到43.6万元；次年，又有1个县改行商办，认额总计47.2万元。②

表4－14　20世纪30年代前中期安徽省牲屠税税率　单位：角

税种	项目		1930年	1935年（修正）
牲畜税	猪	大猪	1.6	1.6
		中猪	0.8	0.8
		小猪	0.4	0.4
	牛	大黄牛	2.4	2.4
		小黄牛	1.2	1.2
		大水牛	3	3
		小水牛	1.8	1.5
	羊	大羊	0.8	0.8
		中羊	0.6	0.6
		小羊	0.4	0.4
	马		3	3（马驹折半）
	骡		3	3（骡驹折半）
	驴		1.5	1.5（驴驹折半）
屠宰税	牛（非耕牛）			6
	猪		4	4
	羊		3	3

资料来源：安徽省财政厅编．安徽财政史料选编（第三卷）［C］．皖非正式出版字（92）第065号，1992：346－351.

① 安徽招商认定各县牲屠两税办法［A］．安徽省财政厅编．安徽财政史料选编（第三卷）［C］．皖非正式出版字（92）第065号，1992：349－350.

② 牲屠税的沿革［A］．安徽省人民政府税务局编．安徽省工商税收史料选编（上辑·第二册）［C］．1987：767－770.

安徽省牙帖税捐也经历了从官办到商办，从收不足额到足额征收的过程（见表 4－15）。在历史上，从事说合买卖的中介人被称为牙侩、牙郎或牙人，其经营的场所叫做“牙行”，官府颁发的营业执照名为“牙帖”，“牙税”之名由此而来。1921 年以前，全省每年牙帖税捐比额为 15.4 万元，实际收入只有 2/3。南京国民政府成立后，牙税比额定为 30 万元，但实收不过十二三万元；除了太平县之外，余者均属短亏。1932 年 6 月，省政府鉴于牲屠税商办效果显著，遂进行仿照，在比额较多的县试行商办。次年，全省已有 43 个县的牙税交由商人承包，认额为 21.52 万元，已超过该年份全省 20 万元的概算。1934 年，又有 3 个县改由商办，总认额为 25.13 万元。[①]

表 4－15　　20 世纪 30 年代前中期安徽省牙税税率　　单位：角

类别	1930 年				1935 年		
	等级	帖捐	年税	印花	等级	帖捐	年税
长期牙帖（五年为限）	一等	600	60	2	一等	400	40
	二等	400	40		二等	200	20
	三等	200	20	1	三等	100	10
	四等	100	10		四等	60	8
短期牙帖（一年为限）	三等	40	无	0.5	一等	120	无
	四等	30			二等	60	
	五等	20			三等	30	
					四等	20	

资料来源：安徽省人民政府税务局编．安徽省工商税收史料选编（上辑·第二册）［C］. 1987：761－766.

可见，包税制的实行使政府得到了足额的收入，对政府而言的确具有一定的吸引力。此外，商人直接通过额外加征的方式获得经征费，也使政府成功地将征收成本转嫁到民间。因此，从短期来看，包征制度有利于政府利益。牲畜遍布广大乡村，屠宰行为可以随时随地发生，在这种征管难度极大的情况下，用包税制取代政府直接征税，可以看作是一次制度变迁。从税收收入的角度着眼，这的确体现了一种效率更高的制度对原有低效制度的替代。但是，这种做法也有极大的弊端，相比政府而言，包税商在降低交易成本和解决信息不对称问题等方面具有优势，但却难以阻止他们对纳税人进行过度侵害。由于向政府

① 牙捐的沿革［A］. 安徽省人民政府税务局编．安徽省工商税收史料选编（上辑·第二册）［C］. 1987：747－749.

交纳了定额租金，因此，包税人在既定的成本面前，具有强烈的动机去攫取最大化收益。在合肥，承办人甚至对于那些因为瘟疫而病死牲畜的情况，也认定为漏税，并处以重罚。① 正如时人所论，“牲屠商又多凶悍无理，包商纵欲额外需索，而权力究不易于压制。”② 更为严重的是，民国政局风云变幻，政府无论是合法性还是威信都十分有限，商人对政府的忠诚度并不高。在没有强大的意识形态和监管机制进行约束的情况下，包税人往往会采取一系列基于短期利益的行为，最终使民间负担增大，破坏了政府的税源和公信力。

1934年，国民政府在第二次全国财政会议上明令地方禁止采用包税制度，由各县新设立的地税局征收，但个别地区对中央指示置若罔闻，继续招商承办。③ 即使是在那些改归官办的地区，也有一系列新的问题接踵而来。按照规定，牲屠税是针对牲畜的买卖和交易而课征，属于行为税，对于饲养牲畜但无交易行为者不应征税；屠户在完纳税款后，官方对于肉油、皮毛、骨角等物品的运销也不准征税，并不得征收查验费。但是，许多地方却对上述规定熟视无睹，依旧滥征。还有些地区则借口财政厅票据未到，擅自制用小票，意图侵吞公款。④ 在和县，农民利用副产物养猪，在年终时再杀；但该县牲屠税局对每头收税6角，并不发给财政厅税票。⑤ 官方由于信息不对称，无法有效征管屠宰行为，因为往往将屠宰税的计划数按人头或田亩来摊派，屠宰税也由此演化为人头税，这种情况在民国时期的各个省份都很普遍。⑥

因此，无论采取哪种形式的征税方式，老百姓的日子都不好过。例如，芜湖义务教育经费，原在屠宰税设立附加，1931年大水以后，屠商以业务不振未能缴纳，由肉业公会每年认缴1000元。1935年，教育当局以义务教育经费不敷仍巨，经过财、教两厅议决，转令芜湖县将该认缴办法停止，改照征税附加三成，即每头正税四角附征一角二分。肉业本为本小利薄的产业，当时一头猪不过10元，而所负担税捐，计有屠宰税4角，牲税1角4分，肉捐6分。个别商户因无力认缴，竟被税务局拘送县政府管押。⑦ 在阜阳，地方税局局长李健侯更是生财有道，在每年入秋营业活跃的时期，委派专人举办牙帖检验，

① 孙晓村编．苛捐杂税报告［J］．农村复兴委员会会报，1934（12）：261.

② 吴耀椿．调查第二区县地方财政之利弊及整理意见［J］．安徽地方政务研究周刊，1934，1（11）：38.

③ 安徽当涂县地方税局局长黄哲僧违法渎职案［J］．监察院公报，1937（125），监察：24－26.

④ 牲屠税的沿革［A］．安徽省人民政府税务局编．安徽省工商税收史料选编（上辑·第二册）［C］．1987：770.

⑤ 孙晓村编．苛捐杂税报告［J］．农村复兴委员会会报，1934（12）：262.

⑥ 屠宰税忽变人头税［J］．茶话，1947（12）：14.

⑦ 芜湖肉业罢市［N］．申报，1935－4－10（10）.

除漏税者补贴罚款外，对领有行帖的行户也故意留难，横敲竹杠，勒索伙食及送盘费等。①

四、船捐、房捐

根据表4-6的数据，这一时期，安徽省船捐、房捐等项所占总收入的比例还不到3%，不仅与田赋、营业税和契税等大宗收入不可同日而语，甚至还远逊于屠宰税和牙税，由于份额较小，因此常常被作为专项用途。

（一）船捐

民国时期，安徽省就将船捐用作水上治安经费。需要指出的是，税收具有无偿性、固定性和强制性的特点，由税务部门负责征收，呈现出明显的“非直接偿还性”，而行政性收费则直接体现了付费与权益之间的关系。根据这个上述原则分析，当船捐的征收单位并非是税务机关或海关，而是行政部门（公安局），实行专款专用时，加之课征对象（船户）可以获得特定服务（如治安等），因此，船捐与其说是“税”，不如说是“费”。

1926年，省长公署饬令长江水上警察厅拟办船舶户口登记，并开征渔猎照费。1929年，民政厅拟订《征收长淮船捐保护航商办法》。1931年3月，省政府设立船舶管理处，管理大小船只和小轮，将每年比额定为20万元。此后，由于经理不善，改归各水陆公安局兼办，比额也减为13万元，并由经征款内坐支30%的经费；次年11月，改由财政厅主管督征。1933年，船捐实收与比额相当，其中，省会公安局2万元，芜湖公安局1.5万元，大通公安局0.5万元，长淮水上公安局8万元，巢湖水上公安局1万元。②

从理论上来说，船捐的征收为公安部门提供了经费来源，也有利于提高地方性公共物品和服务（如水上治安）的供给效率。但是，在监管不严和行政部门自由裁量权过大的情况下，这种机制往往会导致征收部门从自身利益出发，进行“乱收费”。这种情况在当时寿县正阳关船捐征收所有着典型的体现，当时，长淮水上公安局在正阳关设有船捐征收所，征收船捐、牌照捐、帚把捐、人事登记费和送船费等。具体情况如下：

（1）船捐。分为甲、乙、丙、丁四等，按等级缴纳，发给该局自制的船

① 茆修文．阜阳税政［A］．安徽省政治协商会议文史资料研究委员会编．安徽文史资料（第28辑）江淮工商［C］．合肥：安徽人民出版社，1988：133.

② 毛龙章．安徽省地方赋税及县地方附加杂捐报告书［N］．1934，七船捐：1-2.

捐票，而不是财政厅所发者；等到下月报捐时，须将前票缴销，另掣给下月之票，无前月票者，一律补缴三个月。所以该局收回自制旧票，外间已无根据，然后填列财政厅印发的正式票根，呈报收数，即以此为据，这种做法自然导致了中饱情形。此前，船捐征收所只设有一处，每年收一次船捐；后来，水上公安局变本加厉，竟然在不足十里的河道上，增设四处之多，船捐也改为每月征收一次。

（2）牌照捐。每船一元。

（3）帚把捐。每年春天，帚把过境约 10 万捆。如在第一道船捐征收所报捐，则等到船经过沫河口分所查验时，即将捐票收回；否则，则将船扣留，不准开行。

（4）人事登记费。每艘船经过船捐征收所之时，需要交纳人事登记费一角。

（5）送船费。水上公安局以“职责所在，恐发生不幸事件”为由，要求对过往船只进行护送，索费一元至于十余元，而且，只有凑集数百上千凑船之后，官方才统一进行一次护航。很多船商无暇等待，在缴纳送船费之后，自愿无保护而独行，官方对这种情况也予以通融。实际上，该局的护航力量实在有限，每次不过荷枪士兵数人，号兵一人而已。可见，所谓的“送船费”，不过是官方敛财的借口。

除了上述几种主要的名目之外，还有验票费、照票费、船捐手续费、辛苦钱，灯油钱、大铜捐、买卖划捐、渡划捐，以及五河下游沟垱、每千斤抽五成之渔捐，渔猎照捐等。水上公安局士兵还趁着办理封船公事之际，手持一纸封条，查封数十上百艘船；船户不得已，只能交钱邀免，穷者无力输纳，即被查封。①

在上述案例中，船捐固然是经过省政府批准的合法收入，但是，在具体的征收环节中，征收机关则拥有极大的自由裁量权。为了扩大收入，征收机关发明了各种名目的捐费，征收次数也不断提高；负责办理的公安局士兵，也在执行公务时，利用手中的“合法伤害权”，为自己谋取私利。在这种情况下，过往船商不得不对前行计划作出变更，“除必须过正阳关者外，其余为规避四道船捐起见，或改驶他河，或缩短水程。凡上下游之船，大多驶至距正阳三数十里地点，即行停止，或改车运，或用划驳，其本正划船，无所逃避，以受该船捐征收所影响，不能营业，因为卖子鬻妻，斧船货薪者，几于时有所闻。②”需要指出的是，士兵们的行为，已经近乎公开抢劫，但他们同时又是合法费用的征收者，这意味着在征收过程中，合法征收与勒索抢劫之间已经没有了明显的界限。

针对上述情形，省政府随即于 1934 年 3 月，恢复了船舶管理处和安（庆）

① 孙晓村编．苛捐杂税报告［J］．农村复兴委员会会报，1934（12）：262－263.

② 孙晓村编．苛捐杂税报告［J］．农村复兴委员会会报，1934（12）：262.

大（通）、芜（湖）巢（湖）、长淮等分处，由省政府直接监督管辖。① 同年4月，省政府又公布了帆船、渔猎船只和小轮的征税标准，具体如表4-16所示。

表4-16　1934年安徽省船捐率　单位：元

船只类型	等级	纳税标准	税率	备注
帆船	一等	3500石以上	8元	凡帆船在本省江淮河湖流域内行驶营业者，除已在交通部船政局领有行驶执照，可不纳捐税外，无论其所载货物有无、多少，均应按容量大小，每只每月收捐一次。此外，船舶户口每年编查一次，由管理处发给船舶户口证及洋铁牌号，无论船舶大小，每件由船户缴费一角（换证以每年2月至5月为限）
	二等	3000~3500石	7元	
	三等	2500~3000石	6元	
	四等	2000~2500石	5元	
	五等	1500~2000石	4元	
	六等	1000~1500石	3元	
	七等	500~1000石	2元	
	八等	300~500石	1.5元	
	九等	100~300石	1元	
	十等	50~100石	0.5元	
渔猎船只	一等	大号渔船	1元	凡在本省江淮河湖及港汊渔猎之船只，每月缴纳一次。此外，证、牌费与前同，每年2月至4月编查，换发新证
	二等	中号渔船	0.6元	
	三等	小号渔船	0.3元	
小轮		300吨以上	30元	凡经交通部及海关注册给照之小轮，在本省辖境内江淮河湖航行营业者，每只每月均须缴纳。此外，每年一月每轮换发行驶证一次，收证费2元
		200~300吨	25元	
		100~200吨	20元	
		50~100吨	15元	
		20~50吨	10元	
		20吨以下	5元	
小轮拖船		300吨以上	6元	每船每年缴船舶户口证及号牌费各一角
		200~300吨	5元	
		100~200吨	4元	
		50~100吨	3元	
		20~50吨	2元	
		20吨以下	1元	

资料来源：船捐的沿革［A］. 安徽省财政厅编. 安徽财政史料选编（第三卷）［C］. 皖非正式出版字（92）第065号，1992：363-365.

---

① 船捐的沿革［A］. 安徽省财政厅编. 安徽财政史料选编（第三卷）［C］. 皖非正式出版字（92）第065号，1992：363.

此外，省政府还分别在1935年和1936年的财政计划中开列了《安徽省船舶管理处年度整理进程表》，对船政工作进行整理，并取得了捐收超过比额、水道日益安宁的效果。①

（二）房捐

房捐创办于广东，安徽省于光绪二十七年（1901年）开始征收。② 1932年，省政府公布《安徽省会公安局征收房捐章程》，规定凡在该局管辖区域内的房屋，无论自住还是出租，均应缴纳房捐。其中，出租房的税率为租金的5%，由收受租金者按月缴纳；自住房则比照出租房估计租金，税率也为5%，由房主缴纳；若房租不满2元/月，则免征房捐。③

然而，在实际上，由于存在着舞弊的情形，那些处于起征点以下的穷人常常因为无力行贿而得不到豁免；相反，真正应该缴纳房捐者却可以得到豁免。尽管在税收理论上，诸如房捐之类的捐税，有利于调控市场、打压房价，对于维护社会的稳定，特别是保障低收入群体的利益有着积极作用，然而，省政府当时却仅仅着眼于创收。因此，官方对这些捐税给民间造成的不合理之处往往漠然视之。换言之，在这一时期，税收对于地方政府来说，基本上只有增加收入的意义，不仅没有调节经济、发展社会的作用，甚至还会破坏税源并加剧社会的不公。

第三节 债务类收入

按形式划分，债务类收入包括契约性借款和发行公债券。前者是指政府和债权人按照一定的程序和形式共同协商，签订协议或合同，形成债权债务关系；后者则是采用发行债券的形式。在西方经济思想史上，存在着公债究竟是有益还是有害的对立说法。巴罗—李嘉图定理和凯恩斯理论尽管结论相异，但

① 安徽省二十五年度财政计划［J］. 安徽政务月刊，1936（20），计划：56－57.

② 房捐的沿革［A］. 安徽省人民政府税务局编. 安徽省工商税收史料选编（上辑·第二册）［C］. 1987：818.

③ 安徽省会公安局征收房捐章程［A］. 安徽省财政厅编. 安徽财政史料选编（第三卷）［C］. 皖非正式出版字（92）第065号，1992：371.

着眼点都集中在宏观经济效益上。① 而在民国时期，无论是中央还是地方的举债，都主要是以筹措经费、应付开支为要务；作为政府的应急之举，也就难以考虑到更深层次的经济意义。由于公债的发行、使用和偿还往往会给政府、居民等利益主体带来负担，因此，公债的发行必须要控制在一定的限度之内，以免形成债务危机。在经济学界，一些具体量化指标常常被用来考察公债限度，其中就包括公债依存度和公债偿债率。其中，前者是指公债发行额与财政支出额的比值，后者是指公债还本付息额与财政收入额的比值。根据国际通行惯例，国家财政的公债依存度在15%～20%，中央财政的债务依存度在25%～30%，公债偿债率在7%～15%的范围内（不考虑偿债基金），说明政府的公债规模处于较为安全的水平。

从北洋时期开始，安徽省政府就常常举债，特别是在裁厘之后，地方财政困难加剧，债务类收入成为抵补收入困难的一项手段。表4－17是1931～1937年安徽省债务类收入情况。

表4－17　　1931～1937年安徽省债务类收入情况　　单位：元

项目	1931年	1932年	1933年	1934年	1935年	1936年	1937年	合计
债款收入	473316	76579	1846510	1944190	1600600	190000	200660	6331855
总收入	8398980	10798678	11479463	12372692	13751542	21612413	13193571	91607339
比　例	5.64%	0.71%	16.09%	14.71%	11.64%	0.88%	1.52%	6.91%

资料来源：各省地方财政收支［J］．统计月报，1942（67－68）：9－33.

从表4－17可知，20世纪30年代前中期，安徽省的债务类收入在不同的年份差别很大。如1932年，所占比例只有0.25%，次年则为16.09%，相差近百倍。不过，即使是在最多的时候，其所占省财政收入的比例也依旧排在田赋、工商税收和中央补助款之后。这在一定程度上表明，当时安徽省债务规模并不是很大，因此，出现债务风险的可能性就相对较小。

如前所述，安徽地方公债始于清末，前后持续30年。南京国民政府于1929年4月颁行的《公债法原则》第三、第四条要求：

① 近代英国学者大卫·李嘉图（David Ricardo）持公债有害论，他认为政府进行一般开支而发行的公债与进行征税具有同样的效应，都是将生产性资本转换为非生产性活动的政府支出，损失的都是生产性资本；现在发行的公债要靠以后的增税来偿还，公债即是延期的税收。当代美国学者罗伯特·巴罗（Robert Barro）在用数学推理的方式进一步阐述了上述思想，证明了该理论在某些假设前提扩大化的条件下仍然适用。20世纪英国经济学家凯恩斯（J. M. Keynes）则认为公债是一个有利的工具，特别是在经济萧条时期，公债可以帮助把民间闲置的资本积聚到政府手中，政府则将其投入具有生产性的活动中，从而拉动总需求的增长，帮助一国经济尽快恢复增长。

“中央与地方政府募集公债，均不得充经常政费为原则。政府募集内外债以充下列三种用途为限：一、充生产事业上资产的投资，但以具有偿付债务能力，而不增加国库负担之生产事业为限，如筑铁路、兴水利及开发富源等皆是。二、充国家重要设备之创办用途，但以对于国家人民有长久利益之事业为限，如大规模之国防设备、教育设备、卫生设备等类，虽无经费收入，而对于国家人民确有永久利益者，皆属之。三、充非常紧急需要，如对外战争及重大天灾等类皆属之。①”

根据这一标准，相比于北洋时期，南京国民政府时期安徽省地方公债的发行明显体现出进步性：这不仅表现在政府信用提高、公债管理渐趋正轨，更是由于发行公债的目的，已经从近乎完全地筹措军政费用，部分地转变成为建设经济社会的手段。如1932年10月，省政府为修建歙昱公路就发行了50万元债券，宣城县为交际农村，于所属各乡镇设立农业仓库，承押农产品，也向上海银行借款5万元以上10万元以下。②

不过，与邻近的江苏、浙江等省份相比，由于经济社会发展水平，尤其是金融行业的相对落后，使安徽省政府只能更多地采取强制摊派和银行承募的方式摊销债券。这种手段或许有利于迅速达成政府筹集资金的目的，防止认购不足的情况出现，但由于它违背了信用经济的基本要求，容易使认购者产生抵触情绪，甚至会对政府合法性产生不利影响。“在财务行政上，因收支不敷而发行公债，自不得视同苛捐杂税，但这是有一定限度的，假若各地方政府——不仅省政府甚至县政府——不顾人民的负担能力，任意发行公债，以薄薄的几张纸来集中大量现金，则从人民负担的观点上来立论时，实无异于一般的苛捐杂税。”③ 因此，在层层摊派的情况下，地方公债又在日常捐税之外给农民增加了额外负担。公债发行之时，省向县摊派，县向区摊派，最终还是落在农民头上，乡绅胥吏在向农民摊派时常常勒索恐吓。由于公债票面额不小，贫民难以认足，因此往往只管出钱，而公债票仍然由乡绅胥吏掌握。到了政府还本付息之时，贫民往往是无从获得。在省公债越发越多的情况下，各县发行的公债进一步增加了民众的负担。1933年，阜阳县就以连年饥馑、收入支绌为由，在上海印制一元、五元面额的公债券，共计五万元；以自治公安捐作抵，八个月

① 公债法原则［A］. 财政部财政科学研究所，中国第二历史档案馆编. 国民政府财政金融税收档案史料1927－1937［C］. 北京：中国财政经济出版社，1997：156.

② 宣城县向上海银行解款设仓库办押款［N］. 申报，1934－11－21（10）.

③ 徐正学. 农村问题：中国农村崩溃原因的研究（上）［M］. 中国农村复兴研究会，1934，第三章：苛捐杂税与中国农村：115－116.

后兑现，由各联保主任向各商号推销。[①] 更为恶劣的情形发生在太湖县，官府因为政费紧迫，发行了名为“印收”的债券，分为一元、二元、三元、五元等四种，规定农民用现金购买，等到秋后可以用来完粮。然而，等到秋征开始之后，官府居然以现金缺乏为由，规定农民缴粮时只能用一半“印收”，另外一半仍然需要缴纳现金。由于“印收”面额均为整数，无法折兑，官府也不予以找零，因此农民大多准备全数现金，如期完纳，一面逾限受罚。不料，乡间忽有关于“印收”即将失效的传言，同时却而又商号愿意折价收购“印收”。闻此消息，正苦于“印收”无用的乡民，遂争先恐后以低价将“印收”卖出。而这些商号敢于用现金购买“印收”，必然另有门道；而农民们文化程度较低，加上信息闭塞，只能任人宰割。[②]

归根到底，公债发行中存在的种种问题，还是在于政治不良。政府在制订决策并付诸实行时，并没有积极吸纳民间力量进行有效参与，而且，财政经费在使用时，也较少考虑到社会利益。当时财政部外籍顾问罗哈脱（Lockhart）就在《税收政策报告》中说：“纳税人方面很少或全不理解出钱纳税是对维持社会基本服务的贡献。……赋税事实上是为了集体目的而提供的贡献，并不仅仅是由政府（或者也许大部分是由官僚为了他们的私利）‘单方面’强制榨取的财富。这一认识必须用把公共财富完全投入有用公共事业的方法逐步加以培植。”[③] 1932年8月，民间就对安徽省财政厅长向上海银行借款一事提出质疑，他们质疑此次举债省政府主席是否知情，是否在省政府会议通过，是何用途以及用何物抵押。[④]

民国时期，安徽省地方公债的持续到1941年，此后，由于财政收支系统的改革，省财政并入中央财政，因此省级地方公债也就走到了历史的尽头。以1927年南京国民政府成立为始，安徽省政府举债情况如下：

（1）安徽省建筑公路短期公债。

根据南京国民政府修筑公路、发展交通的建设方针，安徽省政府于1929年1月按照江苏、浙江等省成案，发行短期筑路公债100万元，指定以该年份丁漕及全省通过税附加一成为基金，经募费用为2%，月息8厘，分4个月募齐；从9月起，分八个月还清，每月还本12.5万元。公债票面金额分为2种，

---

① 孙晓村编．苛捐杂税报告［J］．农村复兴委员会会报，1934（12）：19.

② 陈赓雅．赣皖湘鄂视察记［M］．沈云龙主编．近代中国史料丛刊第十九辑，台北：文海出版社，1968：113.

③ （美）阿瑟·恩·杨格．一九二七至一九三七年中国财政经济情况［M］．北京：中国社会科学出版社，1981：69.

④ 旅沪皖商协进会请彻查私举省债案［J］．申报，1932－8－23（14）．

其中，五元票10万张，十元票5万张。①此次公债全部由省内各县、局摊募，具体情况详见表4－18～表4－20。

表4－18　　1929年安徽省各县摊募筑路公债数目单　　单位：元

县份	数额	县份	数额	县份	数额	县份	数额
怀宁	15000	桐城	15000	潜山	10000	太湖	15000
宿松	17000	望江	9000	歙县	10000	休宁	12000
婺源	11000	祁门	5000	黟县	5000	绩溪	3000
宣城	30000	南陵	13000	泾县	7000	宁国	6000
旌德	3000	太平	4000	贵池	12000	青阳	9000
铜陵	10000	石埭	2000	秋浦	6000	东流	6000
当涂	20000	芜湖	11000	繁昌	8000	合肥	24000
无为	24000	舒城	11000	庐江	9000	巢县	10000
凤阳	6000	怀远	11000	寿县	15000	宿县	14000
定远	8000	灵璧	6000	凤台	5000	阜阳	24000
颍上	3000	霍邱	7000	亳县	12000	蒙城	5000
太和	7000	涡阳	6000	六安	18000	英山	2000
霍山	3000	泗县	8000	盱眙	10000	天长	10000
五河	3000	滁县	6000	全椒	9000	来安	6000
和县	18000	含山	6000	广德	11000	郎溪	9000

表4－19　　1929年安徽省各局摊募筑路公债数目单　　单位：元

单位	数额	县份	数额	县份	数额	县份	数额
帆运米捐局	40000	湾沚	7700	屯溪	4300	天长	2100
芜湖米捐局	30000	两河口	7200	六安	4300	孙家沟	2000
漕运	21300	东门渡	6700	定埠	3900	滁县	1700
凤凰颈	16500	三河尖	6200	街口	3300	洪河口	1700
盐河	15600	三埠管	5900	棕阳	3000	倒湖	1400
巢县	15000	合肥	5200	罗昌河	2900	太白	1400
乌溪	13700	迎河集	5100	界首集	2700	荻港	1200
华阳	12400	五河	4800	颍上	2400	金家寨	700
和全	12000	三里湾	4500	石牌	2300	三流集	700
太通	11700	马头	4400	中梅河	2100	糖捐总局	40000

① 安徽省发行建筑公路短期公债条例[A]. 安徽省财政厅编. 安徽财政史料选编（第三卷）[C]. 皖非正式出版字（92）第065号，1992：589－591.

表4－20　　1929年安徽省各市、镇摊募筑路公债数目单　　单位：元

单位	数额	县份	数额	县份	数额	县份	数额
芜湖市	20000	安庆市	15000	蚌埠市	10000	大通市	5000
屯溪镇	20000						

资料来源：建筑公路短期公债摊募数目单［A］．安徽省财政厅编．安徽财政史料选编（第三卷）［C］．皖非正式出版字（92）第065号，1992：594－596.

然而，此次公债实际上只发行了237425元，到了1931年水灾之后，因为财政收入锐减，经省政府议决，将剩余公债继续进行推销，利息与基金照旧，共募集到332000元。规定自1933年10月起，分8个月兑还。①

（2）临时活动抵押透支。

1930年9月，因库款不够周转，省财政厅遂与芜湖中国、交通两银行商订《临时活动抵押透支契约》，约定透支以30万元为度，经双方同意也可酌量增加透支数；以安徽省盐斤附税及财政厅芜湖分金库全部税款为抵还品，另以1930年关税公债票面额50万元交存两行为担保品。此次借款月息一分二厘，以3个月为有效期限，实际借款24万元，后分月拨还。②

（3）安庆电灯厂股债债券。

1931年1月，为清理安庆电灯厂在商办时期的商股和债务，安徽省政府发行股债债券229400元，面额分为百元、十元和五元等三种，以财政厅、建设厅为发行机关，周息五厘，每年6月1日付息一次，以电灯厂收入为担保。债券分债字号、股字号两种，前者发给借债人，后者发给商股，还本时先偿还债务，再偿还股本。③

（4）安徽帆、轮、车运米商公会借款。

1931年4月，省政府与安徽帆、轮、车运米商公会订立借款合约，借款100万元，作为本省建设费用，并清偿北洋时期的米商公债，这一借款属于无息借款，由政府整顿岁入项下偿还。根据规定，本次举债由米商照借款数目，按运出省境米粮担数陆续摊借，按月汇交省库；同时，由省政府指派委员5人、米商推举委员3人、四商会各推举一人，共同组织米粮借款委员会，负责管理各项手续，并由其委托安徽省帆、轮、车运各粮食查验处代收，凡运出省境米粮，轮运每担米摊借洋2角5分，杂粮及稻摊借洋1角3分，帆运及车运

① 安徽最近之财政概况［J］．东南大观，1935，元旦特刊：36.

② 安徽省地方志编纂委员会编．安徽省志·财政志［M］．北京：方志出版社，1998：191－192.

③ 安庆电灯厂股债债券章程［A］．安徽省财政厅编．安徽财政史料选编（第三卷）［C］．皖非正式出版字（92）第065号，1992：605.

每担摊借洋4角，杂粮及稻摊借洋2角，以借足借款总额为止。[①]

（5）1932年有息金库证券。

1931年，安徽省遭遇特大水灾，收入减少。次年春天，省政府发行有息金库证券50万元以应付开支，以6个月为期，月息六厘。根据《安徽省民国二十一年有息金库证券分期兑现办法》规定，自该年份9月30日起，分五个月兑现——凡库券券面号码末字为一二两字者，9月兑现；三四两字者，10月兑现；五六两字者，11月兑现；七八两字者，12月兑现；九零两字者，于1933年1月兑现。[②]

（6）续发1932年有息金库证券。

1932年9月，安徽省民国二十一年有息金库证券即将兑现，但由于省库收入不足，无法全部兑现。经省政府开会讨论，决定对证券号码尾字为偶数的证券，用续发库卷替换，即续发有息金库证券25万元；对于券号码尾字为奇数的证券，则直接照兑现金。本次证券自该年10月1日起，分5个月发行，每月5万元，月息仍为六厘，以1932年第二期田赋为基金；证券到期后，可以直接用来完纳田赋、杂税、营业税，与现金无异。[③]

（7）歙昱路公债票。

1932年10月，省政府为筹集歙昱公路修建经费而再次发行公债，利率为周年八厘，每年以米照费收入10万元作为还本付息的基金，偿还期为8年，每半年还本一次。债券总额为50万元，面额分为5元、10元、100元等三种。同时，指定殷实银行专款储存，并由省政府、财政厅、建设厅、债权团分别派出代表，会同银行经理共同组成基金保管委员会；沪、杭等埠中国农工银行以及省内各县政府和粮食管理局为经理还本付息的机关。[④] 此后，由于米照捐的取消，担保基金改为普通营业税。[⑤]

（8）上海辛泰银公司借款。

1932年，因建筑公路需要，安徽省建设厅遂以营业税作为担保，向中国

---

① 安徽帆、轮、车运米商公会借款［A］．安徽省财政厅编．安徽财政史料选编（第三卷）［C］．皖非正式出版字（92）第065号，1992：606－607.

② 安徽省民国二十一年有息金库证券分期兑现办法［A］．安徽省财政厅编．安徽财政史料选编（第三卷）［C］．皖非正式出版字（92）第065号，1992：610.

③ 批准财政厅续发安徽省民国二十一年有息金库证券的报告［A］．安徽省财政厅编．安徽财政史料选编（第三卷）［C］．皖非正式出版字（92）第065号，1992：611－612.

④ 批准财政厅、建设厅暂缓发行歙昱路公债票及修改章程的呈报［A］．安徽省财政厅编．安徽财政史料选编（第三卷）［C］．皖非正式出版字（92）第065号，1992：613－615.

⑤ 安徽省歙昱路公债基金保管规则［A］．安徽省财政厅编．安徽财政史料选编（第三卷）［C］．皖非正式出版字（92）第065号，1992：617.

通商银行商借50万元，月息一分，自7月起，分4个月拨付。此后，由于该行经理易人，改向上海辛泰银公司借款30万元，利息照旧。①

（9）全国经济委员会借款。

1932年，安徽省因建筑京芜、长宣、歙昱等公路，特向全国经济委员会借洋款446762元，年息四厘，以本省米照费收入作为担保（后因米照费取消，改为契税）；规定1933年10月还45000元，次年10月还65000元，1935年10月还110000元，1936年10月还226762元。②

（10）安庆中央银行透支。

1934年6月，省政府以省库收入为担保，向安庆中央银行透支32万元，用于省库周转。月息八厘，期限半年。③

（11）芜湖安庆实业银行借款。

1934年9月，安徽省以盐附税为担保，向芜湖安庆实业银行商借30万元，用于中秋节发放政费，月息一分一厘，自10月起，分6个月归还。④

（12）民国二十三年安徽省库券。

1934年12月，省政府为整理财政、清理积欠，发行库券90万元，面额分为千元、百元和十元等三种，利率为月息七厘，分50个月偿还本息，以中央补助费和屠宰税为保证基金。⑤

（13）芜湖中央等五银行借款。

由于民国二十三年安徽省90万元库券发行推销不易，最后经过与芜湖银行界的协商，改为借款，连同此前的积欠40万元，共计借款120万元；⑥ 月息定为一分，以盐附税作为担保。⑦

（14）民国二十四年公路公债。

1935年7月，省政府为修筑公路，发行公债80万元（法币），面额分为百元、十元和五元等三种，利率为周年七厘，指定代理省库银行为经理机关，各县政府为经理分机关，以田赋筑路附加18万元为基金，自1936年12月起，每年6月底、12月底各还本一次，每次抽还本金5万元，至1944年6月底，

①③　安徽省地方志编纂委员会编．安徽省志·财政志［M］．北京：方志出版社，1998：192.

②　安徽最近之财政概况［M］．东南大观，1935年，元旦特刊：36.

④　安徽省地方志编纂委员会编．安徽省志·财政志［M］．北京：方志出版社，1998：193.

⑤　民国二十三年安徽省库券条例［A］．安徽省财政厅编．安徽财政史料选编（第三卷）［C］．皖非正式出版字（92）第065号，1992：620－621.

⑥　安徽省地方志编纂委员会编．安徽省志·财政志［M］．北京：方志出版社，1998：193.

⑦　安徽省政府统计委员会编．中华民国二十三年度安徽省统计年鉴［C］．1934：205.

本息全部还清。①

（15）芜湖中央、中国、交通三银行借款。

1935年7月，省政府以民国二十四年安徽省公路公债及水灾工赈公债省款作抵押，向芜湖中央、中国、交通三银行借款100万元，月息八厘，用于拨补安徽地方银行资本。②

（16）安徽地方银行借款。

1936年，财政厅以民国二十四年安徽省公路公债票80万元及统一戌种公债省款30万元作抵，向安徽地方银行抵借现款110万元，用于增拨该银行资本。以抵押公债的利息作为借款利息，以中签公债作还本。③

（17）农仓建筑借款。

1936年，省政府为调剂农产供需，流通农村金融，改进农业经济，决定推行农仓制度；遂向安徽地方银行贷款18万元，芜湖中国农民银行贷款27万元，共计45万元，月息为八厘，用于省农仓建筑费用。④

这一时期，安徽省级财政除了上述17项主要举债之外，还有两项公债因故取消发行，分别是“安徽省政府民国十九年库券”年和“安徽省政府民国十九年整理公债”。后来经过省政府议决，认定其属于无故增加人民负担、违背中央法令、减损省库收入之行为，随即予以取消。⑤

第四节

非税收入

除了税收与债款之外，这一时期省财政收入还包括一系列非税收入，主要包括地方行政收入、地方事业收入、地方营业收入、地方财产收入等。非税收入是指除了税收以外，由各级政府、国家机关、事业单位及其他组织利用政府权力、政府信誉、国家资源、国有资产或提供特定公共服务、准公共服务所取得的财政性资金，是政府财政收入的重要组成部分。20世纪30年代前中期安徽省的非税收入情况，详见表4－21。

---

① 民国二十四年安徽省公路公债条例［A］．安徽省财政厅编．安徽财政史料选编（第三卷）［C］．皖非正式出版字（92）第065号，1992：622－623．

②③④ 安徽省地方志编纂委员会编．安徽省志·财政志［M］．北京：方志出版社，1998：193．

⑤ 呈请取消本省民国十九年库券及整理公债两案［A］．安徽省财政厅编．安徽财政史料选编（第三卷）［C］．皖非正式出版字（92）第065号，1992：602－604．

表4－21　　1931～1937年安徽省库非税收入项目情况　　单位：元

项目	1931年	1932年	1933年	1934年	1935年	1936年	1937年	合计
地方财产收入	355902	148210	107213	198128	96906	320895	71650	1.42%
地方事业收入	2532	27432	76300	56538	17992	27321	104591	0.34%
地方行政收入	386275	105115	165977	216323	1321501	1829575	1109818	5.60%
地方营业收入	526264	296756	311574	237074	155902	2281078	367781	4.56%
非税收入之和	1270973	577513	661064	708063	1591851	4458869	1664640	11.93%
省库总收入	8398980	10798678	11479463	12372692	13751542	21612413	13193571	100%
非税收入比例	10.67%	5.35%	5.76%	5.72%	11.58%	20.63%	12.61%	11.93%

资料来源：各省地方财政收支［J］.统计月报，1942（67－68）：9－33.

由表4－21可知，20世纪30年代前中期安徽省非税收入大约占省库收入的11%，不过，这一比例在不同年份差别很大，1932～1934年，这一比例只有5%左右，而到了1935年，则增加了一倍，达到10%左右，次年，又在前一年的基础上增加了一倍，所占比例超过20%。

由此可见，自1935年之后，安徽省非税收入每年翻倍增长，[①] 特别是行政收入增幅极快——1935年省库行政收入竟是上一年的6倍，而且在此之后，每年的行政收入都突破百万元。这种状况与南京国民政府推行的减轻田赋附加、废除苛捐杂税密切相关。如前所述，这一时期，由于中央推行的分税制体制并不完善，导致基层缺乏明确的收入来源，但同时却承担着庞大的开支，最终只得诉诸苛捐杂税和田赋附加。1934年，中央推行采取行动，在各地减轻田赋附加、废除苛捐杂税，并取得了一定的成果。然而，这一措施并没有解决基层政权的收入来源问题，基层为了维持行政开支和办理地方事务还是需要大量经费，于是，许多原先以“税”征收的项目便会被政府以收“费”的方式获取。

实际上，在南京国民政府时期的政治体制下，由于政府社会服务职能有限，公共财政体系严重不健全，导致很多“税”与“费”本来就难以明确划分。前面所提到的船捐，实际归为行政收入似乎更加妥当。更为典型的例子是警捐，民国初年，安徽省的警捐取自芜湖等地的房、铺两捐，税率先为2%，后来增至5%。后来，由于房、铺各捐收入有限，因此又将车辆捐、筵席捐、

① 1937年全面抗战爆发，安徽省大片地区沦陷，财政状况异常；因此该年份财政收入受到严重影响。

娱乐捐、广告捐、旅客捐、街灯捐等逐渐纳入其中。1933年，全省警捐预算为357949元，其中，省会公安局每年应摊征42240元，芜湖公安局每年应摊征183312元，蚌埠公安局每年应摊征123379元，大通公安局每年应摊征9018元，各局自收自支，按月向财政厅呈请抵划。[①] 在省财政厅1934年编制的《安徽省地方赋税及县地方附加杂捐报告书》中，“警捐”属于“省地方附税”，与田赋、营业税、契税等并列[②]；但是，在1930年的省财政预算中，警捐则是被划为民政厅行政收入之列，这显然属于行政规费。该年份安徽省非税收入预算情况，详见表4－22。

表4－22　1930年度安徽省非税收入预算（经常门）情况表　单位：元

科目			预算数
行政收入	省政府行政收入	公报收入	3000
	民政厅行政收入	月刊收入	2016
		警捐收入	430587
	财政厅行政收入	月刊收入	300
	教育厅行政收入	大学学生学费	10000
		各中学学生学费	38219
	建设厅行政收入	月刊收入	500
司法收入	司法收入	高等法院法收	27780
		高等第一分院法收	19440
		怀地法院法收	18660
		芜地法院法收	20532
		各县法收	70000
	作业收入	第一监狱作业盈余	2532
		第二监狱作业盈余	2212
官业收入	建设厅农林工矿各项事业收入	官矿司	47000
		省立农事试验场	3208
		省立麦作试验场	2800
		省立茶业试验场	1500
		省立园艺试验场	1300

① 警捐沿革［A］．安徽省人民政府税务局编．安徽省工商税收史料选编（上辑·第二册）［C］．1987：855．

② 毛龙章．安徽省地方赋税及县地方附加杂捐报告书［M］．1934，八警捐：1－2．

续表

科目			预算数
官业收入	建设厅农林工矿各项事业收入	省立蚕业试验场	1800
		省立第一林区森林局	2413
		省立第二林区森林局	1100
		省立第三林区森林局	850
		省立第四林区森林局	850
		省立第五林区森林局	3200
		省立第一丁厂基金余利	6000
		矿路营业	339360
	建设厅路电各项事业收入	安潜太段汽车路行车	79200
		合巢段汽车路行车	108000
		京芜段汽车路行车	43200
		省会电灯厂	111600
		省会电话局	6000
		无线电台	63720
		长途汽车及电汽营业	150000
	官质官息余利收入	惠济质官息余利	12000
		益新公司股息	1371
省产收入	省产收入	财政厅裕皖收入	400
		财政厅马学囗藉等租折	3000
		教育厅学产租息	9600
合计			1645150

资料来源：安徽省政府财政厅编制．安徽省地方民国十九年度预算（第1册）［M］．1930，民国十九年度岁入预算册，经常门，各项收入：5－10.

可见，诸如警捐之类的收入，似乎连政府都无法明确将其清晰地归类，普通百姓对于两者之间的区别就更加难以知悉了。根据财政理论来看，“税”与“费”的根本区别在于，“税”是政府无偿地取得财政收入的一种手段，而“费”则是有偿的，是某些行政部门或者事业单位为了向社会提供特定服务而收取的，缴费者可以明确而直接地得到权益。因此，当政府的征收额大大超过服务的成本时，或者缴费者并非受益人时，这种收入在实际上其实是“税”而不是“费”，尽管政府往往是以“费”或其他名义进行征收。

这一时期，地方政府除了正税和附加税之外，正是通过征收各种名目的行政规费来弥补税收收入的不足，形成了“税不够，费来凑”的局面。例如，有些地方的牙税局就额外征收查验费。[①] 在这个意义上，重复收费的现象自然无可避免。仍以警捐为例，当时负责征收警捐的各地公安局，主要是靠财政支出中的“公安费”一项维持运转，而财政经费则主要来源于人民缴纳的赋税。因此，人民实际上已经通过纳税的方式，为公安机关提供了运转资金，而公安部门再次征收警捐进行专款专用，实际上就有了重复收费之嫌。更何况，当时公安机关的任务并非仅仅缉凶捕盗，维护公共安全，更是国民党政权镇压革命运动的暴力机器，因此，即使不考虑公安费，仅从“警捐”一项来看，公安部门的征收额就远远超过了他们为缴费者提供的服务，缴费者也并不完全是受益人。

实际上，官方也知道这样的重复收费行为是不合法的。1933年7月，蚌埠公安分局第五分局局长杨寅以添募消防为名，向地方商户收取费用；每户每月出洋一角或五分，商店每月不得超过五角，贫者免交。但在实际征收过程中，警察反而对无钱缴费的百姓进行殴打。安徽省地方公务员惩戒委员会在处理此事时，也明确表态：“此种捐款，本属不应征收。”[②]

尽管警捐的征收存在缺陷，但毕竟纳入省级预算。在更多的时候，那些名目各样、层出不穷的征收则是游离于预算之外，成为地方上的“小金库”，甚至连社会团体也想方设法设卡收费，极大地增加了人民的负担。例如，祁门县商会就在交通要道私设捐局，对米、粮、盐在内的过往货物进行收费，用于商会开支及商团（保安队）薪饷；各乡区也以办学办团为名，私征茶捐及杂捐，县政府对此亦无统计。[③] 由此可见，与当时存在种种积弊的税收相比，非税收入的规范程度更低，征收更加缺乏透明度。

此外，非税收入来源中另一个值得关注的就是官营工商业收入。如表4－21所示，当时安徽省官营收入占省库总收入的比例约为4.5%。官营收入是建立在政府对工商业直接操控的前提下，属于官办企业向政府上缴的红利。针对当时外界所谓“政府与民争利”的批评，官方也找出了不少貌似“合理”的理由进行

① 第八五五号（十二月廿三日）：批原具呈人巴敦仁等呈诉牙税局需索查验费浮收帖捐是否正当乞详示由［J］．安徽财政公报，1934（27），公牍：12.

② 惩戒案件：安徽蚌埠公安局第五分局局长杨寅假借名义非法勒捐剥削人民案［C］．监察院公报，1935（26），监察：168－169.

③ 训令祁门县县政府奉省令核办据第十区调查财政委员密呈祁门县商会私设捐局各乡区私征茶杂捐一案仰分别查明严行制止仍将遵办情形报核由［J］．安徽财政公报，1934（29），命令：9－11.

回应。[①] 然而，如果放在全国范围内看，也不管基于何种政治立场[②]，这一事实的确在一定程度上反映了统制经济和“官僚资本”的生成倾向。例如，1936年4月，安徽省政府成立皖赣红茶运销委员会，正式插手安徽和江西两省红茶的运销，这种做法就影响了素来垄断茶叶运销的上海茶栈的利益，并遭到他们的严厉抗议。尽管官方表示，统制经营的目的“在打破中间者之剥削制度，而谋茶农之真正利益，以达到整个复兴茶叶之计划”[③]，外界一些评论也认为，官方的做法是为了振兴整个红茶行业，可以带来减低成本、制造精美、装箱稳固、免除出口检验、运输便捷、买卖双方自由论价等好处。[④] 但是上述说法明显片面，当时就有人指出，“统制的意义，统一节制的意义，并不是说，统制就是由政府直经营。……要说在目前状态下，有人从中剥削，难道政府所用的人都统统是洁身自好，没人有上下其手吗”！[⑤] 而且，从根本上来看，“统制的结果，帝国主义依旧屹然未动，不过是私的茶栈被公的茶栈取而代之罢了。……受其惠者，不过是茶号而已；贫苦的茶农所受茶号之种种不合理的剥削，依然存在。”[⑥] 可见，在当时的政治和经济存在种种积弊的大背景之下，无论工商业是官营还是民营，底层人民都无法摆脱被剥削的命运，唯一不同的是受益者究竟是官府还是富商。这种状况正是当时中国社会的真实写照。

---

① 贺荫棠记．政府经营公路汽车之意义——李厅长在安潜太路安高段举行通车典礼及技术人员养成所驾驶速成班补行开学式之演说词［J］．安徽建设，1929（9），论著：3-4.

② 针对官方对工商业的卷入，不同政治立场的学者有着截然相反的评价。关于这一问题，可参看（美）小科布尔著；杨希孟译．上海资本家与国民政府1927-1937［M］．北京：中国社会科学出版社，1988：304-311.

③ 章有义编．中国近代农业史资料（第三辑）1927-1937［C］．北京：生活·读书·新知三联书店，1957：158.

④ 皖赣红茶改善运销之意义与经过［J］．国际贸易情报，1936，1（14）：8.

⑤ 皖省统制红茶之风波［J］．民鸣周刊，1936，2（40-41），本周大事述评：2-3.

⑥ 章有义编．中国近代农业史资料（第三辑）1927-1937［C］．北京：生活·读书·新知三联书店，1957：159.

第五章

安徽地方财政主要支出项目与支出效果（1927～1937年）

如前所述，1927～1937年，安徽地方财政收入比北洋时期要高出不少。而财政收入的提高，也为财政支出的提高提供了可能性。这一时期，安徽地方财政的支出大体上可以分为三大类：

（1）政务类支出。这项支出是安徽省地方财政的最大部分，大约占50%，其中又以公安费与行政费为最大两项，在大多数年份，两者之和超过了财政总支出的30%。司法费、财务费和党务费的规模则相对较小；其中，党务费所占比重则逐年下降，这正是当时国民党党组织建设滞后的一个缩影。[①]

（2）事业类支出。这项支出在安徽地方财政中所占比重次于政务类支出，大约占25%，其中以教育文化经济为主，大约占事业类支出的一半；经济建设费（含建设费、地方营业费、实业费和交通费）的规模次之，而政府在卫生方面的支出则几乎可以忽略不计。

（3）债务类支出。[②] 如前所述，这一时期，省政府常常需要依靠举债度日并以此筹集部分经济建设的经费。因此，这也就涉及债务的偿还，即债务类支出。债务类支出的多少是以政府举债规模和利息而定；从总体上看，20世纪30年代以后，安徽省债务类支出占总支出的比重不到10%。

除了三个主要部分之外，这一时期，安徽省地方财政另有协助费、抚恤费等其他支出，但这些项目并非年年都有，且在不同年份所占比例差距甚大。[③]

1931～1937年安徽省库主要支出情况详见表5－1。

---

① 谢国兴．中国现代化的区域研究：安徽省1860－1937［M］．台北："中央"研究院近代史研究所，1991：663.

② 笔者在第四章中的"债务类收入"一节中，已经列出了各项债务的偿还方式；因此，本章就不再对"债务类支出"进行专门讨论。

③ 各省地方财政收支［J］．统计月报，1942（67－68）：9－33.

表 5－1　　1931～1937年安徽省库主要支出项目情况　　单位：元

项目	1931年	1932年	1933年	1934年	1935年	1936年	1937年
政务类支出	5974391	6857007	6879953	6428072	5954424	10411978	6525868
事业类支出	2010659	2540220	2403138	2622424	3507343	5813924	2566756
债务类支出	81287	1158087	946912	1697711	511287	794091	1954592
其他支出	424286	242806	1253472	1566379	3760721	4616906	2181502
总支出	8489423	10708070	11481475	12314086	13728775	21636899	13223598

资料来源：各省地方财政收支［J］. 统计月报，1942（67－68）：9－33.

第一节

政务类支出

政务类开支是维持政府行政运转的经费。南京国民政府前期，地方上的政务费主要包括党务费、行政费、司法费、公安费和财务费等。进入20世纪30年代以后，作为这一时期安徽省最主要的开支部分，政务类开支大约占总支出一半，最高的时候（1931年）竟然高达七成。具体情况详见表5－2。

表 5－2　　1931～1937年安徽省政务类开支情况　　单位：元

项目	1931年	1932年	1933年	1934年	1935年	1936年	1937年	合计
党务费	540441	479586	236600	166188	187293	170620	176594	2.14%
行政费	1595253	2320178	2545092	2245389	1588444	2959794	1431445	16.04%
司法费	580200	1057546	1078426	1089058	990473	1405863	766208	7.61%
公安费	2524396	2168680	2404216	2265455	2456709	4624000	3604026	21.89%
财务费	734101	831017	615619	661982	731505	1251701	547595	5.87%
政务费之和	5974391	6857007	6879953	6428072	5954424	10411978	6525868	53.54%
省库总支出	8489423	10708070	11481475	12314086	13728775	21636899	13223598	100%
政务费比例	70.37%	64.04%	59.92%	52.20%	43.37%	48.12%	49.34%	53.54%

资料来源：各省地方财政收支［J］. 统计月报，1942（67－68）：9－33.

由表5－2可知，这一时期，公安费与行政费是政务类支出中最大的两项；两者之和超过了政务类支出的七成。这样庞大的政务开支，必然会影响政府其他方面的支出，尤其是对于经济建设与文化教育方面。实际上，这种情况并非安徽独有，而是各省皆然；从全国总体情形来看，地方上以公安费与行政费为主的政务类开支，要占到省财政总支出的40%以上，这意味着地方官僚机构的臃肿和膨胀，也反映了官方镇压人民职能的强化。①

① 项怀诚主编，刘孝诚著．中国财政通史·中华民国卷［M］. 北京：中国财政经济出版社，2006：240.

一、党务费

党务费是指关于中央、地方党务机关党务设施的各项经费。根据中央颁行的《各省各特别市及各铁路党部党务经费支配办法》和《订定各省各特别市暨各铁路党部经费预算书支出科目规则》规定，地方党务费被划分为经常费和特别费（如纪念庆祝、津贴、各种党务会议及训练班费等）两大款。其中，经常费包括生活费及办公费、活动费（省党部的活动费包括扩充党务经费、视察调查费、宣传费、津贴民众团体或工会和津贴下级党部）和临时费（即预备金，凡各该党部因临时事故所需费用，未经列入生活费、办公费或活动费项下者，或因特殊情形，生活费、办公费、活动费预算实不敷支配时，得经会议决移用之）等四项。上述四项的分配比例也有具体要求：对于省党部而言，生活费和办公费之和不超过60%，活动费不超过35%，临时费不超过5%。[①]党务费项下细目以1930年度预算情况为例，详见表5－3。

表5－3　1930年度安徽省党务费预算（经常门）细目　单位：元

科目		预算数
第一款	安徽省党部经费	171600
第二款	安徽省特等县党部经费	45600
第三款	安徽省一等县党部经费	36480
第四款	安徽省二等县党部经费	136800
第五款	安徽省三等县党部经费	102600
第六款	安徽省四等县党部经费	231420
第七款	安徽省直属区党部经费	33060
第八款	安徽省直属区分部经费	1710
第九款	安徽省民国日报社经费	36000
第十款	安徽省芜湖日报社经费	6000
第十一款	安徽省皖北日报社经费	6000
第十二款	安徽省市各民众团体经费	53802
合计		861072

资料来源：安徽省政府财政厅编制．安徽省地方民国十九年度预算（第1册）［D］.1930，党务费：1.

① 田湘波．中国国民党党政体制剖析1927－1937［D］．长沙：湖南师范大学，2004：366.

表5－3列出的各项经费支出条目，清晰地反映了这一时期国民党地方组织的权力范围。由此可见，尽管地方党部是独立于政府的一个系统，但其职能却只包括宣传意识形态和管理社会团体等少数方面，同时也缺乏与政府机构相对口的部门，因此，党组织在地方上的权威和作用并不大。这种状况从党务费所占比例就可以体现出来。尽管党务费的来源除了财政拨款以外，还包括收党费，从政党开办的企业和事业单位的利润中提取经费、个人或团体的捐款等方法，但是，党务费主要依赖政府的财政拨款。到了1933年1月，由于经费紧张、预算紧缩，因此省库只负担省党部经费，至于各县党部、各党报、省会及芜湖邮件检查所、各民众团体，以及党义教师资格审查委员会之经费，皆从党务费中剔除，只有省会皖报社每年2.4万元的开支，经“鄂豫皖剿匪总司令部”专案核准为预算外支出。[①] 根据当涂县党部干事夏福田的表述，“皖省各县党务，以经费关系，许多县份均在紧缩中，当涂亦然，现党部只设干事、书记各一人，以事保管而已。”[②]

全面抗战爆发之前，安徽省党务费平均下来还不到岁出的3%，在政府庞大的行政开支面前相形见绌，这意味着与政府机构相比，党组织的规模、待遇、职能等均处于明显劣势。以1933年为例，该年份全省县政府共有职员911人，包括秘书61人、科长80人、科员202人、事务员263人、录事244人、警长61人，全年经费为1074336元[③]，平均每个县经费开支就将近20万元，而同一年份全省党务费（包括省、县党部在内）实际开支只有23万余元。如果再将地方上各项杂派考虑进来，那么党、政双方的经费差距将更加悬殊。

按照中央的制度设计，地方上党政并行，双方处于互不统属的状态；但实际上由于双方力量的巨大差距，党组织不仅不可能对同级政府的行政进行监督和指导，反而只能通过仰其鼻息而维持。1931年，省政府第85次委员谈话会议决，各县党部图书馆建设经费由各县拨给，但各县党部工作人员在向县政府讨要经费时却屡屡碰壁。凤阳县长骆炜不仅无视政令，拒不拨款，而且指使下属对党部人员进行侮辱，还欲以武力驱逐。[④] 此外，根据中央规定，地方政府在办理一些政务之前，需要知会党部后执行，但实际上地方政府并不将实力弱小的党部放在眼中，政府行政时也常常对党部的存在视若无睹。例如，宣城县

---

① 吴墉祥．安徽财政之财政机关与经费［A］．中国国民党中央政治学校，南京图书馆编．二十世纪三十年代国情调查报告（第206册）［C］．南京：凤凰出版社，2012：282－283.

② 陈少书．镇江当涂和县实习调查日记［A］．萧铮主编．民国二十年代中国大陆土地问题资料［C］．台北：成文出版社，1977：83718.

③ 安徽省政府秘书处编制．安徽省概况统计（民国二十二年份）［M］．1933：61.

④ 党务：训令第二七二号［J］．安徽民政月刊，1931（27），公牍：3－4.

解散肩舆业公会并未通知县党部。[1] 这些现象真实地反映了这一时期国民党地方党权的低落，国民党也因此可以被看作“弱势独裁政党”[2]。

二、行政费

行政费是指省、县政府、民政厅以及普通政务机关的开支。这一时期，行政费是各省最主要的开支之一，从表5－2可知，在20世纪30年代前中期，行政费总额仅次于公安费，占总支出比例超过15%，排在第二位。其中，在1932年和1933年，行政费位居各项开支的第一位。行政费项下细目以1930年度预算情况为例，详见表5－4。

表5－4　1930年度安徽省行政费预算（经常门）细目　单位：元

科目		预算数
第一款	安徽省政府经费	501732
第二款	安徽省政府民政厅经费	250884
第三款	安徽省国术分馆经费	9600
第四款	安徽省万亿仓经费	2000
第五款	安徽省华洋义赈会经费	2400
第六款	安徽省通志馆经费	77472
第七款	安徽省一等县政府经费	301680
第八款	安徽省二等县政府经费	449124
第九款	安徽省三等县政府经费	305352
第十款	安徽省各县慈善补助费	2624
第十一款	安徽省会救济院经费	5760
第十二款	安徽省会救济院附属机关补助费	27960
第十三款	安徽省各报馆广告费	7200
第十四款	安徽省会公共机关看守费	1188
合计		1944976

资料来源：安徽省政府财政厅编制．安徽省地方民国十九年度预算（第1册）[J].1930，行政费预算总册：1－2.

---

① 党务：训令第七九六号［J］．安徽民政月刊，1931（30），公牍：2.

② 关于“弱势独裁政党”的相关表述，详见王奇生．党员、党权与党争——1924－1949年中国国民党的组织形态［M］．上海：上海书店出版社，2003：356－362.

由表5-4可知，在1930年度预算中，省、县政府和省民政厅的行政支出就占到全省行政开支的77%。需要指出的是，这里所谓的省政府，只包括省主席、委员和秘书处，而财政厅、教育厅、建设厅以及民政厅下属的公安局等部门的开支则分别被纳入财务费、教育费、建设费和公安费等项目中。

在清代，地方上存留的钱粮主要用于军需和驿传体系，海外学者对康熙六十一年山西省个案的研究显示，上述开支占到该年份全省存留总额的84%。[①]在这种情况下，地方行政部门的办公经费主要来自“摊捐”，这需要通过扣除州县官员养廉银的方式来实现。由此，官员的实际收入锐减，办公经费也常常出现困难，诸如“陋规”等游离于政府监控之外的收入来源，便成为官场盛行的潜规则。当时，“几乎所有不能由政府预算供给的衙门费用，都必须以一种或另一种形式的陋规费即以当地百姓付费的形式来满足。”[②] 这种做法不仅滋生了腐败，造成了财政损失，而且给民众增加了负担。南京国民政府时期，地方政府的行政开支正式被纳入预算之中，这有利于从制度层面加强对行政经费的管理，是财政现代化和规范化的重要表现。

行政费按照用途划分，可以分为人员经费和公用经费。机构和职员愈多，俸给费、办公费和设备费的数目就愈加庞大，因此，行政开支的大小，主要取决于政府部门的规模。以1933年为例，该年份安徽省政府委员会共有委员8人；[③] 省政府下设秘书处、民政厅、财政厅、教育厅、建设厅、保安处、全省土地整理处、单行法规编审委员会、安徽通志馆、安徽教育经费管理处、各区行政督察专员兼保安司令等部门。其中，秘书处除秘书长（由省政府委员兼任）以外，另设有秘书室和3个科，每科又分设3个股，共有职员146人；包括秘书20人，科长3人，主任9人，科员45人，办事员24人和录事45人。[④]然而，需要指出的是，秘书处与民政厅的经费之和占到全部行政费的25%；但是，职员最多的秘书处，仅仅负责文件的传达和周转，其行政对象多以省府名义对各县行文，这样的职责与民政厅颇为重叠。[⑤] 这表明，当时省政府一些

---

① （美）曾小萍著；董建中译．州县官的银两——18世纪中国的合理化财政改革［M］．北京：中国人民大学出版社，2005：29.

② 瞿同祖著；范忠信，晏锋译．清代地方政府［M］．北京：法律出版社，2003：55.

③ 这8人分别是委员兼主席刘镇华、委员兼民政厅长马凌甫、委员兼财政厅长毛龙章、委员兼教育厅长杨廉、委员兼建设厅长刘贻燕、委员李应生、叶元龙和范滋泽，本年度省政府委员兼秘书长一职空缺。各委员籍贯、年龄等信息详见安徽省政府秘书处编制．安徽省概况统计（民国二十二年份）［M］．1933：48.

④ 安徽省政府秘书处编制．安徽省概况统计（民国二十二年份）［M］．1933：50.

⑤ 吴墉祥．安徽财政之财政机关与经费［A］．中国国民党中央政治学校，南京图书馆编．二十世纪三十年代国情调查报告（第206册）［C］．南京：凤凰出版社，2012：289.

机构的设置颇不合理，以至于造成浪费。

由于缺乏工作效率和公共财政的理念，政府机关往往规模很大，但效率很低，其为社会发展所承担的责任也很小。陈调元担任省长期间，便是“增加政费，豢养走狗，漠视灾民，摧残教育，强征苛捐杂税，优容污吏贪官[①]”，巨额的行政开支不仅无功于国计民生，反而侵害了社会利益。行政开支直接关系到政府部门的工作条件和公职人员的生活水准，从“经济人”理性的角度来看，行政组织及其公务人员也很难形成节制开支的内在动力。然而，如果政府真能下决心精简行政组织，收效往往十分可观。1932年，省政府就将各类行政机关进行裁剪，以减少行政类开支，此举每年可节省经费竟有133万元之多，其中，省政府10万元，民政厅2万元，财政厅6万元，建设厅4万元，警备队80万元，省赈务会11500元，会计册报检查员裁撤，可以减少63000元，二十八区营业税奖金减5万元，林务局12000元，各县公安分局所补助费100900元，船舶管理处85000元。[②] 这个案例也从反面表明当时行政机关的庞大规模与浪费之巨。

此外，安徽省在执行南京国民政府省、县两级行政体制的同时，还于1932年7月将全省划分为10个区，每区下辖若干个县，各设有一个首席县。同年10月，又废除首席县制，并按照中央精神设置10个行政督察区作为省级派出机构。[③] 尽管中国当时存在着省区过大，省对县难以实施有效管理的问题，但实际上，在省、县之间设置辅助机构，却未必真的有助于提高行政效率。作为征剿苏区的产物，行政督察专员制度“在破坏国家政制和法制系统的同时，在行政管理方面表现更多的则是体制混乱和形式主义”[④]。在1932年3月召开的各省高级行政人员奉召南昌集会上，安徽省诸位督察专员就纷纷针对自身权力虚置的现状提出改进建议，他们提议，省政府各厅应采纳专员的巡查报告作为奖惩、黜陟官员的依据，新委任的县长、局长应先到专员驻地报到等。[⑤] 更为重要的是，行政机构需要经费供养，作为省以下、县以上之间的辅助机构，十个专员公署的经费高达48万/年[⑥]；“专员公署连兼县的经费，每月有五千余元之多，公署中之文职，有荐任秘书一人，有署员七八人，……公

① 刘天予. 陈调元祸皖与安徽人的耻辱［J］. 民声周报，1932（14）：4－5.

② 皖省紧缩与行政［N］. 申报，1932－7－5（10）.

③ 宋霖，房列曙主编. 安徽通史·民国卷（上）［M］. 合肥：安徽人民出版社，2011：4.

④ 周联合. 论行政督察区制度的不合法与不合理问题［J］. 学术研究，2006（8）：89.

⑤ 国民政府军事委员会委员长，南昌行营第二厅编辑室编辑. 各省高级行政人员奉召南昌集会纪录［M］. 1934，建议及其处理：9－10.

⑥ 吴墉祥. 安徽财政之财政机关与经费［A］. 中国国民党中央政治学校，南京图书馆编. 二十世纪三十年代国情调查报告（第206册）［C］. 南京：凤凰出版社，2012：288.

署中之武职，又有副司令一人，参谋副官各二人。其他技士和雇员，还不在内。……普通一等县政府的经费，不过每月一千二三百元左右。"① 例如，第十区行政督察专员公署8个月的经费（1932年度5～12月）就高达33236.10元，而该区所辖的歙县（一等县）3个月的经费（同年3～5月）只有5067元。②

由此可见，政府机构的增加和扩大导致行政开支的膨胀，这也就相应地减少了用于社会服务的公共支出，特别是在缺乏预算监督和支出透明的情况下，事业性经费的空间往往会进一步被压缩，这也正是教育界多次呼唤经费独立的重要原因。

除此之外，一些带有慈善福利性质的部门，诸如救生局、苦儿院、养老所等机构的经费也被纳入行政开支之中，但是，这些单位的开支在行政费中所占比例还不到2%。这说明这一时期上述机构的规模和数量还很小，政府的社会服务职能还有待提高。

三、司法费

司法费是各级法院、监狱、看守所、反省院等司法机关的开支。20世纪30年代中期，这一开支将近占到省财政总支出的8%，在政务类开支中列第三位。司法费项下细目以1930年预算情况为例，详见表5－5。

表5－5　1930年度安徽省司法费预算（经常门）细目　　单位：元

科目		预算数
第一款	安徽高等法院经费	150360
第二款	安徽高等法院第一分院经费	42000
第三款	安徽高等法院第二分院经费	33180
第四款	安徽怀宁地方法院经费	80640
第五款	安徽芜湖地方法院经费	71148
第六款	安徽第一监狱经费	41988
第七款	安徽第二监狱经费	34824

① 国民政府军事委员会委员长，南昌行营第二厅编辑室编辑．各省高级行政人员奉召南昌集会纪[M].1934，工作总评：44.

② 安徽省政府财政厅岁出经常门分户表（民国二十二年九月份）[J]．安徽财政公报，1934(29)，统计：35.

续表

科目		预算数
第八款	安徽第三监狱经费	27648
第九款	安徽第一监狱分监经费	18540
第十款	安徽怀宁地方法院看守所经费	16452
第十一款	安徽芜湖地方法院看守所经费	11532
第十二款	安徽高等法院第一分院押犯口粮	3456
第十三款	安徽高等法院第二分院押犯口粮	2160
第十四款	安徽反省院经费	14568
第十五款	安徽合肥、桐城、阜阳三县法院经费	50688
第十六款	安徽寿县法院经费	16080
第十七款	安徽泾县司法公署经费	4080
第十八款	安徽滁县、宣城、广德三县司法经费	15984
第十九款	安徽亳县司法经费	5328
第二十款	安徽凤阳等十五县司法经费	52020
第二十一款	安徽望江等三十四县司法经费	96696
第二十二款	安徽桐城等五县监所经费	34080
第二十三款	安徽阜阳等十八县监所经费	77112
第二十四款	安徽望江等三十四县监所经费	94656
第二十五款	安徽泾县监所经费	2928
第二十六款	安徽高等法院看守所经费	6000
合计		1004148

资料来源：安徽省政府财政厅编制．安徽省地方民国十九年度预算（第 2 册）［M］.1930，司法费：1－2.

在 20 世纪以前，地方上的司法一直由行政长官兼理，司法权与行政权合一，因此并不存在司法独立。民国成立以后，各省司法机关普遍建立，从形式上看，这意味着省级司法在一定程度上摆脱了行政机关的干预，体现了司法建设的成就。不过，由于财力、人力和法治资源的缺乏等因素，这一时期基层司法建设还存在许多问题。例如，“皖省县长，多兼司法，此中陋规，尤易增加人民之痛苦。故或传案有费，状有规，投讯需钱，羁押有费”①。

就司法经费方面而言，一个很重要的问题是经费不能得到保障。“各省司

① 廖修立．如何革除陋规以刷新县政［J］．安徽地方政务研究周刊，1934，1（11）：47.

法机关归中央直辖，而经费仍相沿由省库负担，……除二三省份外，或则折减拨发，或则仅发少数维持费，或则积欠经年累月，甚或藉词中央机关，拒不支付”①。这是因为，对于地方上来说，行政费是刚性支出，需要首先确保。相比之下，对于司法费的重视程度则要大打折扣。当时，安徽省司法经费就一度积欠甚多。② 尽管地方司法机关可以坐支司法收入，但这笔收入为数太少，从表5－5来看，全省预算总收入也只有16万余元。1933年9月，合肥地方法院阜阳分院就因为“法收不敷坐支”，而向省高院寻求解决办法。③ 而当省财政厅无法按照预算下拨足额经费时，地方司法部门往往难以维持开销。1932年，省里只下拨了六成维持费，立刻就造成了芜湖地方法院办公费不敷开支的局面。④ 实际上，即使预算得以正常执行，各地司法费也常常超支，如太湖县1932年预算内规定已决犯囚粮为20名，但不敷过巨。⑤

针对地方上司法经费不能得到保障的现象，一直就有人建议，应当将地方司法经费改归中央负担。⑥ 从理论上来说，这种方法不仅有利于为地方司法提供较为稳定的经费保障，还使司法经费相对于地方政府而言实现独立，这样可以不再受制于地方政府，在一定程度上体现了司法独立的精神，但这一设想直到20世纪40年代才得以实现。

此外，需要指出的是，司法经费作为政府财政开支的一部分，主要来源于人民缴纳的赋税，但其供养的司法机关在处理刑事、民事案件，提供社会服务的同时，也成为国民党政权镇压人民、关押政治犯的暴力机器。除了常见的监狱之外，还有这一时期在各省普遍设置的反省院。反省院是对政治犯进行思想灌输的特殊监狱，由国民党中央党部直接操纵，但其经费则由省财政提供，安徽省反省院成立于1930年5月。⑦ 1932年，安徽省反省院收容34人，包括“危害民国”者3人，“反革命”23人，“共党”1人，“赤匪”4人。⑧ 可见，反省院完全是“司法党化”的产物，毫无现代法治精神，这体现了当时地方司法的一个侧面，也反映了这一时期财政支出的某些特点。

---

① 楼章日．确定司法经费及整顿司法收入［J］．现代司法，1936，1（5），论著：1.

② 各省司法状况［J］．法律评论，1935（622），专载：34.

③ 安徽高等法院指令：第一五七六号［J］．安徽司法公报半月刊，1934（2），命令：63.

④ 安徽高等法院训令：第二六七号［J］．安徽高等法院公报，1932，4（3－4），命令：45.

⑤ 安徽高等法院指令：第二八六二号［J］．安徽高等法院公报，1932，4（3－4），命令：185.

⑥ 蒋铁珍．论司法经费改归中央负担问题［J］．法律评论，1934（554）：1－5.

⑦ 全国反省院调查［J］．河南政治月刊，1933，3（6）：8.

⑧ 国民政府主计处统计局编．中华民国统计提要［M］．上海：商务印书馆，1936：180.

四、公安费

公安费是指各级公安局、警备队、保安处、水上公安局等公安机关的开支。在20世纪30年代前中期，这笔开支占省财政总支出的比例超过20%，是安徽省各项开支中的最大项。时任南京国民政府财政顾问的美国人阿瑟·恩·杨格（Arthur N. Young）曾指出，“新政府（南京国民政府）本身要把中国建设为一个强大的统一国家，再加以领导者本着人类通常愿望要保持自己的领导权威，所以维持政府的存在就成为主要目标。由此出发，用来扑灭叛乱的军阀和共产党，以及用于国家自卫的军事开支就享有优先权利。”① 而在地方开支中占据庞大比重的公安费，“与国民党政府‘中央’财政高居首位的军务费作用相同，反映出了国民党政权压迫人民、反人民的本质②”。公安费项下细目以1930年度预算情况为例，详见表5－6。

表5－6　　1930年度安徽省公安费预算（经常门）细目　　单位：元

科目		预算数
第一款	安徽省省会公安局经费	250824
第二款	安徽省省会公安局警察教练所经费	9948
第三款	安徽省芜湖公安局经费	241524
第四款	安徽省蚌埠公安局经费	133032
第五款	安徽省大通公安局经费	33972
第六款	安徽省临淮镇公安局经费	2400
第七款	安徽省屯溪镇公安局经费	2400
第八款	安徽省正阳镇公安局经费	3480
第九款	安徽省长淮水上公安局经费	118020
第十款	安徽省巢湖水上公安局经费	31500
第十一款	安徽省各县公安局补助费	48720
第十二款	安徽省各县乡镇公安分局补助费	60480
合计		936300

资料来源：安徽省政府财政厅编制．安徽省地方民国十九年度预算（第2册）［J］．1930，公安费：1．

①（美）阿瑟·恩·杨格著；陈泽宪，陈霞飞译．一九二七至一九三七年中国财政经济情况［M］．北京：中国社会科学出版社，1981：161．

② 杨荫溥．民国财政史［M］．北京：中国财政经济出版社，1985：86．

这一时期，安徽省巨额的公安费意味着公安机构数量众多、规模庞大。例如，隶属于省民政厅的省会公安局，就包含总务科、行政科、司法科、卫生科，并下设保安队、消防队和若干分局。① 领取薪水的公务员包括局长、秘书、科长、督察长、分局长、科员、事务员、督察员、医士、学习员、录事、局员、巡官、队长、稽查、侦探、特务员等 17 种；领取工饷的除了工役、伙夫、灯夫之外，还有巡长、巡警、清道队夫、消防队夫等。② 芜湖、蚌埠等地公安局的组织结构也与此类似。

当时，安徽是国民政府能有效控制的少数省份之一，但也是革命活动活跃的地区之一。1932 年 4 月设立的“豫鄂皖三省剿匪总司令部”，就是直接针对苏区而成立的军事机构，而省内的各级公安机关，也同样成为镇压人民的机构。随着革命运动，尤其是中共城市工作的蓬勃发展，使国民党政权不断强化统治机器、增设新的机关，公安费中也随之开列出新的开支项目。

例如，国民党中央军事委员会在 20 世纪 30 年代初相继颁布《保安处组织条例》和《修正保安处暂行组织条例》，在省政府下设立保安处，直属于省政府；保安处负责统辖全省保安部队，指挥编练全省的地方保卫团，维持治安，指挥省内水陆警察并监督指导其训练等。③ 保安处的年开支高达 70 万元，安徽省保安处设有处长办公室、谍报股、第一、第二和第三科等部门，编制为 155 人，处长为中将军衔，副处长为少将军衔，余者从上校到二等兵不等。④ 保安处还下辖修械所、安镇巡轮、安平巡轮、安捷巡轮、安丰巡舰、保安特务营、保安步兵第一、第二团等机关，⑤ 据 1934 年统计，当时保安步兵两个团和特务营就有官兵 3841 人。⑥ 如此臃肿的编制自然耗费了大量的经费，从财政厅拨发的 1933 年度第 1、第 2 月经费来看，保安第一团为 11446.96 元、保安第二团为 12481.52 元、特务营为 3592.72 元，⑦ 而整个保安处的全年的经

① 安徽省政府秘书处编制．安徽省概况统计（民国二十二年份）[M]. 1933：47.

② 安徽省政府财政厅编制．安徽省地方民国十九年度预算（第 2 册）[M]. 1930，安徽省地方民国十九年度岁出预算总册，经常门，公安费：1－5.

③ 参谋本部转发军委会修正保安处暂行组织条例函 [A]. 中国第二历史档案馆编．中华民国史档案资料编（第 5 辑·第 1 编·军事 1）[C]. 南京：江苏古籍出版社，1994：284.

④ 安徽省保安处编制表 [A]. 安徽省政府统计委员会编．中华民国二十三年度安徽省统计年鉴 [C]. 1934：149.

⑤ 安徽省保安处所辖各机关部队系统表 [A]. 安徽省政府统计委员会编．中华民国二十三年度安徽省统计年鉴 [C]. 1934：149.

⑥ 保安第一二两团及特务营现有官兵统计表 [A]. 安徽省政府统计委员会编．中华民国二十三年度安徽省统计年鉴 [C]. 1934：150.

⑦ 安徽省政府财政厅岁出经常门分户表（民国二十二年七月份）[J]. 安徽财政公报，1934（27），统计：39.

费高达70余万元。① 除此之外，各县保安队也需要庞大的开支，其经费标准详见表5－7。

表5－7　　安徽省各县保安队经临费标准　　单位：元

队别	经常费		临时费	
	月支数	年支数	月支数	年支数
总队部	660.50	7926.00	400	4800
大队部	479.50	5754.00	300	3600
独立中队	1348.00	16176.00	200	2400
中队	1261.00	15132.00	100	1200
特务（独立）排	418.50	5022.00	50	600
独立骑兵排	774.50	9294.00	50	600
炮兵排	1508.50	18102.00	100	1200

资料来源：安徽省各县保安队经临费标准表［A］. 安徽省政府统计委员会编. 中华民国二十三年度安徽省统计年鉴［C］. 1934：149.

如前所述，这一时期，在两级财政体制之下，县级政府缺乏收入来源，为了应付逐渐增多的开支负担，只能违反中央关于附加税不得超过正税的规定，想尽一切办法筹款；各县保安队开支也不例外，其经费来源及收支数目情况详见表5－8。

表5－8　　安徽省各县保安队经费来源暨收支数目　　单位：元

县别	经费来源	全年收入	全年支出		存余	亏欠
			经常（预算）	临时		
太湖	田赋附加及商捐	37900	33078	4822		
怀宁	同上	40536	38372	2164		
桐城	同上	103640	91182	7600	4858	
潜山	田赋附加	39600	37236	2364		
宿松	同上	50000	50857	4968		5825
望江	田赋附加及牙帖附加	18000	14592	420	2938	
芜湖	田赋附加及商捐	77600	73760	3840		
当涂	同上	108211	97793	6854	3459	

① 朝人. 刘尚清在皖政绩［J］. 星华，1937（革新9）：4.

续表

县别	经费来源	全年收入	全年支出		存余	亏欠
			经常（预算）	临时		
繁昌	田赋附加	31432	30176	1200	56	
南陵	同上	38050	35742	3480		1172
铜陵	田赋附加及商捐	24805	23128	3000		1323
无为	田赋附加	56000	51426	3648	926	
巢县	田赋附加及商捐	39568	39930	4133		4493
庐江	田赋附加	80000	61864	18136		
六安	同上	126000	104786	16214	5403	
合肥	同上	91200	79887	13030		1767
舒城	同上	109448	86864	16920	5664	
霍山	同上	22338	20898	1400	40	
立煌	由三省总部及省府补助		107130	10583		
寿县	田赋附加	102284	83590	21000		2666
霍邱	同上	31185	22358	8827		
凤台	同上	29600	31920	1030		2500
怀远	同上	24000	19294	2000		2706
凤阳	田赋附加及烟叶捐	25000	27931	3946		6877
定远	田赋附加	22376	23714	930		2268
滁县	同上	38280	36403	5130		3258
天长	同上	66500	58994	10620		3114
来安	同上	32899	25814	5020	2065	
全椒	同上	37500	34039	3561		150
含山	同上	18818	16170	2520	128	
和县	同上	23841	20964	2877		
嘉山	同上	25000	16374	7125	1501	
泗县	同上	99991	87342	13649		
盱眙	同上	52560	34560	18000		
五河	同上	19507	19794	1000		1287
灵璧	同上	52919	50574	12000		9655
宿县	同上	157161	139746	17415		
蒙城	同上	36723	36294	4293		3862

续表

县别	经费来源	全年收入	全年支出		存余	亏欠
			经常（预算）	临时		
阜阳	同上	227492	192834	20400	14258	
临泉	同上					
颍上	田赋附加	30000	37576	2070		9646
涡阳	同上	70051	60951	9100		
亳县	同上	73163	66143	7020		
太和	同上	53000	50000	3000		
贵池	同上	77548	70116	3660	3772	
青阳	田赋附加及商捐	41702	40038	3120		1456
太平	同上	15826	13524	2302		
石埭	田赋附加	19035	17184	1851		
东流	同上	33440	31848	1200	392	
至德	同上	28266	26304	1000	932	
宣城	同上	99805	73736	19664	1405	
郎溪	同上	48750	45600	4572		1422
广德	同上	115543	94320	21223		
宁国	同上	35937	31758	3939	240	
泾县	同上	32657	30816	1000	841	
旌德	同上	10397	9828	569		
休宁	田赋附加及商捐	20968	15912	4236	820	
祁门	同上	6397	6670	1320		
歙县	同上	18410	15458	2952		
黟县	田赋附加	8730	7014	480	1236	
绩溪	田赋附加及商捐	12132	10700	1432		
联合大队	同上	37000	31110	3000	2890	
三河	商捐	11532	16116	2280		7044
蚌埠	同上	12522	16794	620		4902

资料来源：安徽省各县保安队经临费标准表［A］. 安徽省政府统计委员会编. 中华民国二十三年度安徽省统计年鉴［C］. 1934：151.

由表5－8可知，即使从预算来看，尚且有一部分保安队收不抵支，这又从侧面体现了各县保安队的庞大。由于各县保安队的经费基本上来源于田赋附加和苛捐杂税，因此，在遭遇自然灾害和经济凋敝的情形时，实际情形往往比预算更加糟糕。当时有人总结：

“各县保安队经费，既多出于田赋附加；而田赋旺收的时期，在本省各县征收普通习惯上，多系下半年，其上半年六七个月，则为青黄不接时期，收数极属寥寥。再加以近几年来，乡村经济枯窘，田赋征收困难，附加同受影响，几无收入充裕可言。所有保安队经费，胥赖地方绅富，或商号周转垫发。”①

事实上，不仅是保安队经费多出于田赋附加，而且“田赋附税中，以保安经费占大多数。……就第二区各县附加沿革言，在未征收保安附加以前，附税超过正税者尚鲜，自编练保安队实行附加后，几无一县附加不超过征税，甚至仅保安附加一项，即与正税额相等，或且过之（如庐江县正税每亩七分四厘而保安附加每亩一角二分即其例）。”② 可见，当时保安附加给农民造成了沉重的负担，而这笔收入，则被官方用于强化统治机器。如巢县、无为、含山、当涂等四县的保安队，就曾于 1934 年春武装镇压巢县民众，并对当地村庄进行纵火掳掠。③ 而统治机器的强化则有助于压制反抗，从而继续保证违法苛征得以进行，如此一来，便形成了恶性循环。

五、财务费

财务费是指省财厅和各县财务征收机关的开支，属于征税成本，主要可以分为工资性支出、公务性支出、业务性支出等类别。根据表 5－9 显示，20 世纪 30 年代前中期，安徽省财务费占总支出的比例不到 6%。财务费项下细目以 1930 年度预算情况为例，详见表 5－9。

表 5－9　　1930 年度安徽省财务费预算（经常门）细目　　单位：元

科目		预算数
第一款	安徽省政府财政厅经费	242304
第二款	安徽省政府审计委员会经费	36000
第三款	安徽省大胜关帆运米捐局经费	45720

① 曹凤嶷．对于整理各县保安经费之意见［J］．安徽地方政务研究周刊，1933，1（2）：63.

② 吴耀椿．调查第二区县地方财政之利弊及整理意见［J］．安徽地方政务研究周刊，1934，1（11）：34－35.

③ 鲍春谷等口述，蒋伯举整理．巢县民众反抗国民党镇压的流血斗争［A］．中国人民政治协商会议安徽省委员会文史资料研究委员会编．安徽文史资料选辑（第七辑）［C］．1983：112－113.

续表

科	目	预算数
第四款	安徽省芜湖米捐局经费	20364
第五款	安徽省木捐及坐贾捐经费	17184
第六款	安徽省六十县监征委员经费	72000
第七款	安徽省六十县政府造串经费	30000
合计		518124

资料来源：安徽省政府财政厅编制．安徽省地方民国十九年度预算（第2册）［M］.1930，财务费：1.

表5－9所列的是20世纪30年代初的财务费预算情况，包含当时饱受诟病的米捐局等机构的开支，此后，米照捐取消，营业税开征，财务费的细目也就出现了新的变化，以1933年8月省财政厅财务费支出为例，详见表5－10。

表5－10　1933年8月安徽省政府财政厅岁出经常门（财务费）分户　单位：元

户名	本年度	以前各年度	合计	备　考
财政厅	8000.00	3714.60	11714.60	21年度12月、22年度1月
财政厅库款运汇费	1000.00		1000.00	22年度1、2月
田赋征解费		17979.73	17979.73	20、21年度
造串费		8160.00	8160.00	同上
契牙牲屠等税征解费		6121.41	6121.41	同上
营业税征解费		7459.27	7459.27	21年度
营业税督催委员		2287.93	2287.93	同上
营业税奖金		1070.23	1070.23	同上
会计册报检查员		544.00	544.00	20年度
合计	9000.00	47337.17	56337.17	

资料来源：安徽省政府财政厅岁出经常门分户表（民国二十二年八月份）［J］．安徽财政公报，1934（28），统计：45.

由表5－10可知，任何一项税种的开征都会产生征税成本，而征税成本与政府总收入之比体现了税收的行政效率，一般说来，这一比例越小，说明税收的行政效率越高。18世纪英国经济学家亚当·斯密（Adam Smith）就指出："一切赋税的征收，须设法使人民所付出的，尽可能等于国家所收入的。"① 当然，这是

---

①（英）亚当·斯密．国民财富的性质和原因的研究（下卷）［M］．北京：商务印书馆，1983：385.

一种理想状态，实际上，由于征税成本不可避免，因此政府为了收入最大化，只能尽量减少征税成本。从税收理论来看，影响征税成本的因素主要有税务机关的征管观念、征管模式、机构设置和人员配备以及税收执法环境等。

其中，机构设置和人员配备的情况可以通过财务费支出项目得到最为直观的反映。根据1930年度预算表显示，当时省财政厅机关内除了厅长（1人）、秘书（5人）、科长（3人）、科员（66人）、事务员（28人）、录事（56人）等岗位外，还设置了金库库长（1人）、预决算委员会委员（5人）、视察员（4人）、稽征盐斤赋税委员（3人）、分金库主任（2人）及总分金库库员（12人）、预决算委员会编审员统计员（9人）等岗位。① 上述岗位的设置在一定程度上反映出当时安徽省财政机构的建设趋向完善和健全。然而，这些只是省级财政机关的建设成果，相比之下，尽管清理田赋附加和废除苛捐杂税等工作相继展开，但基层仍旧问题重重，特别是基层税务征收机构的建设一直较为薄弱，税吏的业务能力和道德操守也十分低下。

在这种情况下，财务费远远小于人民付出与政府所得之间的差额。换言之，财务费实际上只体现了官府的征税成本，并没有体现税收给纳税人造成的成本。财务费（征税成本）与纳税成本可以统称为税收成本，是指征纳双方在征税和纳税过程（该过程开始于税收政策的制定，结束于税款的全额入库）中所付出的一切代价（包括有形和无形）的总和。这一时期，“即以田赋而论，征解费只占百分之一，……书吏在昔不支薪给，其取之于民而入私囊者，不知几何。他税之情形，亦复相同。”② 例如，庐江县在1932年下季共征得营业税6000余元，但是仅上报3500元，其余的被县长和税吏一起瓜分。③ 在当时安徽省地方政务研究会组织的讨论中，就有人从经费的角度对这种情况做出了解释：

“各处营业税局内之办事人员，多则数十人，少则十数人，一切开支，自难免出，而章程内关于办事人员之薪水，并无规定，仅定提办公费若干，数亦甚少，以致办事人员，不能维持生活，而中饱舞弊之事，遂相因而至也。”④

上述说法表明，当时税收成本畸高（主要是纳税成本）似乎与吏役低薪薄俸的现实有关。实际上，导致税收腐败的根本原因在于缺乏公开透明有效的

① 安徽省政府财政厅编制．安徽省地方民国十九年度预算（第2册）［M］.1930，安徽省地方民国十九年度岁出预算总册，经常门，财务费：3－4.

② 吴墉祥．安徽财政之财政机关与经费［A］．中国国民党中央政治学校，南京图书馆编．二十世纪三十年代国情调查报告（第206册）［C］．南京：凤凰出版社，2012：297.

③ 第二次议题：会员汪辅发言［J］．安徽地方政务研究周刊，1934，1（13）：16.

④ 第三次议题：会员苏锡衡发言［J］．安徽地方政务研究周刊，1934，1（12）：35.

监督防范制度。解决这一问题的关键，不在于盲目提高征收人员的薪酬，因为这样不仅会大幅增加政府征税成本，而且没有抓住问题的实质；相反，真正的举措应当是加强制度建设，优化税收环境，提高税收执法水平，普及税法知识。作为一项复杂、长期的系统工程，这需要良好的社会大环境相配套，然而，这种条件在当时并不具备。

第二节

事业类支出

事业类支出是政府用于科教文卫和社会经济建设的经费，这项支出可以看作是现代合法政府的应尽职责。南京国民政府前期，地方上的事业费主要包括教育文化费、建设费、实业费、卫生费、交通费和地方营业费等。在20世纪30年代前中期，安徽省事业类总支出将近占省库财政总支出的1/4，而且，每年具体情况相差不大，基本都占该年份岁出的20%～25%。具体情况详见表5－11。

表5－11　1931～1937年安徽省库事业类开支情况　单位：元

项目	1931年	1932年	1933年	1934年	1935年	1936年	1937年	合计
教育文化费	917998	1628793	1446755	1709115	1357716	2876844	1853678	12.87%
卫生费			49757	12602	17612		19039	0.11%
实业费		153971	143676	166718	244485	482016	488041	1.83%
交通费			56193	97890	117290	98383	68343	0.48%
建设费	1092661	372723	376741	322693	276935	2356681	137655	5.39%
地方营业费		384733	330016	313406	1493305			2.75%
事业费之和	2010659	2540220	2403138	2621924	3507343	5813924	2566756	23.44%
省库总支出	8489423	10708070	11481475	12314086	13728775	21636899	13223598	100%
事业费比例	23.68%	23.72%	20.93%	21.29%	25.55%	26.87%	19.41%	23.44%

资料来源：各省地方财政收支［J］. 统计月报，1942（67－68）：9－33.

由表5－11可知，这一时期安徽省的事业类支出以教育文化费为主，该项经费占事业类支出超过一半。相比之下，经济建设费（含建设费、地方营业费、实业费和交通费）排在第二；卫生费则微不足道，只占财政总支出的1‰。

一、教育文化费

教育文化费是指省政府用于发展社会各种教育文化事业的开支，主要包括教育管理部门和各级省立学校经费。从1935年的数据来看，全省各类教育经费支配比例分别为：教育行政费3.86%、高等教育费18.64%、中等教育费49.98%、初等教育费11.33%、义务教育费11.31%、社会教育费4.66%、其他教育费0.22%。① 这一时期，安徽省教育文化费各项细目以1930年度预算情况为例，详见表5－12。

表5－12　1930年度安徽省教育文化费预算（经常门）细目　单位：元

科目		预算数
第一款	安徽省政府教育厅经费	193992
第二款	安徽省教育经费管理处经费	18264
第三款	安徽省会小学管理处经费	12912
第四款	安徽省立安徽大学经费	360000
第五款	安徽省立高级中学校经费	68124
第六款	安徽省立高级中学附属实验小学经费	15780
第七款	安徽省立第一中学校经费	43692
第八款	安徽省立第二中学校经费	58476
第九款	安徽省立第二中学附属实验小学经费	8160
第十款	安徽省立第三中学校经费	58752
第十一款	安徽省立第三中学附属实验小学经费	8160
第十二款	安徽省立第四中学校经费	62136
第十三款	安徽省立第四中学附属实验小学经费	8160
第十四款	安徽省立第五中学校经费	29100
第十五款	安徽省立第六中学校经费	62868
第十六款	安徽省立第六中学附属实验小学经费	8160
第十七款	安徽省立第七中学校经费	31584
第十八款	安徽省立第八中学校经费	15900
第十九款	安徽省立第一女子中学校经费	76452
第二十款	安徽省立第一女子中学附属实验小学经费	16680
第二十一款	安徽省立第二女子中学校经费	50520
第二十二款	安徽省立第二女子中学附属实验小学经费	13272
第二十三款	安徽省立第三女子中学校经费	45024

① 安徽省教育经费支配表（二十四年度）[A]. 安徽省政府教育厅编. 安徽教育要览（第3回）[C]. 1936：6.

续表

科目		预算数
第二十四款	安徽省立第三女子中学附属实验小学经费	10308
第二十五款	安徽省立第四女子中学校经费	51636
第二十六款	安徽省立第四女子中学附属实验小学经费	8160
第二十七款	安徽省立第五女子中学校经费	26364
第二十八款	安徽省立第五女子中学附属实验小学经费	5844
第二十九款	安徽省立第六女子中学校经费	44976
第三十款	安徽省立第一中等职业学校经费	110400
第三十一款	安徽省立第二中等职业学校经费	47436
第三十二款	安徽省立第四中等职业学校经费	47664
第三十三款	安徽省立第五中等职业学校经费	32772
第三十四款	安徽省立第六中等职业学校经费	33960
第三十五款	安徽省立第一乡村师范学校经费	29652
第三十六款	安徽省立第二乡村师范学校经费	22260
第三十七款	安徽省立第二乡村师范附属实验乡村小学经费	1956
第三十八款	安徽省立图书馆经费	12912
第三十九款	安徽省立第一民众教育馆经费	17856
第四十款	安徽省立第二民众教育馆经费	16344
第四十一款	安徽省立第三民众教育馆经费	12456
第四十二款	安徽省立公共体育场经费	8700
第四十三款	安徽省教育公有林场经费	11088
第四十四款	国外留学经费	174640
第四十五款	国内各学校肄业生奖学金经费	19800
第四十六款	安徽省立高琦小学经费	6600
第四十七款	安徽省会各小学经费	94200
第四十八款	安徽省会各小学补助费	6876
第四十九款	各省旅学补助费	15800
第五十款	安徽县立及私立各教育机关补助费	63720
第五十一款	安徽省退休教职员养老金	1134
合计		2201682

资料来源：安徽省政府财政厅编制．安徽省地方民国十九年度预算（第3册）[J].1930，教育费预算总册：1－4.

如前所述，北洋时期安徽省的教育经费常常得不到保障；教育界为了争取利益，付出了流血的代价。教育经费也终于获得了独立，卷烟税被定为教育专款，税率为20%，每年比额为172万元，并由教育界组织卷烟营业凭证税事务处进行主持。国民革命军入皖之后，复经安徽省政务委员会第五次常会议决，卷烟税仍然被定为教育专款，不足之处由省地方财政补给。然而，同年6月，南京国民政府实行国地财政划分，将卷烟税改为统税，税率提升至50%，划归中央财政，并从这笔收入中划出三成作为安徽省教育经费。[①] 当时卷烟税的岁入为430万元，按照三成计算，教育经费应为130万元。但是，实际情况却是：皖北各局税款，全数被驻军提用，而在芜湖，局长史树璋经办两月，只上交4万元，拖欠8万元，前任局长徐希元也欠费2万元。[②] 更为致命的是，中央很快就将统税税率下调至22.5%，致使安徽省教育经费发生了根本动摇。安徽省政府在教育界的强烈要求下，决议自行征收税率为27.5%的卷烟营业凭证税。教育界还推举代表前往南京请愿，希望中央设法满足安徽省每个月18万元的教育经费需求。[③] 1928年3月27日，安徽省教育界在安庆冒雨举行了安徽各界巩固教育基金大会，到会人数有2000多人，大会以实行教育经费独立、巩固教育基金、反对与外商协定烟税、征收卷烟凭证税为教育经费等为口号。参会学生还到省政府门前请愿，递交请愿呈文，并向财政部长宋子文发去通电。[④] 随后，教育厅长韩安赴上海与宋子文会谈，宋氏允诺每月从安徽上缴的30万元中央专款中拨出7万元作为教育经费，由财政厅另外自筹4万元；但这并没有达到原定每月18万元的预算，而且教育经费也没有获得独立。芜湖教职员联合会也因此主张罢课抗议，教育经费独立运动发生扩大。[⑤] 此后，中央决定加拨3万元，使每月教育经费拨款达到10万元。[⑥] 这样的经费规模并不能满足需求，经过教育界的不懈努力，1930年9月16日，经过省政府议决，教育经费获得独立，除了中央每年协款120万元以外，省库拨款80万元，以宣城等七个县的田赋和精盐附税拨充，省教育界为之欢腾。[⑦]

然而，纸面上的规定并不意味着教育经费可以准时并足额到账，“教费的绝对独立，只能适宜于指定专款，绝不感受任何偶然意外影响的省区”[⑧]。实

① 再志皖省教育经费问题［J］．安徽教育行政周刊，1928，1（4）：16.

② 风雨飘摇中之皖省教育经费问题［J］．安徽教育行政周刊，1928，1（1）：19－20.

③ 风雨飘摇中之皖省教育经费问题［J］．安徽教育行政周刊，1928，1（1）：10－11.

④ 皖垣巩固教育基金运动大会［N］．申报，1928－3－31（11）.

⑤ 皖教费运动之扩大［N］．申报，1928－4－8（11）.

⑥ 中央月助皖省教费十万元［N］．申报，1928－4－13（12）.

⑦ 皖省教费独立［N］．申报，1928－9－17（6）.

⑧ 安徽省教育经费委员会与本省教费独立今后的展望［J］．安徽教育半周刊，1934（19）：61.

际上，国内战事、自然灾害等都会影响到中央拨款以及省税征收；截至同年11月底，安徽省教育经费已经欠发22万元。[①] 从1931年8月到年底，财政部只发了两个半月的经费，再加上旧欠19.5万元，已经欠了44.5万元。[②] 次年年初，安徽各校校长16人，不得不到南京索款。[③]

在教育经费不能得到保障的情况下，教育部门不得不在经济公开和俭省节约方面做出努力。截至1935年，省教育厅机关会计人员，一律由教育厅训练出适当人员去充任，不受主管人员变动的影响；同时，采用新式簿记，经费报销也打破了过去造报的办法，改为实报实销。此外，裁汰了各机关的工友和不重要的职员，师范学校和事业学校女生膳食费，也从原先每一学期发五个月，改为吃一天发一天，单凭此项，一年可以节省4万元。[④]

然而，经济公开和俭省节约的做法，对于解决教育经费问题来说，无异于杯水车薪。从根本上来看，“教育经费的稳定，更与整个政治的安定以及经济的繁荣，关系极为密切。”[⑤] 1932年年初，日本发动“一·二八”事变，国民政府随即迁都洛阳，中央协款（每月10万元）的发放大受影响；省政府只得将应由省库承担的80万元经费折半发放，勉强维持——各中等学校及各校补助费发给50%，附属实验小学和社教机关发给80%。[⑥] 此后，随着政治局势的逐渐稳定，中央协款由每月3万元增至5万元，省政府随即修改了教育经费维持办法——省立各中等学校及公私立各校补助费发给75%，省立各社会教育机关发给90%，附属实验小学足额发放。[⑦] 由此可见，教育事业的兴衰在很大程度上受到政治局势的左右。

除了上述问题之外，贪污舞弊和虚报冒领等行为也影响了教育经费的使用，这一点在县一级最为严重。例如，当涂县教育局长马维贵通过少报田亩附加3006元、虚报1935年度1月至6月各级学校义教暨社教阅览部等经费2252元和匿报学租2469元的方式，侵吞教育经费；此外，还存在挪用公款等情节。[⑧] 霍邱县教育局长蒋鹏在任期间亏欠巨款，交代未清后即行潜逃；继任者方汉章也被查出浮支滥报公款523.32元。[⑨] 当时，省库拨发的教育经费，主要

---

① 省府注意教育经费问题［J］. 安徽教育行政周刊，1930，3（50）：32.
② 皖教育经费之难关［N］. 申报，1932-1-27（10）.
③ 皖各校长到京索欠［N］. 申报，1932-1-8（8）.
④ 安徽教育之过去和现在［J］. 安徽政务月刊，1935（4），专载：18-19.
⑤ 贺岳僧. 教育经费独立［J］. 每周评论，1933（96）：19.
⑥ 国难期中本省教育经费维持办法［J］. 安徽教育行政周刊，1932，5（8）：17.
⑦ 改订省教育经费维持办法支配标准［J］. 安徽教育行政周刊，1932，5（21）：20.
⑧ 提劾安徽当涂县前教育局局长马维贵贪污违法案［J］. 监察院公报，1936（86），监察：3-6.
⑨ 本厅清算前霍邱教育局长方汉章交代之经过［J］. 安徽教育半周刊，1934（76）：651.

用于省级教育管理机构和省立学校；县一级的教育经费，则主要依靠各种附加，实行自收自支，在缺乏有效监管的情况下，也就给基层官员提供了贪墨的机会。而各项教育附加的征收，也给人民带来了沉重的负担，当时省立安徽大学教务长谢循初在安徽省整理地方教育会议上就谈及："苛捐杂税于全部教育经费所占百分比是很大的。……苛捐杂税都是民脂民膏。地方教育的事业，大半是靠民脂民膏举办的；地方教育的成绩，大半是民脂民膏换来的。"① 各县教育经费岁入、岁出的情况以1931年度为例，详见表5－13和表5－14。

表5－13　　安徽各县教育经费二十年度（1931）岁入来源统计　　单位：元

县份	学产租息	物产学捐	各项附加捐	义教附加	补助费及捐款	结存及杂项	临时收入	合计
阜阳	28.990		34.000	34.500		2.600	24.689	124.779
寿县	50.000		29.280	25.900			33.000	138.180
六安	22.100		36.850	30.600			6.000	95.550
无为	9.504	9.914	4.900	10.500	4.000	2.600	16.900	58.318
舒城	16.523		25.640	11.180			16.699	70.012
宣城	0.140	1.700	13.500	16.550				31.890
颍上	17.080		1.200	7.400	2.800	0.600	6.000	35.080
芜湖	2.172	9.400	21.340	20.068	6.000	0.800	11.200	70.980
巢县	11.960	2.140	24.659	12.560		3.420		54.739
和县	3.532	1.800	11.107	17.060		1.700	10.000	45.199
天长	25.144	0.806	8.540	15.950		7.800	18.920	77.160
滁县	22.400		8.850	9.320			5.000	45.570
凤阳	11.124		7.350	13.702		0.450	28.400	61.026
合肥	23.200	4.246	8.282	24.789			9.361	69.878
盱眙	18.384		23.130	8.520	1.000	6.113		57.147
桐城	12.391	1.700	26.946		2.000	3.228	3.900	50.095
当涂	10.419	5.995	14.050	22.607	2.550	2.500		58.121
庐江	13.900	6.400	16.376	8.952			11.211	51.839
怀远	9.112	1.600	5.600	10.900			2.000	29.212

① 谢循初．安徽教育经费问题［J］．安徽大学月刊，1934，2（3）：2.

续表

县份	学产租息	物产学捐	各项附加捐	义教附加	补助费及捐款	结存及杂项	临时收入	合计
南陵			26.786	16.056				42.842
泗县	9.955		16.400	14.024	12.400	2.000	16.587	71.366
宿县	10.841	14.400	10.000	15.050		2.980	3.600	56.871
潜山	1.880		23.500	10.880		0.480	8.263	45.003
涡阳	18.130	1.848	23.220	11.763		2.650	3.400	61.011
太和	10.12		10.085	12.345		12.860		45.360
广德	5.292		17.330	13.809		2.200	1.030	29.661
贵池	3.535	6.020	18.860	10.640		0.600		39.655
郎溪	0.763	4.090	9.537	13.751			8.493	36.634
铜陵	1.405	2.890	4.452	5.528			6.350	20.625
亳县	7.915		25.206	11.300			1.700	46.121
含山	1.692	2.971	8.224	10.151			1.600	24.638
蒙城	8.273	0.026	16.083	12.023			8.000	41.405
全椒	3.784		19.142	10.820		1.600	1.200	36.546
凤台	18.550		2.500	7.000			10.930	38.980
望江	6.050		19.000	8.922				33.972
来安	16.441			13.800				30.241
太湖	3.857		15.493	9.630			12.534	41.514
婺源	2.796	5.260	4.660	10.350		1.300	7.760	52.126
定远	0.948		15.000	14.335		2.240		32.523
繁昌	8.060	1.360	10.758	12.743			1.070	33.991
霍邱	6.717		1.940	11.346			9.840	29.843
怀宁	7.860		5.702	14.166		0.700	3.816	32.244
青阳	2.730	5.240	12.040	11.020		1.100	10.104	42.234
五河	6.009		3.260	5.411		2.020	8.699	25.399
宿松	5.120			12.400		1.000	3.000	21.520
宁国	6.954		5.525	9.538				22.017
歙县	1.620		17.250	5.900		5.074		29.844

续表

县份	学产租息	物产学捐	各项附加捐	义教附加	补助费及捐款	结存及杂项	临时收入	合计
泾县	1.730		5.590	17.083				24.403
太平	1.495		10.480	5.940		1.000	2.365	21.280
休宁	3.035		15.500	9.400			0.300	28.235
绩溪	7.410		1.250	4.360		2.685	1.520	17.225
东流	4.064		2.924	5.435	1.700			14.123
秋浦	0.750	3.200	2.100	5.250			1.000	12.300
英山	5.200		1.800	3.196			0.700	10.896
霍山	3.817		2.400	4.280		0.250	0.835	11.582
黟县	2.518	0.170	2.400	3.940		1.393	1.528	11.849
旌德	2.990		12.681	4.726			0.876	21.276
灵璧	5.290		7.000				0.520	12.810
祁门	1.303	8.379		4.350				14.032
石埭	1.148	1.080	1.407	4.142				7.777
总数	526.052	97.635	728.935	687.861	32.450	75.943	340.903	2489.779

资料来源：安徽各县教育经费二十年度岁入来源统计表［J］．安徽教育行政周刊，1932，5（38）：37－41．

表5－14　　安徽各县教育经费二十年度（1931）各项岁出统计　　单位：元

县份	中等教育费	初等教育费	义务教育费	津贴补助费	社会教育费	教育行政费	各学区及委员会经费	杂项支出	各项临时费	合计
阜阳	11.600	34.872	24.378	7.000	9.000	6.720	5.380	1.140	24.600	124.779
寿县	11.900	51.225	25.900		5.420	6.720	2.568	1.447	33.000	138.180
六安		17.800	9.992	5.867	2.184	7.729	6.320		32.659	81.542
无为	6.270	24.608	2.609	2.007	1.470	8.220	1.280	1.437	1.420	58.318
舒城	10.740	35.462		6.660	2.528	7.000	1.404	4.958	13.260	81.802
宣城		9.176	14.042	0.470	1.706	4.080	2.204		1.211	31.890
颍上	5.008	15.238	2.600		1.206	4.080		0.300	6.000	34.432
芜湖		46.781		1.729	2.216	4.084	1.286	6.186		62.282

续表

县份	中等教育费	初等教育费	义务教育费	津贴补助费	社会教育费	教育行政费	各学区及委员会经费	杂项支出	各项临时费	合计
巢县	11.622	21.460	4.100	3.130	2.230	4.960	0.800		6.437	54.739
和县	8.412	19.969			0.682	4.960	3.183	1.472	8.594	47.371
天长	6.000	20.856	12.460	1.406	2.740	4.960	1.960		24.680	75.062
滁县		18.285			1.880	4.080	1.540	13.320	6.465	45.570
凤阳		20.680			2.920	4.415	4.419	1.331	27.221	61.026
合肥	12.580	15.680	8.208	2.500	2.160	4.960	0.840	0.938	22.012	69.878
盱眙		13.012		6.800	2.680	4.080	1.450	1.730	10.200	39.952
桐城	24.289	17.174		8.060	0.640	4.080	0.580	1.718	1.596	58.137
当涂	11.100	15.700		3.300	1.800	5.320	2.662		18.239	58.121
庐江	4.400	16.020	7.190	2.180	2.676	4.080	2.380	1.720	2.900	43.546
怀远	4.600	5.720	9.000	0.760	1.100	3.380	3.900	1.040	3.420	32.920
南陵		10.950	13.080	4.000	1.650	4.080	1.850		4.700	40.310
泗县	11.748	10.923	0.900		11.734	4.960	2.260	0.312	14.004	56.841
宿县	3.988	26.252	2.832	1.140	1.900	4.960	2.080	2.500	8.745	54.397
潜山	6.852	3.612	9.200	8.340	2.684	4.080	1.156	0.964	6.590	43.478
涡阳		49.572		1.360	0.640	4.960	0.500		4.380	61.312
太和	6.632	27.384	1.968		0.500	3.840	1.800		3.180	45.304
广德	6.534	19.146		3.000	0.556	4.080	2.712	1.887	1.746	39.661
贵池	6.326	14.890	7.450		2.220	4.080	0.740		3.946	39.655
郎溪	5.000	14.409		2.180	4.272	3.600	1.008	0.790	5.375	36.634
铜陵		8.961			1.274	2.366	0.736	1.057	2.358	16.752
亳县	6.600	18.090	1.808	0.400	2.222	3.380	0.680	2.760	1.700	37.640
含山	16.166				0.752	3.840	0.320	2.040	1.800	24.918
蒙城		11.340	10.006	1.840	1.860	4.080	1.804	6.700	6.720	44.350
全椒	5.488	14.790	0.720	0.350	1.200	4.800	0.720	3.590	4.800	36.548
凤台		11.980	8.750	0.600	2.696	4.080	0.600	1.640	9.200	38.946
望江		15.240	7.300	3.360	3.000	3.780	0.700		4.250	37.630
来安		15.504			0.940	4.080	1.824	1.589	6.313	30.241

续表

县份	中等教育费	初等教育费	义务教育费	津贴补助费	社会教育费	教育行政费	各学区及委员会经费	杂项支出	各项临时费	合计
太湖		4.240	7.810	8.000	1.905	2.738	0.968	0.450	15.378	41.514
婺源	6.000	7.110	4.800		0.040	3.380	1.080	0.570	9.146	32.126
定远		10.010	6.740	1.000	1.188	3.380	1.640	0.508	8.057	32.523
繁昌		20.884	0.400	3.120	1.804	4.080	2.000	0.860	0.760	33.908
霍邱		2.850			0.654	2.988	0.400	0.696	12.415	20.003
怀宁	3.500	17.980			1.759	4.080	1.100	0.871	2.954	32.244
青阳	5.428	9.286		2.940	0.500	2.732	0.240		4.452	25.584
五河		4.401	4.000	1.552	1.468	3.380	0.360	0.440	8.943	24.544
宿松		9.300	3.800	0.900	1.000	3.380	0.440	1.300	1.400	21.520
宁国		9.113		1.650	1.800	2.960	1.280	1.406	3.790	21.999
歙县		15.480		2.370	3.797	2.960	1.575	1.572	2.120	29.844
泾县		5.640	5.287	2.000	1.440	3.380	1.280	0.328	3.150	22.505
太平	4.000	6.723	3.800		0.818	3.380	0.328	0.340	0.569	19.958
休宁		8.200	8.740	2.500	2.200	3.380	2.260	0.150	0.805	28.235
绩溪		5.070	3.480		2.490	3.724	0.380	2.237	0.844	17.225
东流		8.198		0.340	0.360	2.450	0.240	2.535		14.123
秋浦		7.850		0.400	0.456	2.162	0.380		0.779	12.027
英山		2.228		1.440	0.552	1.875	1.764	0.995	1.282	10.136
霍山		3.120		0.500	1.920	2.580	1.080	0.242	2.140	11.582
黟县		2.342	0.600	0.900	0.900	2.210	0.190	3.101	1.606	11.849
旌德		11.935	2.906		0.600	3.380	0.503	1.220	0.700	21.244
灵璧		7.457		1.400		2.450	0.240		1.243	12.790
祁门		10.632	0.200		0.420	1.890	0.120	0.370	0.400	14.032
石埭		5.520			0.300	1.622		0.335		7.777
总数	222.783	887.720	237.092	109.442	115.585	235.482	85.543	84.886	425.832	246.365

资料来源：安徽各县教育经费二十年度岁入来源统计表［J］．安徽教育行政周刊，1932，5（38）：41－45.

根据省教育厅制订的《安徽省各县教育经费支配标准》要求，学校教育经费应占50%，且不得低于40%；社会教育经费占10%～20%；临时费不得超过15%。[①] 但是，由表5－14可知，这一时期各县多未达标，尤其是社会教育经费极其微薄，这在一定程度上体现了基层政府社会服务职能的缺失。实际上，即使是省立学校的经费也常被拖欠，本就财政困难的县级政府，又哪里顾得上兴办社会教育呢？据统计，1932～1934年，全省扫盲人数只有2327人。[②] 这一时期，县级教育经费困难重重，其中的原因主要包括征收未能足额、区款产之不能统一、保管之不得当、无法开源、虚糜、支配不均、处置不公、交代不清等。[③] 1934年，新任财政厅长杨绵仲在基层视察时就发现，怀远县的教育经费已经积欠了18个月之久。[④] 在这种情况下，教育的质量自然难以保证，从当时的报道来看，“在各种捐税之中，以藉教育与保安之名义而征收者最多。然各地方教育，仍极幼稚，且不及曩日私塾之普遍，常有乡村间小学教员，忙于征收捐税，而不见教学者。”[⑤] 教育经费的缺失，严重地影响了各县教育的开展，当涂县教育局长曾经对该县教育经费的状况有过如下描述：

“敝邑教育状况，以经费支绌，未臻完善，现有县立初中一所，内附设女子部，全县有小学共五十余所。所有小学教育之待遇，以经费有限，甚为低薄，月只十四元或十六元，多至二十余元，可谓苦干之生涯矣，至局中经常经费，无极有限，月只三百九十元。设局长一，督学二，余则科员若干人，经费只足薪给。各小学之经费，幸有学产与田赋带征之义教附加，足以应付；惟年来水旱为灾，征数常感不足，致教育经费，陷于窘迫状态之中。对于教育进展，因经费关系，至感棘手也。”[⑥]

更为严重的是，各县之间教育经费差距较大，由于经费主要来源于各项附加，因此也就与该县经济社会发展状况密切相关，而经费的规模又直接决定了基础教育的发展水平。以1934年度的小学教育经费为例，无为县和东流县的人均经费超过16元，而立煌县的人均经费还不到3元。[⑦] 在这种情况下，越是落后的地区，教育支出往往越少，基础教育的普及度和质量也就越差；这又会反过来影响该地区的发展，最后形成恶性循环。

① 安徽省各县教育经费支配标准［J］. 安徽教育行政周刊，1932，5（9）：7.

② 陈贤忠，程艺主编. 安徽教育史（上）［M］. 合肥：安徽教育出版社，2006：520.

③ 郑鹤春. 整顿本省地方教育经费的途径［J］. 安徽教育，1933，1（2）：9－11.

④ 马厅长在簿记训练班毕业典礼讲演词［J］. 安徽民政公报，1934，4（7），特载：22.

⑤ 胡善恒. 平衡地方预算之方策［J］. 东方杂志，1935，32（5）：31.

⑥ 陈少书. 镇江当涂和县实习调查日记［A］. 萧铮主编. 民国二十年代中国大陆土地问题资料［C］. 台北：成文出版社，1977：83738－83739.

⑦ 郑其龙. 本省各县小学经费之比较的研究［J］. 安徽教育辅导旬刊，1937，2（26－27）：3.

实际上，导致上述状况发生的根本原因在于国民政府财政支出制度的不合理。当时，“国立”大学的经费由中央财政负担，省立各级学校由省财政负担，基础教育则落在县级政府的头上。根据财税理论来看，在分税制的财政体制下，那些具有明显外溢性①的公共物品往往很难由地方政府有效提供，这是因为地方政府和在任官员都分别拥有自身利益，再加上财政状况以及投资偏好等影响，所以他们在提供公共物品时会更加谨慎地权衡成本与收益。以基础教育为例，这种公共物品的受益者未来存在流动性，因此一个地区基础教育的受益范围超出本地区，惠及区外，因此，地方政府往往缺乏投资基础教育的激励，尤其是遇到财政困难时，政务类开支对教育经费具有明显的挤出效应。②此外，在当时中国社会贫富差距悬殊的大背景下，上述经费划分办法还尤其显得不公平。据统计，当时能接受大学教育的学生们，多半是富家子弟，③ 大学主要是由中央财政与省财政支持，而这笔经费则来源于国税和省税；当时，省立安徽大学每年经费约有40万元，每个学生平均可以达到1000元左右。④ 于是就形成了这样一种局面——本就贫困的平民百姓缴纳了赋税，承担起了富家子弟的高额培养经费，而他们自己却只能接受质量低下的基础教育，因此也难以通过求学改变命运。相反，富家子弟经过高等教育的洗礼，便拥有更多的机会跻身上层社会，这在一定程度上有了“贵族化教育”的色彩。更为严重的是，经济落后地区教育经费的短缺和基础教育的薄弱，实际上使贫民子弟在接受教育的初始阶段就失去了起点平等，这也使他们在未来更难享受到高等教育资源；如此反复循环，则会出现“强者愈强、弱者愈弱”的“马太效应”⑤。因此，按照上述所论，无论是从理论还是现实的角度来看，中央财政和省财政都应该对基础教育承担更大的责任，这不仅符合财政学理论中的受益原则，也是实现“三民主义教育宗旨”的基础。遗憾的是，这种设想在当时并没有实现的可能，这一时期国民党对于基层的控制力都很弱，更不用说普及大规模的基础教育了。

北洋时期，曾有人将安徽省的教育讥讽为“橄榄式教育”，意为上无大学教育，下面的小学教育也十分薄弱。⑥ 南京国民政府成立之后，安徽省的教育

① 外溢性，又称为相邻效应，是指一个经济活动的主体对它所处的经济环境的影响。

② 挤出效应（Crowding Out Effect）：是指由于供需有新的变化，导致部分资金从原来的预支中挤出。

③ 贺岳僧．教育经费独立［J］．每周评论，1933（96）：20.

④ 本大学历年经费与每学生应占数比较表（二十二年六月十七日出版组制）［J］．安徽大学周刊，1933，第二届毕业纪念刊：27.

⑤ 马太效应（Matthew Effect），是指强者愈强、弱者愈弱的两极分化现象。

⑥ 皖省教育近况［J］．浙江教育行政周刊，1931，2（43），教育消息：5.

经费无论从绝对量还是相对量来说，都比北洋时期有所提高，初等教育、中等教育、高等教育、社会教育和义务教育也得到了不同程度的发展。当然，这也是由于安徽基本上处于国民政府的有效治理范围之内，符合官方的长期利益。而教育文化费能超过建设费、实业费等，成为事业费中的最大支出者，除了由于教育行业本身规模庞大之外，还有一个不容忽视的原因，那就是知识界和教育界人士拥有相对较高的社会声望，有能力影响政策的制定与实施。这批知识精英在当时属于社会名流，与政界要员之间也有着千丝万缕的联系，因此，他们可以通过各种形式的活动，为教育行业争取利益。例如，1928年3月，程小苏、刘文典就作为安徽教育界的代表，因为教育经费落空的问题赴京请愿，并能与宋子文、蔡元培进行数次面谈。① 同样，鉴于他们的社会影响力，政界对他们也不得不有所顾忌。刘文典在主持安徽大学校务期间，就曾当面顶撞蒋介石，蒋氏也不敢将他严办。② 上述事例从正反两方面体现了当时知识精英的社会地位，这不仅有助于政府的财政政策向教育事业倾斜，还有利于获得社会方面的援助，这一点在高等教育上表现得最为明显。例如，程演生在担任省立安徽大学校长之后，就建议省政府以大通盐税附加作为安大经费专款，以保证经费来源；同时，邀请方振武、柏文蔚等皖籍名流参加新成立的安徽大学董事会，以谋求社会各界在经费问题上的支持。③

然而，需要指出的是，这一时期官方在教育事业上的投资也有推行党化教育、实行思想控制的政治目的。上海《民国日报》总编辑陈德征就言道："党化教育就是把中国的教育来国民党化，变为一种特殊的教育，国民党的教育，以求贯彻我们总理以党治国的主张，以为达到本党以党治国的目的之预备。④"20世纪30年代，随着中共革命力量的发展和根据地的扩大，国民政府除了在军事上加紧围剿之外，还开办中山民众学校对"收复区"人民进行"特种教育"。⑤ 1935年度安徽省特种教育经费包括行政费10135元，事业费70811元，视导调查费7680元，设备费4820元，补助费4000元，预备费3466元，总计100912元。⑥ 特种教育在改良农村方面毫无建树，只是被用于反共教育，使人

① 皖省学潮之内幕［J］. 教育杂志，1929，21（1）：180－181.

② 石慧庐．刘文典面斥蒋介石［A］. 中国人民政治协商会议安徽省委员会文史资料研究委员会编．安徽文史资料选辑（第8辑）［C］. 1982：226－228.

③ 陈贤忠，程艺主编．安徽教育史（上）［M］. 合肥：安徽教育出版社，2006：528.

④ 舒新城．舒新城近代中国教育思想史［M］. 长春：吉林人民出版社，2013：260.

⑤ 所谓的"收复区"是指被国民党政权攻占的苏区；"特种教育"就是对该地区人民进行"政治教育"和"思想改造".

⑥ 安徽省特种教育经费支配表（二十四年度）［A］. 安徽省政府教育厅编．安徽教育要览（第3回）［C］. 1936：9.

民“死心塌地地奉行三民主义，竭尽智能地来拥护党国领袖”①；因此，特种教育经费不是具有正面意义的财政支出项目，国民党政权发展教育也并不完全为了公共利益。

二、经济建设费

经济建设费是指建设主管部门经费和发展经济建设事业的开支，包括公路、铁路、电气、船舶、农林、矿业、工业和水利等费用。20世纪30年代前中期，安徽省经济建设费（含建设费、地方营业费、实业费和交通费）所占省库岁出的比例约为10%，在事业类开支中，仅次于教育文化费，排在第二位。这一时期，安徽省经济建设费各项细目以1930年度预算情况为例，详见表5－15。

表5－15　1930年度安徽省经济建设费预算（经常门）细目　单位：元

科目		预算数
第一款	安徽省政府建设厅经费	296244
第二款	安徽省官矿局经费	22680
第三款	安徽水东矿厂经费	283500
第四款	安徽水东轻便铁道经费	36408
第五款	安徽矿质探验处经费	7020
第六款	安徽安潜太段汽车路经费	78168
第七款	安徽合巢段汽车路经费	77712
第八款	安徽京芜段汽车路经费	60972
第九款	安徽省农业推广处经费	37512
第十款	安徽省立农事试验场经费	14160
第十一款	安徽省立麦作试验场经费	10044
第十二款	安徽省立茶叶试验场经费	6528
第十三款	安徽省立园艺试验场经费	11400

① 王义周．特种教育面面观［J］．湖北特教季刊，1935（创刊号），论著：24.

续表

科目		预算数
第十四款	安徽省立蚕业试验场经费	11052
第十五款	安徽省立第一林区森林区经费	15312
第十六款	安徽省立第二林区森林区经费	11616
第十七款	安徽省立第三林区森林区经费	9852
第十八款	安徽省立第四林区森林区经费	9780
第十九款	安徽省立第五林区森林区经费	9924
第二十款	安徽省会电灯厂经费	102804
第二十一款	安徽省会电话局经费	8616
第二十二款	安徽省会无线电台经费	5640
第二十三款	安徽芜湖无线电台经费	5640
第二十四款	安徽蚌埠无线电台经费	5640
第二十五款	安徽合肥无线电台经费	3240
第二十六款	安徽屯溪无线电台经费	3240
第二十七款	安徽驻京无线电台经费	5640
第二十八款	安徽省立第一工厂基金	44000
第二十九款	安徽省立第一工厂经费	11820
第三十款	安徽三河坝工局经费	2232
第三十一款	安徽盘华堤防管理处经费	6000
第三十二款	安徽芜大轮船经费	5328
合计		1219724

资料来源：安徽省政府财政厅编制．安徽省地方民国十九年度预算（第4册）［J］.1930，建设费预算总册：1－3.

从长期来看，发展经济是政府培植税源的根本途径。现政权在统治相对稳定的情况下，对经济建设进行投资，也是为了在未来获取更大的报酬。这一时期，安徽省的路政、市政、水利、电政、工商、农林、矿冶等方面都得到了一定程度的发展。值得一提的是，省政府还提出了发展第三产业（旅游业）的计划。1934年，省建设厅成立了黄山建设委员会，并拟订《黄山建设三年计划大纲》，提出了交通建设、生产建设和文化建设等三个时期的建设方针；①

① 刘贻燕．最近安徽建设概况［J］．安徽政务月刊，1936（15），专载：75.

次年，省政府还制订了《安徽省政府补助黄山建设委员会第一年建设经费支付规则》，决定提供经费补助，数额以31425元为限。①

在所有的经济建设项目中，公路建设取得的成就最为显著。当然，这也是和政府投资的方向有关。从当时《安徽建设月刊》公布的1930年度经济建设费来看，农林经费占5.86%，建设厅经费占8.25%，矿冶11.38%，电政经费占20.1%，工商经费占1.72%，水利经费占4.1%，建筑经费占4.9%，而路政经费则高达占43.69%。② 截至全面抗战爆发之前，安徽省共修建纵横干支线31条，约4000公里，加上已经完成的其他路线和部分县道，通车里程总计5731公里，这在当时全国的28个省（院辖市）中，排在第五位。③ 在公路建设的经费来源方面，1932年和1933年均由全国经济委员会暨军事委员会酌拨经费补助；此后两年，在补助费减少的情况下，省政府先后发行歙昱路公债票和公路公债，合计130万元，并向中国农民银行借款120万元。④ 当然，归根到底，建设经费还是落在广大人民的头上，如芜湖就开征菜子出口捐作为城市建设专款。⑤ 财政厅长杨绵仲也坦言："本省岁收的主要的来源，在人民所纳的赋税及补助款，至于地方财产地方事业及地方营业纯益各收入实居极少数。……如欲增加经济建设费，势必增加赋税，以增加人民的负担。⑥"各县建设经费主要都是通过附加税的形式，由人民买单，具体情况详见表5－16。

表5－16　　安徽省各县田赋杂税附加公路电台建设经费统计　　单位：元

县别	建设经费		公路基金	
	收入	占附加税比例	收入	占附加税比例
怀宁	6941.000	9.67%	9211.000	12.8%
太湖	12986.500	10%	12936.000	10%
宿松			6870.000	19.0%
舒城	6948.773	2.8%		
合肥			16000.796	11.3%
英山			2365.708	5.0%

① 安徽省政府补助黄山建设委员会第一年建设经费支付规则［J］. 安徽省政府政务月刊，1935（7），本省法规：113.

② 安徽省建设厅十九年度建设经费统计图［J］. 安徽建设月刊，1931，3（2）：1.

③ 宋霖，房列曙主编. 安徽通史·民国卷（上）［M］. 合肥：安徽人民出版社，2011：513.

④ 安徽省地方二十六年度岁入岁出概算书总说明［J］. 安徽政务月刊，1937（29），附录：3.

⑤ 芜湖米业反对菜子出口捐［N］. 申报，1934－5－15（9）.

⑥ 杨绵仲. 安徽经济建设的财力问题［J］. 经济建设月刊，1936（5）：5.

续表

县别	建设经费		公路基金	
	收入	占附加税比例	收入	占附加税比例
休宁	3600.00	7.5%	7200.000	14.0%
祁门			4187.000	37.0%
绩溪			2588.001	13.0%
宣城	8200.00	3.1%	25810.000	10.0%
泾县			6868.000	13.0%
旌德			2725.030	10.2%
太平			2725.030	10.2%
贵池	730.000	0.5%	9741.248	8.0%
石埭			2097.300	7.0%
繁昌			4966.635	8.5%
郎溪	4049.324	4.8%	8066.606	9.0%
凤阳			1996.594	7.0%
怀远	4400.607	5.5%	8801.214	11.0%
宿县			10726.22	9.2%
定远			5388.942	7.6%
凤台			2400.000	5.6%
亳县	2975.000	4.0%		
蒙城			4232.279	6.7
涡阳			4568.962	7.0
来安	5826.542	10.2	5826.542	10.2
盱眙			6000.000	8.7

资料来源：安徽省各县田赋杂税附加公路电台建设经费统计表［J］．安徽建设月刊，1931，3（4）：4.

需要指出的是，官方之所以如此积极地投资交通建设，其中固然不乏建设国家、发展经济的目的，但基于军事方面的考虑也不可忽视，这一点甚至更为重要。1932年11月，蒋介石在苏、浙、皖、赣、豫、鄂、湘七省公路会议上就毫不讳言地指出："交通发达，不仅只是可以便利客货的往来运输；就军事方面说，交通便利后，一个兵可以当十个兵用，或者可以当一百个兵用。尤其是电话接通以后，对于紧急的事变，应付非常便利。”① 为了军事需要，公路的建设力度实际上已经远远超过了当时各省经济发展的需求，因此，这也被称作是“超经济性的建设”②。与修建公路类似，当时省政府为了围剿苏区，还特别重视无线电台的建设。省建设厅长陈鸾书在全省治安会议上介绍本省建设成就和未来规划时，首先提到的就是无线电台和公路。③ 官方还特别强调，各无线电台专供军政之用，不许收发商业电报。④

尽管官方投资建设有着多重目的，但就整体来看，这一时期安徽省在经济建设方面还是取得了较大的成就。从纵向来看，要远超北洋时期；即使在横向比较之下，也不逊色于同时期的许多省份，这从地方财政为经济建设投入的资金数额就可以看出。⑤ 这一点也给人民带来了双重效应：从长期来看，经济建设的成就可以促进社会发展，最终会让人民受益（尽管不同群体的受益程度不同）；但是从短期来看，经济建设的开支则需要人民直接承担，而对于当时的安徽来说，“地方人民负担之繁重，非但有逊于他省，而更有超过十倍以上”⑥。在这种情况下，让广大农村地区的民众来承担与他们生活无甚关联的公路、电政等建设经费，是很不公平的。

三、卫生费

卫生费是指管理卫生事务的机关和卫生事业单位的开支。从表5－11来看，这一时期，安徽省卫生费在省库总开支中所占比例只有0.11%，总计还不到10万元，而且在许多年份中都是空白。例如，在省财政厅编制的《安徽省地方民国十九年度预算》中，就没有单独列出“卫生费”，只是在“行政费”第12款第3项，列有“施医所补助费”，预算为3600元，从属于“安徽省会救济院附属机关补助费”。⑦ 值得一提的是，成立于1927年的省会施医所（原名安庆市官医院）也是抗战前安徽省唯一的公立综合医院。⑧

---

① 总司令对公路会议代表训话［J］. 江西建设月刊，1932，6（11），附录：3.

② 转引自陈昭桐主编. 中国财政历史资料选编（第12辑·上）国民党政府时期部分［M］. 北京：中国财政经济出版社，1990：336.

③ 陈鸾书. 安徽建设之回顾与将来之希望［J］. 安徽建设月刊，1931，3（2），专文：1－2.

④ 安徽省政府建设厅训令：第五六五号［J］. 安徽建设公报，1931（4），命令：10.

⑤ 各省地方财政收支［J］. 统计月报，1942（67－68）：9－33.

⑥ 周萃機. 建设新安徽之刍议［J］. 安徽大学月刊，1935，2（8）：1.

⑦ 安徽省政府财政厅编制. 安徽省地方民国十九年度预算（第1册）［M］. 1930，行政费：37.

⑧ 王瀛培. 民国时期安徽卫生行政体系探析［J］. 安徽农业大学学报（社会科学版），2012（6）：119.

卫生经费的多与少是由卫生管理机关和卫生事业单位的规模决定。南京国民政府成立之后，卫生事宜由省民政厅第三科掌管[①]，卫生行政机关也一直没有独立出来。民政厅直辖的公安局设有卫生科，“各县卫生行政要么是有专职人员管，要么有下属公安科、总务科管理，也有的设有专业的卫生科，但这些都统一于县政府内部。”[②] 直到1936年，省政府才在省会安庆设立卫生院，办理全省卫生事务；卫生院内设委员七人，其中一人为主任委员，兼任院长，下设总务、医务和卫生等三股以及医师、护士、助产士、卫生辅导员和事务员等若干人。当时拟订的开办费为17200元，全年度经常费为29640元，合计46840元。同时，征收中小学卫生费，并与省会施医所戒烟戒毒医院经费、省会公安局防疫种痘等费和省立中等学校校医费一起，共约29241元/年，全部划拨为卫生院经费。[③] 但是在县一级，依旧没有专门性的机关。次年，安徽省奉中央命令，要求各县也设立卫生院，并依据人口、地域等情形，将县分为若干区，每区设卫生所，乡村设卫生分所和卫生员，办理医疗预防保健以及训练初级技术人员等工作；同时，要求各县将此项开支列入二十六年度地方预算。[④] 但随着全面抗战的爆发，关于筹设各县卫生机关的计划也未能落实。[⑤]

由此可见，在南京国民政府成立之后的较长时间里，安徽省的卫生事业基本上没有什么发展。这不仅取决于政府对于卫生事业的重视程度，也与财政状况有着紧密关联。当时人们在总结卫生普及工作未能展开的原因时，首先提到的就是经费困难；除此之外，还包括卫生专才的缺乏、民众知识浅薄、医学机关团体和医师协助不够、专门人员和技术人员缺乏保障等因素。[⑥] 而这些问题的根源，则是由地方上经济社会发展水平所决定的。江苏吴县在1929年甚至就有了筹设市乡时疫医院的提案，全年经费预算合计4000元，由县政府拨款一半，余者就地筹款[⑦]，这项提案也获得了通过[⑧]。在20世纪30年代初期，沿海的江苏和浙江两省，每年都有数万元的卫生费支出，这与临近的安徽省形成了鲜明的对比（见表5－17）。

---

① 安徽省卫生志编纂委员会编纂．安徽卫生志［M］．合肥：黄山书社，1993：30.

② 王瀛培．民国时期安徽医疗卫生研究［D］．合肥：安徽大学，2012：16.

③ 一月来之民政（二十五年九月份）：卫生：筹设省立卫生院［J］．安徽政务月刊，1936（25），政务实况：3－4.

④ 两月来之民政（二十六年三月份）：筹备实施各县卫生行政［J］．安徽政务月刊，1937（28），每月政闻：2.

⑤ 安徽省政府秘书处编．安徽省政府工作报告（中华民国二十八年度）［M］．1940，民政部门：28.

⑥ 张隆祐．如何普及卫生［J］．安徽地方政务研究周刊，1934，1（12），会员论文：61.

⑦ 民政组提案：（八）议题：筹设市乡时疫医院案［J］．吴县县政公报，1929（12），提案：18－19.

⑧ 第一日议事纪录［J］．吴县县政公报，1929（12），记录：42.

表5－17　　20世纪30年代初期江、浙、皖三省卫生费支出情况　　单位：元

省份	1931年	1932年	1933年	1934年
江苏	41775	41143	68901	60123
浙江	54140	83956	65448	55659
安徽	0	0	49757	12602

资料来源：各省地方财政收支［J］. 统计月报，1942（67－68）：8－21.

在现代财政学理论中，公共卫生属于政府提供的重要公共物品，也是衡量政府社会服务水平的重要尺度之一。这一时期安徽省卫生经费短缺，卫生行政机构和事业单位都尚未成型，这也从一个侧面反映了当时安徽省地方财政体系与公共财政体系之间的距离。

结　　语

在本书的绪论部分，笔者曾经多次提及“现代化”这一概念。在海内外学术界，关于近代中国“现代化”的问题，早已经历过无数研究和讨论。① 然而，不管对于“现代化”这一概念存在多少争议，至少有一点是明确的，那就是：“现代化是一个包罗宏富、多层次、多阶段的历史过程”②。在这个意义上，财政的现代化自然成为时代进步的重要组成部分。

从实质上来看，时代的进步在于人的进步，“现代化进程的本质内涵是有个性的公民及公民个人权利摆脱传统共同体的桎梏而崛起”。③ 人的全面发展也是马克思主义的最高命题和根本价值，因此，财政现代化的最终受益者也应该是广大人民。在这个意义上，财政现代化的落脚点就是公共财政的建设。在经济市场化、社会文明化、政治民主化与法治化的过程中，必然会伴随着公共财政的诞生和发展。换言之，“中国财政模式转型的本质不是别的，而是国家——社会关系的变迁，是个人价值的重新发现和国家、社会与市场功能的重新定位。”④

秦汉以降，中国长期处在专制主义的阴霾下，财政收入“取之于民，用之于官”，在这种大环境中，公共财政几乎没有生长的空间。此外，高度集权的中央政府总是担心卧榻之侧出现潜在威胁，削夺地方势力的类似行为（如推恩令、削藩等）一以贯之，因此，地方上并没有法定财权，也难以具备提供公共物品的充分财力。19 世纪中叶，太平天国运动席卷南方各省，早已腐败透顶的清朝，不得不下令各省当局自行招募武装进行镇压，从这时起，清政府维系了 200 余年的中央集权式的财政体系遭到破坏：外界的变化（如军费开支的增加和因为战争而导致的税源丧失）给这种体制造成了严重冲击，以至

---

① 详见孙立平．传统与变迁——国外现代化及中国现代化问题研究［M］．哈尔滨：黑龙江人民出版社，1992.

② 罗荣渠．现代化新论——世界与中国的现代化进程［M］．北京：北京大学出版社，1993：16.

③ 秦晖．问题与主义［M］．长春：长春出版社，1999：411.

④ 马珺．公共财政：理想与现实［J］．财政研究，2001（4）：21.

于这一体系的下层（如地方各省）不得不被动地做出一系列调整（如创办厘金）以应对财政压力。这一系列措施分割了中央的财权，使地方当局的财权逐步扩大。从宏观上看，这种变化最终对清末政局以及民国初年的政治走向产生了重大影响，“分权化倾向、省财政的独立、中央政府权力的缩小，为辛亥革命后的中华民国财政体制的建立拉开了序幕。”①

然而，尽管各省财权在这一时期获得了扩大，但是地方上的实际财政状况反而进一步恶化，有限的地方财权在庞大的支出任务面前相形见绌。特别是在太平天国运动结束以后，对外赔款、筹办新政等一系列开支，使包括安徽在内的各省当局疲于应对，各种各样的筹款方法不仅没有能真正解决问题，反而造成了民怨沸腾的局面，清政府最终在众叛亲离中走向灭亡，刚刚开始筹划的分税制财政体制也胎死腹中。

遗憾的是，中华民国并没有给广大人民带来政治上的民主法治与经济上的繁荣富强，其外壳与真正意义上的现代化之间差距遥远。各个领域内引进的西式制度抑或昙花一现，抑或扭曲变形。其中，在财政体制方面，貌似先进的“国地财政划分”不仅没有为财政现代化服务，甚至连这套体制本身都有名无实。各路军阀割据一方，中国陷入了群雄逐鹿的局面，军阀头目为了豢养军队，除了肆意截留国税之外，还将绝大多数的地方财政收入都用于军费开支。连年的混战使人民生活在水深火热之中，在这种战乱迭起、生灵涂炭的环境下，连基本的社会公共安全都无法得到保障，公共财政更是无从谈起。

从广东起兵北伐的国民政府在形式上统一全国的同时，也实行了分税制财政管理体制。这一时期，财政收支分为中央和地方两级，双方享受不同的税收来源并承担着各自的支出责任。在这种体制下，关、盐、统三税成为中央财政的主要收入来源，这也体现了当时中国经济现代化的趋势，包括工商业和对外贸易的发展，以及市场化程度的加深等。在地方上，田赋正式成为各省的法定收入来源，饱受诟病的厘金制度在 20 世纪 30 年代初期得到裁撤，传统的牙税、牲屠税等税目也得到整顿和归并，以营业税为主体的工商税收体系逐步建立起来，营业税与农业税一起构成地方财政收入的主体。与此同时，地方上的预算、会计和金库制度相继得到建设和完善，财务行政方面取得的成绩在一定程度上有利于财政现代化进程的推进。

然而，上述所论只是就政策制定和制度设计而言，实际上，这些纸面上的规定在具体执行和落实过程中问题重重，与历史上的情形类似，“取之于民”的财政收入依旧很少用于社会公共服务。这一时期，安徽省基本上处于南京国

---

① （日）岩井茂树．中国近代财政史研究［M］．北京：社会科学文献出版社，2011：104.

民政府的有效控制之内，然而，政治上的改旗易帜并没有给人民带来真正意义上的实惠。省政府长期由北洋旧军阀头目主政，党政冲突和派系之间的利益争斗延绵不断；[①] 一些表面上具有现代文明社会特征的机构，如"禁烟局"[②] 等，不仅未能从根本上推动社会进步，反而沦为贪官污吏搜刮民财的工具。这个意义上，政治现代化的迟滞阻碍了财政现代化的生长，许多表面上冠冕堂皇的施政政策反而损害了人民的利益，遭到人民的反感和抵制，政府的合法性一再下降。

实际上，南京国民政府实行分税制财政管理体制并非着眼于公共财政建设的需要，而主要是作为中央集权的手段。为了政治安全，中央始终不肯下放过多的财权，由此就导致地方上财权不足，进而影响到支出能力。在分税制财政管理体制中，社会上的公共支出主要是由地方财政来承担，然而，在政务类开支须要优先保证的情况下，科教文卫与经济建设等事业类开支自然大受影响。更为严重的是，这一时期实行的分税制只是简单地划分了"中央"与"地方"，并没有划清"省"与"县"之间的收支关系。在这种情况下，省政府依靠政治上的优势地位，掌握了地方财权，而县政府尽管事务繁杂，却没有明确的收入来源，只能依靠附加税艰难度日。这也就导致了"财权上移，事权下降"，由此造成了县级财政困难，进而刺激了附加税的不断升高和苛捐杂税的泛滥。

因此，与北洋时期相比，南京国民政府时期，安徽省地方财政尽管在财务行政等配套制度上有所完善，在收支规模上有所扩大，并在教育文化、经济建设等个别领域实现了一定程度的发展。但是，就整体性质而言，这一时期的安徽地方财政，与北洋时期相似度极大：不仅是财政长期处于困境，而且财政损失和人民负担严重，财政的非公共性色彩浓厚。具体表现为以下几点。

（1）财政收入方面，裁厘之后"变相厘金"迅速复活，各种附加和苛捐杂税严重泛滥，政府的掠夺性色彩十分明显，[③] 特别是中国历史上曾经反复出

---

① 详见中国人民政治协商会议安徽省委员会文史资料研究委员会编．军阀祸皖［C］．合肥：安徽人民出版社，1987：165－191．

② 徐锦文：陈调元在安庆禁烟"侧记"［A］．中国人民政治协商会议安徽省委员会文史资料研究委员会编．旧时黑幕［C］．安徽文史集萃丛书之八，合肥：安徽人民出版社，1987：6－7．

③ 长期以来，学界关于国家（政府）的存在主要有两种解释：契约论和掠夺（剥削）论；但是，这两种理论却不能对历史上所有国家形式进行完整和准确地表述。1993 年诺贝尔经济学奖得主，美国学者道格拉斯·诺斯（Douglass C. North）则提出了有关国家的"暴力潜能"（violence potential）分配论：若暴力潜能在公民之间进行平等分配，便产生契约性的国家；若这样的分配是不平等的，便产生了惊夺性（或剥削性）的国家，由此出现统治者、被统治者，即掠夺者（剥削者）和被掠夺（被剥削者）。在历史上，国家往往存在着契约和掠夺（剥削）两重性。所以，国家既要使统治者的租金最大化，又要降低交易费用以使全社会总产出最大化，从而增加国家税收。

现的“黄宗羲定律”更是不断重演，造成“一税轻，二税重，三税是个无底洞”的局面，给广大人民带来了深重的灾难。更为严重的是，在征收过程中，各级官员和税吏假公济私，浮收勒索；地方上的土豪劣绅也乘机为非作歹、鱼肉乡里，这些进一步加剧了农村地区的经济凋敝和贫富分化，并破坏了乡村社会传统的认同体系，在一定程度上为1950年前后的土地改革的顺利开展埋下了伏笔。

(2) 财政支出方面，表现为行政费用规模庞大，政府在公共事务上的投资严重不足。这一时期，为了消灭反抗势力，中央财政在军费方面投入了巨额开支，地方各省也在行政、司法、治安、教育乃至公路建设方面等进行相应地配合。在这种情况下，财政支出不仅没有在社会公共服务方面取得明显进步，反而压制了公共诉求，强化了专制统治。

需要指出的是，上述所言的“财政公共性不足”只是单纯地从财政支出结构方面来看，如果从“省——县”和“城市——农村”的视角进行纵向分析，则不难发现，县以下广大农村地区的情况更加糟糕：在全面抗战爆发前，公共卫生[①]只是在省城安庆刚刚有所起步，与农村地区无涉；即使以各地都有所开展的基础教育而言，不仅各县学校经费微薄、时常拖欠，而且不同地区之间也呈现出严重的不平衡。于是，广大农村地区的文盲率居高不下，即使是政府的许多建设性行为也难以得到民间的充分理解和支持，双方根本无法形成有效地良性互动，目不识丁的乡民在“天高皇帝远，民少相公多”[②]的环境下，不仅不可能对政府产生较高的政治认同，反而不断地积聚着反抗的情绪。在这个意义上，公共物品的缺乏严重影响了基层统治的稳定。

需要指出的是，这一时期，政府在乡村地区公共服务的缺失，除了财政经费上的不足和施政方向上的因素之外，另一个重要的原因在于当时政府未能有效控制乡村地区。对于当时的地方各省而言，乡村地区是财政收入的重要来源地，也是中国共产党开展土地革命的大本营。因此，官方于20世纪30年代开始推行的保甲制度也主要作为官府汲取资源和加强治安的工具，这套起源于北宋时期的基层行政组织制度体现的是传统“法家”而非现代“法治”理念[③]。更为严重的是，“国民党不是培养和派遣合格的党员去充当基层干部，而是不

① 这里所说的“公共卫生”，是一种政府承担责任的公共服务行为；与我国历史上的民间医疗组织并不是同一个概念。后者主要体现了民间互助和慈善性质，与现代社会的“第三部门”有类似之处。

② (明) 黄溥．闲中今古录摘抄．

③ 刘巍．论熙宁变法与现代法治精神的对立——与卢燕娟博士商榷［J］．东北农业大学学报（社会科学版），2015（4）：59－63．

加甄别地将所有现职基层乡保甲长披上党员的外衣”①。这些素质低下的保甲长打着政府的旗号胡作非为，在征收钱粮的过程中养肥了自己，却进一步破坏了政府的形象。在这种情况下，乡村社会没有出现“田园诗”般的和谐景象，20世纪初以来的秩序混乱和经济衰败也没有得到真正意义上的改善和扭转。相反，政府机构的巨额开销和贪官污吏的中饱私囊都强加在广大农民的身上，这些负担成为他们难以逃避的“责任”，但他们却没有因此而享受到丝毫回馈。

更为严重的是，正当政府在制度设计和捐税整理方面取得初步成就之时，全面抗战爆发。在不到一年的时间里，安徽省除了皖南山区和大别山地区之外的大片区域陷入敌手，② 抵御外侮成为时代的主旋律。1935年实行的减轻田赋附加和废除苛捐杂税的行动，立刻成为镜花水月；在法西斯入侵的战争年代，人民群众连基本的生命安全都无法得到保障，生存压力的增大更是无法避免。在抗战中，政府通过“田赋征实”“粮食征购”和“粮食征借”的政策，从民间汲取了大量的抗战资源。广大农民在为抗战做出了巨大牺牲同时，也持续地忍受着民国政府基层官吏的敲诈勒索。

抗战结束之后解放战争中国民党政权很快土崩瓦解。淮海战役中群众用小推车支援前线的场景，固然离不开中国共产党出色的基层组织和动员能力，但也是国民党政权已经丧失人心的真实写照。败退到台湾的国民党要员纷纷反思他们的失败原因，也给出了各种各样的答案。客观地说，国民党的失败是全方面的，其存在的问题也无法一言以蔽之。

如果抛开抗日战争、主佃冲突等因素，仅仅从地方财政运行的视角来看，笔者认为，国民党政权从百姓身上索取太多，却几乎没有提供任何福利，迟迟没有建立起公共财政体系。对于人民来说，只有付出而得不到回馈的状况一直持续。存在于这种状况下的官民关系是紧张的，也是脆弱的：一旦官府汲取资源的力度超过一定限度，揭竿而起的抗争就难以避免，基层的稳定也就会被打破。尤其致命的是，各级官员和税吏存在着严重的贪污腐败行为，特别是在广大农村地区，保甲长不仅未能有效地协助政府整合农村，反而利用手中的行政权力，以权谋私，过度侵害了民众利益，最终使广大乡村地区成为民怨沸腾的海洋，为中国共产党一步步发展壮大和顺利发动群众实行土改提供了条件，也为国民党的统治敲响了丧钟。

---

① 王奇生．革命与反革命：社会文化视野下的民国政治［M］．北京：社会科学文献出版社，2010：411.

② 徐则浩主编．安徽抗日战争史［M］．合肥：安徽人民出版社，2005：72－74.

如前所述，财政是政治的“晴雨表”；这一时期中国的财政问题，归根结底还是由于政治不良。南京国民政府时期，许多现代化的政治标签并没有给中国实质性的政治进步，对于广大人民，特别是占人口绝大多数的农民来说，他们的处境与历史上的专制时代并无明显区别。官方在很大程度上仍然延续了古代政府那种“权力大，责任小”的状态，视人民为鱼肉，只知索取，不予回报。在这种权责严重不对应的状态下，“兴，百姓苦，亡，百姓苦”① 的情形一以贯之。不仅公共财政得不到发育，而且整个社会呈现出“既无福利，又不自由”的景象。

毋庸讳言，在当今建设公共财政的过程中，离不开政治等层面的配套发展。在这个意义上，只有坚持政治上的权责统一与公平正义，才能为公共财政的建设提供保证，也才能让经济发展的红利真正惠及人民。以上这些正是历史带给后人的启示，也是我们研究历史的意义之所在。

---

① （元）张养浩．山坡羊·潼关怀古．

参考文献

一、史料

（一）原始史料（民国时期）

[1] 安徽财政公报 [J].
[2] 安徽财政月刊 [J].
[3] 安徽民政公报 [J].
[4] 安徽民政月刊 [J].
[5] 安徽政务月刊 [J].
[6] 安徽建设公报 [J].
[7] 安徽建设月刊 [J].
[8] 安徽教育月刊 [J].
[9] 安徽教育行政周刊 [J].
[10] 安徽教育半周刊 [J].
[11] 安徽省立第二中学校刊 [J].
[12] 安徽大学月刊 [J].
[13] 安徽教育辅导旬刊 [J].
[14] 安徽农学会报 [J].
[15] 安徽司法公报半月刊 [J].
[16] 安徽高等法院公报 [J].
[17] 安徽高等法院公报 [J].
[18] 安徽实业杂志 [J].
[19] 安徽省政府公报 [J].
[20] 安徽政治 [J].
[21] 安徽大学周刊 [J].
[22] 安徽地方政务研究周刊 [J].
[23] 社会科学杂志 [J].
[24] 东方杂志 [J].
[25] 银行月刊 [J].

[26] 东南大观 [J].
[27] 四川经济月刊 [J].
[28] 浙江财政月刊 [J].
[29] 财政日刊 [J].
[30] 财政评论 [J].
[31] 钱业月报 [J].
[32] 统计月报 [J].
[33] 建国月刊 [J].
[34] 独立评论 [J].
[35] 政治评论 [J].
[36] 农村复兴委员会会报 [J].
[37] 审计部公报 [J].
[38] 时事月报 [J].
[39] 军政旬刊 [J].
[40] 中央周报 [J].
[41] 铁路杂志 [J].
[42] 会计季刊 [J].
[43] 金融知识 [J].
[44] 金融导报 [J].
[45] 广东省政府公报 [J].
[46] 江苏省政府公报 [J].
[47] 申报月刊 [J].
[48] 地政月刊 [J].
[49] 农村合作月报 [J].
[50] 政衡 [J].
[51] 商业月报 [J].
[52] 新中华杂志 [J].
[53] 纺织周刊 [J].
[54] 吴县县政公报 [J].
[55] 每周评论 [J].
[56] 交行通信 [J].
[57] 教育杂志 [J].
[58] 湖北特教季刊 [J].
[59] 江西建设月刊 [J].

［60］河南政治月刊［J］.
［61］星华［J］.
［62］监察院公报［J］.
［63］茶话［J］.
［64］民声周报［J］.
［65］现代司法［J］.
［66］法律评论［J］.
［67］金陵学报［J］.
［68］中国经济评论［J］.
［69］经济统计［J］.
［70］安徽教育要览（第3回）［C］.
［71］中华民国二十三年度安徽省统计年鉴［C］.
［72］安徽省二十八年度统计年鉴［C］.
［73］安徽省概况统计（民国二十二年份）［C］
［74］安徽省地方赋税及县地方附加杂捐报告书［C］.
［75］全国各省市减轻田赋附加废除苛捐杂税报告书［C］
［76］安徽省地方民国十九年度预算［C］
［77］财政年鉴［C］.
［78］财政年鉴续编［C］.
［79］财政年鉴三编［C］
［80］各省高级行政人员奉召南昌集会纪录［C］
［81］皖政辑要［C］
［82］中华民国统计提要（廿四年辑）［C］
［83］申报［N］.
［84］大公报［N］.
［85］民国日报［N］.

（二）史料汇编

［1］安徽省财政厅编．安徽财政史料选编［C］．合肥：安徽省财政厅，1992.

［2］安徽省地方志编纂委员会编．安徽省志·财政志［C］．北京：方志出版社，1998.

［3］安徽省档案馆编．安徽概览［C］．合肥：安徽省档案馆，1986.

［4］安徽省人民政府税务局编．安徽省工商税收史料选编［C］．1987.

［5］中国人民政治协商会议安徽省委员会文史资料研究委员会编．军阀祸皖［C］．合肥：安徽人民出版社，1987.

［6］中国人民政治协商会议安徽省委员会文史资料研究委员会编．江淮工商［C］．合肥：安徽人民出版社，1988.

［7］中国人民政治协商会议安徽省委员会文史资料研究委员会编．安徽文史资料选辑（第3、7辑）［C］. 1982.

［8］中国人民政治协商会议安徽省委员会文史资料研究委员会编．安徽文史资料（第30辑）［C］．合肥：安徽人民出版社，1989.

［9］汤象龙．中国近代海关税收和分配统计（1961—1910）［C］．北京：中华书局，1992.

［10］严中平编．中国近代经济史统计资料选辑［C］．北京：中国社会科学出版社，2012.

［11］梁方仲编．中国历代户口、田地、田赋统计［C］．北京：中华书局，2008.

［12］财政科学研究所，中国第二历史档案馆编．国民政府财政金融税收档案史料：1927－1937［C］．北京：中国财政经济出版社，1997.

［13］财政科学研究所，中国第二历史档案馆编．中华民国史档案资料丛刊：民国外债档案史料（第三卷）［C］．北京：档案出版社，1989.

［14］中国第二历史档案馆编．中华民国史档案资料汇编（第3辑·财政1）［C］．南京：江苏古籍出版社，1991.

［15］中国第二历史档案馆编．中华民国史档案资料汇编（第5辑·第1编·财政经济2）［C］．南京：江苏古籍出版社，1994：

［16］陈昭桐编．中国财政历史资料选编（第11、12辑）［C］．北京：中国财政经济出版社，1990.

［17］金鑫等主编．中华民国工商税收史纲［C］．北京：中国财政经济出版社，2001.

［18］江苏省中华民国工商税收史编写组，中国第二历史档案馆编：中华民国工商税收史料选编·第五辑·地方税及其他捐税（上册）［C］．南京：南京大学出版社，1999.

［19］李文治，章有义编．中国近代农业史资料［C］．北京：生活·读书·新知三联书店，1957.

［20］陈翰生等编．解放前的中国农村（第2辑）［C］．北京：中国展望出版社，1987.

［21］中国人民银行总行参事室金融史料组编．中国近代货币史资料（第

一辑）[C]. 北京：中华书局，1964.

[22] 聂宝璋，朱荫贵编. 中国近代航运史资料（第2辑·下）[C]. 北京：中国社会科学出版社，2002.

[23] 吴相湘，李定一，包遵彭编纂. 中国近代史论丛（第2辑·第5册）政治 [C]. 台北：正中书局，1979.

[24] 王铁崖. 中外旧约章汇编（第一册）[C]. 北京：生活·读书·新知三联书店，1957.

[25] 中国第二历史档案馆编. 北洋军阀统治时期的兵变 [C]. 南京：江苏人民出版社，1982.

[26] 中国第二历史档案馆编. 国民党政府政治制度档案史料选编（下册）[M]. 合肥：安徽教育出版社，1994.

[27] 吴树滋，赵汉俊编. 县政大全（第二编）[C]. 上海：普益书局，1930.

[28] 陈赓雅. 赣皖湘鄂视察记 [A]. 沈云龙主编. 近代中国史料丛刊（第十九辑）[C]. 台北：文海出版社，1968.

[29] 王树敏，王延熙辑. 皇清道咸同光奏议 [A]. 沈云龙主编. 近代中国史料丛刊（第三十四辑）[C]. 台北：文海出版社，1969.

[30] 胡思敬. 退庐全集 [A]. 沈云龙主编. 近代中国史料丛刊（第四十五辑）[C]. 台北：文海出版社，1970.

[31] 民国经世文编 [A]. 沈云龙主编. 近代中国史料丛刊（第五十辑）[C]. 台北：文海出版社，1970.

[32] 王之苹. 安徽怀宁县田赋之研究 [A]. 萧铮主编. 民国二十年代中国大陆土地问题资料 [C]. 台北：成文出版社，1977.

[33] 傅广泽. 安徽省田赋研究 [A]. 萧铮主编. 民国二十年代中国大陆土地问题资料 [C]. 台北：成文出版社，1977.

[34] 陈宝忠. 安徽田赋上亩法研究 [A]. 萧铮主编. 民国二十年代中国大陆土地问题资料 [C]. 台北：成文出版社，1977.

[35] 张光业. 安徽垦殖问题 [A]. 萧铮主编. 民国二十年代中国大陆土地问题资料 [C]. 台北：成文出版社，1977.

[36] 赵世昌. 合肥租佃调查 [A]. 萧铮主编. 民国二十年代中国大陆土地问题资料 [C]. 台北：成文出版社，1977.

[37] 赵世昌. 安徽合肥实习调查日记 [A]. 萧铮主编. 民国二十年代中国大陆土地问题资料 [C]. 台北：成文出版社，1977.

[38] 傅广泽. 安徽实习调查日记 [A]. 萧铮主编. 民国二十年代中国大

陆土地问题资料［C］. 台北：成文出版社，1977.

［39］陈少书. 镇江当涂和县实习调查日记［A］. 萧铮主编. 民国二十年代中国大陆土地问题资料［C］. 台北：成文出版社，1977.

［40］陈宝忠. 蒙城实习调查日记［A］. 萧铮主编. 民国二十年代中国大陆土地问题资料［C］. 台北：成文出版社，1977.

［41］张光业. 安徽财厅实习调查日记［A］. 萧铮主编. 民国二十年代中国大陆土地问题资料［C］. 台北：成文出版社，1977.

［42］王之苹. 安徽省财政厅、土地整理处实习报告［A］. 萧铮主编. 民国二十年代中国大陆土地问题资料［C］. 台北：成文出版社，1977.

［43］金延泽，许振鸾. 安徽省土地整理处实习总报告［A］. 萧铮主编. 民国二十年代中国大陆土地问题资料［C］. 台北：成文出版社，1977.

［44］全国财政会议汇编［A］. 张研，孙燕京编. 民国史料丛刊［C］. 郑州：大象出版社，2009.

［45］吴正. 皖中稻米产销之调查［A］. 张研，孙燕京编. 民国史料丛刊续编［C］. 郑州：大象出版社，2012.

［46］吴墉祥. 安徽财政之财政机关与经费［A］. 中国国民党中央政治学校，南京图书馆编. 二十世纪三十年代国情调查报告（第206册）［C］. 南京：凤凰出版社，2012.

［47］姜启炎. 安徽财政之收入［A］. 中国国民党中央政治学校，南京图书馆编. 二十世纪三十年代国情调查报告（第206册）［C］. 南京：凤凰出版社，2012.

［48］许饯侬. 安徽财政之省债［A］. 中国国民党中央政治学校，南京图书馆编. 二十世纪三十年代国情调查报告（第207册）［C］. 南京：凤凰出版社，2012.

［49］杨书家. 安徽之财务行政秩序安徽财政总检讨与拟议中之整理计划［A］. 中国国民党中央政治学校，南京图书馆编. 二十世纪三十年代国情调查报告（第207册）［C］. 南京：凤凰出版社，2012.

［50］刘镜洲. 安徽省教育经费教育法规推行状况与学潮问题［A］. 中国国民党中央政治学校，南京图书馆编. 二十世纪三十年代国情调查报告（第208册）［C］. 南京：凤凰出版社，2012.

［51］舒嗣芬. 合肥县财政之岁出岁入篇与田赋篇［A］. 中国国民党中央政治学校，南京图书馆编. 二十世纪三十年代国情调查报告（第209册）［C］. 南京：凤凰出版社，2012.

［52］朱兴良. 合肥县财政之收入支出及财务行政论［A］. 中国国民党中

央政治学校，南京图书馆编．二十世纪三十年代国情调查报告（第210册）［C］．南京：凤凰出版社，2012.

［53］冯有辰．合肥县地方概况及财务状况［A］．中国国民党中央政治学校，南京图书馆编．二十世纪三十年代国情调查报告（第211册）［C］．南京：凤凰出版社，2012.

［54］董成器．安徽省无为县之社会金融行政概况支出概况实习总报告［A］．中国国民党中央政治学校，南京图书馆编．二十世纪三十年代国情调查报告（第212册）［C］．南京：凤凰出版社，2012.

［55］汪茂庆．安徽省无为县之田赋与杂税收入实习总报告［A］．中国国民党中央政治学校，南京图书馆编．二十世纪三十年代国情调查报告（第213册）［C］．南京：凤凰出版社，2012.

［56］沈光琨．安徽省无为县之财务行政秩序与簿记组织系统实习总报告［A］．中国国民党中央政治学校，南京图书馆编．二十世纪三十年代国情调查报告（第214册）［C］．南京：凤凰出版社，2012.

［57］刘炳炎．安徽宣城县财政支出与收入实习总报告［A］．中国国民党中央政治学校，南京图书馆编．二十世纪三十年代国情调查报告（第214册）［C］．南京：凤凰出版社，2012.

［58］高成书．安徽广德县之国税省税地方收入支出预算会计制度公债考察报告［A］．中国国民党中央政治学校，南京图书馆编．二十世纪三十年代国情调查报告（第215册）［C］．南京：凤凰出版社，2012.

［59］黄友群．安徽广德县之财政机关田赋杂税公债考察报告［A］．中国国民党中央政治学校，南京图书馆编．二十世纪三十年代国情调查报告（第216册）［C］．南京：凤凰出版社，2012.

［60］王丕经．安徽广德县民国二十二年之岁出岁入及杂税杂捐述略［A］．中国国民党中央政治学校，南京图书馆编．二十世纪三十年代国情调查报告（第217册）［C］．南京：凤凰出版社，2012.

［61］吕广恩．安徽宣城县概况与财政收入支出［A］．中国国民党中央政治学校，南京图书馆编．二十世纪三十年代国情调查报告（第218册）［C］．南京：凤凰出版社，2012.

［62］高景枢．安徽宣城县之支出收入与财务行政秩序［A］．中国国民党中央政治学校，南京图书馆编．二十世纪三十年代国情调查报告（第218册）［C］．南京：凤凰出版社，2012.

二、专著

［1］贾士毅．民国财政史［M］．上海：上海书店出版社，1990.

[2] 贾士毅．民国续财政史［M］．上海：商务印书馆，1934.

[3] 杨荫溥．民国财政史［M］．北京：中国财政经济出版社，1985.

[4] 谢国兴．中国现代化的区域研究：安徽省 1860－1937［M］．台北："中央"研究院近代史研究所，1991.

[5] 程必定主编．安徽近代经济史［M］．合肥：黄山书社，1989.

[6] 王鹤鸣，施立业．安徽近代经济轨迹［M］．合肥：安徽人民出版社，1991.

[7] 翁飞等著．安徽近代史［M］．合肥：安徽人民出版社，1990.

[8] 戴惠珍等著．安徽现代史［M］．合肥：安徽人民出版社，1997.

[8] 宋霖，房列曙主编．安徽通史（民国卷）［M］．合肥：安徽人民出版社，2011.

[9] 马陵合．晚清外债史研究［M］．上海：复旦大学出版社，2005.

[10]（日）岩井茂树．中国近代财政史研究［M］．北京：社会科学文献出版社，2011.

[11] 王鹤鸣．芜湖海关［M］．合肥：黄山书社，1994.

[12] 孙翊刚．中国赋税史［M］．北京：中国税务出版社，2003.

[13] 孙翊刚．中国财政史［M］．北京：中国社会科学出版社，2003.

[14] 孙文学主编．中国财政史［M］．大连：东北财经大学出版社，1997.

[15] 孙文学，王振宇，齐海鹏编著．中国财政思想史［M］．上海：上海交通大学出版社，2008.

[16] 项怀诚主编．中国财政通史［M］．北京：中国财政经济出版社，2006.

[17] 叶振鹏主编．中国财政通史［M］．长沙：湖南人民出版社，2013.

[18] 周志初．晚清财政经济研究［M］．济南：齐鲁书社，2002.

[19] 申学峰．晚清财政支出政策研究［M］．北京：中国人民大学出版社，2006.

[20] 马寅初．财政学与中国财政——理论与现实［M］．北京：商务印书馆，2001.

[21] 陈锋．清代财政政策与货币政策研究［M］．武汉：武汉大学出版社，2008.

[22] 马金华．民国财政研究：中国财政现代化的雏形［M］．北京：经济科学出版社，2009.

[23] 邹进文．民国财政思想史研究［M］．武汉：武汉大学出版社，2008.

［24］吴承明．中国资本主义与国内市场［M］．北京：科学出版社，1995.
［25］吴承明．中国的现代化——市场与社会［M］．北京：生活·读书·新知三联书店，2001.
［26］魏光奇．官治与自治——20世纪上半期的中国县制［M］．北京：商务印书馆，2004.
［27］魏光奇．有法与无法——清代的州县制度及其运作［M］．北京：商务印书馆，2010.
［28］瞿同祖著；范忠信，晏锋译．清代地方政府［M］．北京：法律出版社，2003.
［29］周育民．晚清财政与社会变迁［M］．上海：上海人民出版社，2000.
［30］茅海建．天朝的崩溃：鸦片战争再研究［M］．北京：生活·读书·新知三联书店，2005.
［31］罗玉东．中国厘金史［M］．上海：商务印书馆，1936.
［32］郑备军．中国近代厘金制度研究［M］．北京：中国财政经济出版社，2004.
［33］杨梅．晚清中央与地方财政关系研究——以厘金为中心［M］．北京：知识产权出版社，2012.
［34］郭汉鸣，洪瑞坚．安徽省之土地分配与租佃制度［M］．南京：正中书局，1936.
［35］张雷宝主编．公债经济学——理论·政策·实践［M］．杭州：浙江大学出版社，2007.
［36］（美）道格纳斯·C. 诺思；陈郁，罗华平等译．经济史中的结构与变迁［M］．上海：上海人民出版社，1994.
［37］（美）费正清编；杨品泉等译．剑桥中华民国史1912～1949年（上）［M］．北京：中国社会科学出社，1994.
［38］王奇生．革命与反革命：社会文化视野下的民国政治［M］．北京：社会科学文献出版社，2010.
［39］王奇生．党员、党权与党争——1924～1949年中国国民党的组织形态［M］．上海：上海书店出版社，2003.
［40］施养成．中国省行政制度［M］．上海：上海人民出版社，2015.
［41］何廉，李锐．财政学［M］．长沙：湖南教育出版社，2008.
［42］黄伦．地方行政论［M］．重庆：正中书局，1942.
［43］谭克绳等主编．鄂豫皖革命根据地财政经济史［M］．武汉：华中师范大学出版社，1989.

［44］张海鹏主编．中国近代通史［M］．南京：江苏人民出版社，2005.

［45］刘国良．中国工业史（近代卷）［M］．南京：江苏科学技术出版社，1992.

［46］彭雨新．县地方财政（第2版）［M］．上海：商务印书馆，1948.

［47］陈庆海主编．政府预算与管理［M］．厦门：厦门大学出版社，2014.

［48］潘序伦，王澹如编．政府会计［M］．上海：商务印书馆，1933.

［49］郭道扬编著．中国会计史稿（下）［M］．北京：中国财政经济出版社，1988.

［50］张建新，陆新文主编．行政管理学［M］．北京：中国农业大学出版社，2009.

［51］贺永生，祁永彪编．工业企业财务会计辞典［M］．北京：工人出版社，1987.

［52］（美）阿瑟·恩·杨格．一九二七至一九三七年中国财政经济情况［M］．北京：中国社会科学出版社，1981.

［53］陈贤忠，程艺主编．安徽教育史（上）［M］．合肥：安徽教育出版社，2006.

［54］舒新城．舒新城近代中国教育思想史［M］．长春：吉林人民出版社，2013.

［55］（英）亚当·斯密．国民财富的性质和原因的研究［M］．北京：商务印书馆，1983.

［56］陈共编著．财政学（6版）［M］．北京：中国人民大学出版社，2009.

［57］（美）哈维·S. 罗森，（美）特德·盖亚．财政学（第八版）［M］．北京：中国人民大学出版社，2009.

［58］（美）杜赞奇著；王福明译．文化、权力与国家——1900—1942年的华北农村［M］．南京：江苏人民出版社，1996.

［59］张仲礼．中国绅士研究［M］．上海：上海人民出版社，2008.

［60］彭泽益．十九世纪后半期的中国财政与经济［M］．北京：人民出版社，1983.

［61］叶振鹏．20世纪中国财政史研究概要［M］．长沙：湖南人民出版社，2005.

［62］叶振鹏．中国历代财政改革研究［M］．北京：中国财政经济出版社，1999.

［63］姜良芹．南京国民政府内债问题研究（1927—1937）［M］．南京：

南京大学出版社，2003.

［64］邓绍辉．晚清财政与中国近代化［M］．成都：四川人民出版社，1998.

［65］贾植芳．近代中国经济社会［M］．沈阳：辽宁教育出版社，2003.

［66］胡春惠．民初的地方主义与联省自治［M］．北京：中国社会科学出版社，2001.

［67］刘伟．晚清督抚政治——中央与地方关系研究［M］．武汉：湖北教育出版社，2003.

［68］刘溶仓，赵志耘．中国财政问题理论前沿［M］．北京：社会科学文献出版社，2001.

［69］翁礼华．纵横裨阖：透视中国财税文化［M］．北京：中国财政经济出版社，2004.

［70］吴思．血酬定律：中国历史中的生存游戏［M］．北京：中国工人出版社，2003.

［71］吴思．潜规则：中国历史中的真实游戏（修订版）［M］．上海：复旦大学出版社，2009.

［72］吴思．隐蔽的秩序：拆解历史弈局［M］．海口：海南出版社，2004.

［73］吴思．我想重新解释历史：吴思访谈录［M］．上海：复旦大学出版社，2011.

［74］梁启超全集［M］．北京：北京出版社，1999.

［75］容闳著；徐凤石，恽铁憔译．西学东渐记［M］．长沙：湖南人民出版社，1981.

［76］叶林生，刘建新．李鸿章［M］．合肥：黄山书社，1988.

［77］汤志钧编．康有为政论集（上册）［M］．北京：中华书局，1981.

［78］周秋光编．熊希龄集（三）［M］．长沙：湖南人民出版社，2008.

［79］王亚南．中国经济原论［M］．广州：广东经济出版社，1998.

［80］刘增合．“财”与“政”：清季财政改制研究［M］．北京：生活·读书·新知三联书店，2014.

三、论文

（一）期刊论文

［1］秦晖．“黄宗羲定律”与税费改革的体制化基础——历史的经验与现实的选择［J］．税务研究，2003（07）.

［2］秦晖．摆脱“黄宗羲定律”［J］．中国财政，2011（13）.

[3] 魏光奇．清代后期中央集权财政体制的瓦解［J］．近代史研究，1996（1）．

[4] 魏光奇．国民政府时期县国家财政与自治财政的整合［J］．首都师范大学学报（社会科学版），2005（03）．

[5] 张家康．芜湖米市兴衰录［J］．民国春秋，1996（5）．

[6] 戴一峰．论晚清的子口税与厘金［J］．中国社会经济史研究，1993（4）．

[7] 戴一峰．论近代中国海关与鸦片税厘并征［J］．福建论坛（文史哲版），1993（5）．

[8] 戴一峰．晚清中央与地方财政关系：以近代海关为中心［J］．中国经济史研究，2000（4）．

[9] 中国人民大学财政金融学院课题组．财政收入占GDP比重问题研究［J］．经济 研究参考，2001（19）．

[10] 茅海建．鸦片战争清朝军费考［J］．近代史研究，1996（6）．

[11] 刘增合．地方游离于中央：晚清“地方财政”形态与意识疏证——兼评陈锋教授《清代财政政策与货币政策研究》［J］．中国社会经济史研究，2009（1）．

[12] 刘增合．制度嫁接：西式税制与清季国地两税划分［J］．中山大学学报（社会科学版），2008（3）．

[13] 刘增合．清季中央对外省的财政清查［J］．近代史研究，2011（06）．

[14] 刘增合．清季财政改制研究疏论［J］．安徽史学，2011（02）．

[15] 张殿清．北京国民政府时期地方截留中央盐税浅析［J］．河北大学学报（哲学社会科学版），2005（1）．

[16] 林齐模．旧制度的危机——太平天国战争对安徽田赋征收的影响［J］．安徽史学，2002（3）．

[17] 付志宇．历史上分税制的产生和形成［J］．税务研究，2002（02）．

[18] 付志宇．略论晚清财政危机与清政府的经济对策［J］．现代财经，2007（11）．

[19] 付志宇．国民政府时期税收体制演变对当前分税制改革的借鉴［J］．贵州师范大学学报（社会科学版），2009（04）．

[20] 付志宇．国民政府时期全国财政会议对当前财税改革的借鉴［J］．财政研究，2013（12）．

[21] 付志宇．南京国民政府时期税收政策演变的思考［J］．湖南师范大

学社会科学学报，2009（02）.

［22］陈光焱．论财政史学的社会作用及其创新［J］．财政研究，2004（11）.

［23］陈光焱．中国预算制度的历史变迁与现今改革［J］．地方财政研究，2008（05）.

［24］马海涛，马金华．民国财政对当今公共财政体制建设的启示［J］．财政研究，2011（06）.

［25］毕丽，危素玉：财政分权理论综述［J］．云南财贸学院学报，2004（3）.

［26］赵留彦，赵岩，窦志强：“裁厘改统”对国内粮食市场整合的效应［J］．经济研究，2011（8）.

［27］贾允河，李瑛．清朝吏治与钱粮亏空［J］．河北师范大学学报（哲学社会科学版），1998（2）.

［28］徐畅．农家负债与地权异动——以20世纪30年代前期长江中下游地区农村为中心［J］．近代史研究，2005（2）.

［29］周联合．论行政督察区制度的不合法与不合理问题［J］．学术研究，2006（8）.

［30］刘慧宇．论南京国民政府时期国地财政划分制度［J］．中国经济史研究，2011（4）.

［31］张连红．南京国民政府时期中央与地方财政收支结构的划分与实施［J］．江海学刊，1999（6）.

［32］张连红．论南京政府时期的中央与地方财政收支结构［J］．史学月刊，2000（2）.

［33］尹红群．国民政府县财政政策演变述论［J］．江西师范大学学报（社会科学版），2010（5）.

［34］刘大可．民国时期山东财政与地方专权［J］．东岳论丛，2000（5）.

［35］万立明．南京国民政府时期国库制度的演进［J］．江苏社会科学，2006（3）.

［36］张九洲．论清末财政制度的改革及其作用［J］．河南大学学报（社会科学版），2002（4）.

［37］夏国祥．清末民初西方财政学在中国的传播［J］．江西财经大学学报，2004（6）.

［38］夏国祥．西方财政学在近代中国的传播［J］．财经研究，2011（3）.

［39］李晓．中国财政现代化的艰难历程——《民国财政研究：中国财政

现代化的雏形》评介［J］. 中国经济史研究，2010（1）.

［40］杜坚．从中国财政思想的变迁看财政制度的进步［J］. 江西财经大学学报，2002（3）.

［41］赵云旗．中国近代史上分税制财政体制的尝试［J］. 杭州师范学院学报（社会科学版），2005（5）.

［42］潘国旗．近代中国国内公债史研究［J］. 浙江大学学报（人文社会科学版），2003（5）.

［43］张启祥．北洋政府时期的九六公债述评［J］. 史学月刊，2005（6）.

［44］韩祥，李宏．近代财政统计中货币换算问题之实例分析——以清末财政清理为中心的考察［J］. 江海学刊，2014（4）.

［45］冯海波．国民政府时期财政体制改革的启示［J］. 税务研究，2014（1）.

［46］吴景平．近代中国内债史研究对象刍议——以国民政府 1927 年至 1937 年为例［J］. 中国社会科学，2001（5）.

［47］陈锋．清末民国年间日本对华调查报告中的财政与经济资料［J］. 近代史研究，2004（3）.

［48］杜恂诚．民国时期的中央与地方财政划分［J］. 中国社会科学，1998（3）.

［49］杜恂诚．中国经济史“GDP”研究之误区［J］. 学术月刊，2011（10）.

［50］杜恂诚．货币、货币化与萧条时期的货币供给——20 世纪 30 年代中国经济走出困局回顾［J］. 财经研究，2009（3）.

［51］杜恂诚．“黄宗羲定律”是否能够成立［J］. 中国经济史研究，2009（1）.

［52］杜恂诚．中国近代经济的政治性周期与逆向运作［J］. 史林，2001（4）.

［53］杜恂诚．近代中国政府财政与银行业的相互关系［J］. 上海社会科学院学术季刊，1989（1）.

［54］杜恂诚．近代中国经济的悲剧财政与银行合一［J］. 上海经济研究，1993（4）.

［55］蔡志新．马寅初财政、金融改革建言的逻辑依据和理路［J］. 民国档案，2011（2）.

［56］蔡志新．孔祥熙的战时财政理论和战时财政政策［J］. 历史档案，2006（1）.

［57］陆发春．从直隶江南到安徽建省［J］．学术月刊，2012（10）．

［58］冉富强．中央与地方财政分权立宪的历史解读［J］．郑州大学学报（哲学社会科学版），2014（5）．

［59］陈雷．抗战时期安徽的田赋征实［J］．安徽农业大学学报（社会科学版），2013（7）．

［60］张千帆．中央与地方财政分权——中国经验、问题与出路［J］．政法论坛，2011（5）．

［61］刘杰，孙语圣．清末至北洋政府时期的安徽地方公债［J］．安庆师范学院学报（哲学社会科学版），2011（10）．

［62］黄灏．财政危机的处理措施对中日两国近代化进程的影响［J］．历史教学问题，2012（4）．

［63］王瀛培．民国时期安徽卫生行政体系探析［J］．安徽农业大学学报（社会科学版），2012（6）．

［64］刘守刚．传统中国帝国制度的财政基础探究［J］．浙江学刊，2008（3）．

［65］刘守刚．晚清财政思想的现代转向［J］．经济与管理评论，2014（2）．

［66］武艳敏．统一财政——1928年国民政府第一次财政会议之考察［J］．史学月刊，2006（4）．

［67］邹进文，李彩云．中国近代地方政府间财政分权思想研究［J］．贵州财经学院学报，2011（2）．

［68］苏全有．有关清末财政问题的两点思考［J］．安徽史学，2010（4）．

［68］林枫．也谈民国时期中央与地方财政的划分问题［J］．中国经济问题，2001（3）．

［70］李炜光．财政何以为国家治理的基础和支柱［J］．法学评论，2014（2）．

［71］周宁．北洋政府时期省立安徽大学的筹办与纷争［J］．安徽大学学报（哲学社会科学版），2009（3）．

［72］高培勇．公共财政：概念界说与演变脉络——兼论中国财政改革30年的基本轨迹［J］．经济研究，2008（12）．

［73］焦建华．现代化进程中的集权与分权：南京国民政府分税制改革再探讨（1927—1936）［J］．中国经济史研究，2015（2）．

［74］胡锋．近三十年来关于安徽经济史（1840－1949）的研究［J］．安徽理工大学学报（社会科学版），2015（2）．

[75] 刘巍．“民心”决定论的困境——以秦亡汉兴为例 [J]．北京理工大学学报（社会科学版），2015（4）．

[76] 刘巍．论熙宁变法与现代法治精神的对立——与卢燕娟博士商榷 [J]．东北农业大学学报（社会科学版），2015（4）．

（二）学位论文

[1] 刘杰．安徽近代地方公债研究（1910—1941）[D]．合肥：安徽大学，2012.

[2] 陈晰．民国时期合肥县教育财政研究（1912—1937）[D]．合肥：安徽大学，2014.

[3] 李俊．南京国民政府初期的安徽财政整顿——以 1927～1930 年为中心的考察 [D]．合肥：安徽大学，2007.

[4] 李标．晚清安徽财政变革研究 [D]．合肥：安徽大学，2014.

[5] 郑飞．民国时期中央与地方财政分权研究 [D]．天津：天津财经大学，2013.

[6] 周宁．地缘与学缘：一九二〇年代的安徽教育界（1920－1926）[D]．上海：复旦大 学，2007.

[7] 潘婷婷．南京国民政府时期安徽农村教育研究（1927－1937）[D]．合肥：安徽大学，2014.

[8] 任琴琴．安徽教育经费研究（1927－1937）[D]．武汉：华中师范大学，2015.

[9] 莫祖波．国民政府县财政收支研究（1935－1949）[D]．桂林：广西师范大学，2013.

[10] 冯辉．南京国民政府时期地方财政困难问题研究（1927—1937）——基于财政分权视角 [D]．广州：暨南大学，2011.

[11] 王瀛培．民国时期安徽医疗卫生研究 [D]．合肥：安徽大学，2012.

后　记

本书是在笔者的博士学位论文的基础上修改而成的。2013 年秋天，我进入安徽大学历史系中国史专业，攻读历史学博士学位，师从陆发春教授。陆老师长期从事安徽地方史研究，对于这一领域的研究现状有着清晰的认识。他认为，近代安徽经济史的研究相对薄弱，存在着广阔的研究空间。在这种情况下，针对我拥有财政学的专业背景，他为我量身定制了“民国时期安徽财政史”的选题方向。

求学期间，陆老师无私地将“安徽大学陈独秀研究中心”办公室提供给我学习，在这个面积只有十余平方米的书屋中，我不仅品读到了中国历史的波澜壮阔，也对学术研究的艰辛与曲折深有体会。作为一名跨学科的考生，我的史学功底很不扎实，研读史料的时候常常感到力不从心。不过，幸运的是，除了导师之外，我还得到了安徽大学吴春梅、汤奇学、周晓光、卞利、张金铣、徐国利、张崇旺、盛险峰、王天根、周致元、贾艳敏、朱正业、江小角、尹建龙、黄文治、卢祥亮、曹曦、魏孝稷、许曾会，安徽财经大学曹天生、黄爱军、刘超、钱和辉、周宁和安徽师范大学董家魁等老师的悉心指点。他们帮助我取得了学业上的显著进步，也让我深深地爱上了这门学科。答辩期间，南京大学范金民教授和安徽师范大学徐彬教授的精彩点评令我受益匪浅，这也为论文的进一步修改提供了思路。

本书的出版，获得安徽财经大学第 14 批著作出版基金资助，也得到了财政与公共管理学院党政领导的鼎力支持。此外，特别感谢中国财政经济出版社的段钢先生为本书的编辑出版所付出的辛劳。

付梓之际，我深深明白，本书只能算作安徽财政史研究的初步尝试。在未来的日子里，笔者将展开新一轮的求索。

刘巍 谨识

2018 年 9 月